古典文獻研究輯刊

十一編

潘美月・杜潔祥 主編

第18冊

《楚帛書》文字析議（下）

陳嘉凌 著

國家圖書館出版品預行編目資料

《楚帛書》文字析議(下)／陳嘉凌 著 — 初版 — 台北縣永和市：
花木蘭文化出版社，2010〔民99〕
目 2+260 面；19×26 公分
（古典文獻研究輯刊 十一編：第 18 冊）
ISBN：978-986-254-301-6（精裝）
1. 簡牘文字　2. 帛書　3. 研究考訂
796.8　　　　　　　　　　　　　　　99016387

ISBN - 978-986-2543-01-6

9 789862 543016

古典文獻研究輯刊
十一編　第十八冊　　　　　ISBN：978-986-254-301-6

《楚帛書》文字析議（下）

作　　者　陳嘉凌
主　　編　潘美月　杜潔祥
總 編 輯　杜潔祥
企劃出版　北京大學文化資源研究中心
出　　版　花木蘭文化出版社
發 行 所　花木蘭文化出版社
發 行 人　高小娟
聯絡地址　台北縣永和市中正路五九五號七樓之三
　　　　　電話：02-2923-1455／傳眞：02-2923-1452
網　　址　http://www.huamulan.tw 信箱 sut81518@ms59.hinet.net
印　　刷　普羅文化出版廣告事業
初　　版　2010 年 9 月
定　　價　十一編 20 冊（精裝）新台幣 31,000 元

《楚帛書》文字析議（下）

陳嘉凌　著

目

次

第三章 《楚帛書》乙篇文字考釋

第一節 《楚帛書》乙篇之一

壹、釋 文

隹（惟）□□□，月則綛（贏）絀（縮），不寻（得）亓（其）咅（常）；春夏秋冬，又（有）□又（有）尚（常）；日月＝星唇（辰），亂遊（失）其行，綛（贏）絀（縮）遊（失）□，卉木亡（無）【乙一】尚（常）；□□＝宎（妖），天堕（地）乍（作）羕（殃）；天桓牂（將）乍（作）灘（傷），降于亓（其）方；山陵亓（其）發（廢），又（有）芇（淵）乒（厥）汩（障）；是胃（謂）李＝，歲□月，內（入）月【乙二】七日＝□□，又（有）雺（霧）雪（霜）雨土，不寻（得）亓（其）參職，天雨喜＝，是□遊（失）月，閏之勿行，一月＝、二月、三月，是 胃（謂）遊（失）終亡（無）【乙三】奉，□□亓（其）邦；四月五月，是胃（謂）亂紀亡（無）尿，□□□歲；西臧（域）又（有）各，女（如）日月＝既亂，乃又（有）鼠（癙）□，東臧（域）又（有）【乙四】各，□□乃兵，禺（害）于亓（其）王□。

貳、校 注

隹（惟）□□□【1】，月則綛（贏）絀（縮）【2】，不寻（得）亓（其）咅

（常）【3】；春夏秋冬【4】，又（有）□又（有）尚（常）【5】

【1】

出　　處	乙1.1／隹	乙1.2／□	乙1.3／□	乙1.4／□
帛書字形	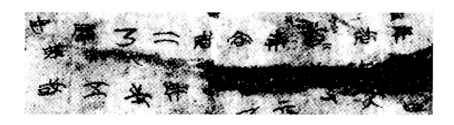			
復原字形				

　　嘉淩案：《楚帛書》此處斷裂，共影響九行文字，前六行較嚴重，壞第二、三字形，後三行壞或殘失第二字。

　　《楚帛書》「　　」字，嚴一萍〈楚繒書新考〉釋「日」，〔註1〕李零《長沙子彈庫楚帛書研究》反對釋「日」，認爲應釋「四」，謂：

　　　　帛書日月皆合書，釋日恐不妥，從巴納釋「四」，疑原句或作「隹十

　　　　又四月」，謂閏餘處理失當，于置閏後的十三月之外有多出一月（戰

　　　　國時代已無十四月），是以下文有「是逆月閏之勿行」等語。〔註2〕

　　安志敏、陳公柔〈長沙戰國繒書及其有關問題〉釋「正」，〔註3〕商承祚〈戰國楚帛書述略〉反對釋「正」，謂：

　　　　帛書稱歲首第一個月爲「一月」，而不稱「正月」，再證以帛書兩個

　　　　「正字」，其末筆的筆勢無不上仰，與此殘餘筆的平寫有別，知釋「正」

〔註1〕嚴一萍：〈楚繒書新考〉（上），《中國文字》第26冊，1967年12月，頁6。

〔註2〕李零：《長沙子彈庫楚帛書研究》，（北京：中華書局，1985年），頁51。

〔註3〕安志敏、陳公柔：〈長沙戰國繒書及其有關問題〉，《文物》第九期，1963年9月。

不可信。〔註4〕

嘉凌案：此處帛書斷裂，《楚帛書》「」字亦模糊，細審中間似乎有橫筆與豎筆交作，由於下一字爲「月」，故諸家學者認爲「」字有釋爲「日月」、「正月」、「四月」等三種意見。

楚簡「正」字作（包山簡2.18），〔註5〕上部均有橫筆爲飾，中間豎筆斜作，而《楚帛書》「」上下筆畫極爲接近，豎筆未傾斜，且未見「正」之橫畫飾筆，字形與「正」字明顯有別，故帛書「」字應非「正」字。

楚簡「日」字作（包山簡2.15），〔註6〕中間未有豎筆，故《楚帛書》「」釋「日」非是。

「四」字亦見於《楚帛書》，共有兩種寫法，一爲（甲2.13），或於中部加橫筆爲飾作（乙4.6），《楚帛書》「」筆法與「四」字似乎有別，由於字形過於模糊難辨，故帛書「」字字形存疑，「隹□□□」句義待考。

【2】

出　　處	乙1.5／月	乙1.6／則	乙1.7／經	乙1.8／紃
帛書字形				
復原字形				

《楚帛書》「」二字，嚴一萍〈楚繒書新考〉釋「經紃」，謂：

《說文》：「綎，緩也。从糸盈聲，讀與聽同。綎或从呈。」案：綎通作盈，《禮祭義》：「樂主其盈」，注：「盈猶溢也」，《史記·蔡澤傳》：「進退盈縮」，盈通作贏。班固〈幽通賦〉：「故遭罹而贏縮」。……

〔註4〕　商承祚：〈戰國楚帛書述略〉，《文物》第九期，1964年9月。

〔註5〕　張光裕主編、袁師國華合編：《包山楚簡文字編》，（台北：藝文印書館，民國81年），頁220。

〔註6〕　張光裕主編、袁師國華合編：《包山楚簡文字編》，（台北：藝文印書館，民國81年），頁188。

說文：「紪，縫也」，段玉裁注曰：「此紪之本義而廢不行矣。古多假
紪爲黜」，荀子〈非相〉：「緩急嬴紪」，注：「猶言伸屈也」，此處言
「經紪」蓋指日月運行之盈縮也。〔註7〕

饒宗頤〈楚帛書新證〉釋「經紪」，讀「盈縮」，謂：

「盈」與「嬴」通，爲天文習慣用詞。〔註8〕

何琳儀〈長沙帛書通釋〉亦讀「盈縮」謂：

「經紪」典籍或作「嬴縮」、「盈縮」。歲星有「盈縮」，《史記・天官
書》：「其趨舍而前曰嬴，退舍曰縮。」月亦有「盈縮」，見《開元占
經》卷十一《月行盈縮》章，古人認爲星月運行失道會引起災異。〔註
9〕

嘉凌案：《楚帛書》「程紪」釋「經紪」，可讀「嬴縮」或「盈縮」，故「月
則經紪」乃指月之運行與相對的時日不相同，因此產生時日忽多忽少的狀況。

【3】

出　處	乙 1.9／不	乙 1.10／尋	乙 1.11／亓	乙 1.12／𢪒
帛書字形				
復原字形				

1. 乙 1.10／尋

嘉凌案：《楚帛書》「」字形殘泐，諸家學者釋爲「尋」字，由《楚帛
書》「尋」字作「」（乙 3.9）可知，「」字應爲「上部橫筆」與下方「又」
形殘失，釋「尋」可從。

2. 乙 1.12／𢪒

《楚帛書》「」字，嚴一萍〈楚繒書新考〉釋「𢪒」，讀「掌」，謂：

《說文》：「掌，手中也。从手尚聲」，此字从雙手，捧持之義由爲明

〔註7〕嚴一萍：〈楚繒書新考〉（上），《中國文字》第 26 冊，1967 年 12 月，頁 6～7。

〔註8〕饒宗頤：〈楚帛書新證〉《楚地出土文獻三種研究》，（北京：中華書局，1993
年），頁 249。

〔註9〕何琳儀：〈長沙帛書通釋〉，《江漢考古》第一期，1986 年 1 月，頁 52。

白，當是掌字無疑。」〔註10〕

劉信芳《子彈庫楚墓出土文獻研究》從之，讀「掌」，謂：

> 《周官》「掌舍」、「掌次」，以掌命官者凡十九職，「不得其掌」者，謂月有盈縮，掌天官者尚未知其所以然者。〔註11〕

饒宗頤〈楚帛書新證〉釋「弄」，讀「當」，謂：

> 《禮記·樂記》及《史記·樂書》，子夏曰：「古者天地順而四時當，民有德而五穀昌，疾疢不作而祅祥，此之謂大當」，鄭玄云：「當，謂不失其所也」。〔註12〕

李零〈《長沙子彈庫戰國楚帛書研究》補正〉釋从「示」从「尚」，讀「當」，謂：

> 此泐痕將示旁一分爲二，切斷橫畫，並將中間的豎筆掩去，但從放大照片看，還微露痕跡。〔註13〕

嘉凌案：《楚帛書》「」（筆者摹形：）字中間有裂痕，下部雙「十」形明顯，故字形非如李零先生所言从「示」，依字形應釋爲「弄」，且古文字从「手」之字亦可作从「廾」，如楚簡「受」字作（包山簡2.6），又或爲兩「又」形作（包山簡2.71），〔註14〕故《楚帛書》「」字可釋爲「掌」，於此讀爲「常」，「不尋（得）亓（其）弄（常）」乃由於月發生「盈絀」的景況，因此曆法時日無法運行正常。

【4】

出　　處	乙 1.13／春	乙 1.14／夏	乙 1.15／秋	乙 1.16／冬
帛書字形				

〔註10〕嚴一萍：〈楚繒書新考〉（上），《中國文字》第26冊，1967年12月，頁7。

〔註11〕劉信芳：《子彈庫楚墓出土文獻研究》，（台北：藝文印書館，民國91年），頁56。

〔註12〕饒宗頤：〈楚帛書新證〉《楚地出土文獻三種研究》，（北京：中華書局，1993年），頁250。

〔註13〕李零：〈《長沙子彈庫戰國楚帛書研究》補正〉《古文字研究》第二十輯，（北京：中華書局，2000年3月），頁165。

〔註14〕張光裕主編、袁師國華合編：《包山楚簡文字編》，（台北：藝文印書館，民國81年），頁78、80。

復原字形				

　　嘉凌案：四字為「春夏秋冬」，即春夏秋冬四季。楚簡「春」字除《楚帛書》字形外，均從「艸」作![字](包山簡2.204)，或簡省「日」形作![字](包山簡2.203)；〔註15〕楚簡「夏」字除《楚帛書》字形外，或「止」形訛為「女」形作![字](包山簡2.128)，或「日」形下作「虫」形![字](包山簡2.115)，或為「土」形作；或簡省「頁」旁作![字](包山簡2.240)；〔註16〕楚簡「秋」字除從「禾」從「日」外，或加「刀」形作、、；或加「火」形作，秦以後均從「禾」從「火」；〔註17〕楚簡「冬」字作![字](包山簡2.205)，〔註18〕據此可知帛書「![字]」字，下方「日」形略殘。

【5】

出　　處	乙1.17／又	乙1.18／□	乙1.19／又	乙1.20／尚
帛書字形	![字]	![字]	![字]	![字]
復原字形	![字]	![字]	![字]	![字]

　　此句饒宗頤先生〈楚帛書新證〉釋「又□尚=」，讀「有□堂=」，謂：

〔註15〕張光裕主編、袁師國華合編：《包山楚簡文字編》，（台北：藝文印書館，民國81年），頁195。

〔註16〕張光裕主編、袁師國華合編：《包山楚簡文字編》，（台北：藝文印書館，民國81年），頁333、444。

〔註17〕滕壬生：《楚系簡帛文字編》，（武漢：湖北教育出版社，1995年），頁594；張光裕主編、袁師國華合編：《包山楚簡文字編》，（台北：藝文印書館，民國81年），頁282。

〔註18〕張光裕主編、袁師國華合編：《包山楚簡文字編》，（台北：藝文印書館，民國81年），頁63。

「有爲助詞置於名詞之前，四時運行正常。」〔註19〕

劉信芳《子彈庫楚墓出土文獻研究》，釋「又□尚=」，讀「有□（亂）常=」，謂：

舊釋爲「又□又尚」，此據饒宗頤先生訂正，「又」後殘文尚存下部「又」形，疑是亂字。……古人對於四季長短之認識有一個過程，反映在帛書中，就被記爲「春夏秋冬，又□尚尚」。〔註20〕

嘉凌案：由於《楚帛書》「」字，下方有兩橫筆淡跡，因此學者均釋爲重文「尚尚」，然細審帛書「」字下兩小橫淡筆，應爲豎畫之殘跡，故應爲「尚」之單字，並非爲重文或合文，且帛書之重文或合文符號均於右旁下方加明顯之兩橫筆，如同爲〈乙篇〉之「日月」合文作「」、「李」之重文作「」、「十日」合文作「」，橫筆符號均在右側，非爲字形之正下方，故《楚帛書》「」字應爲「尚」之單獨字形。

細審此句第二「又」字與第一「又」字大小相等（如右圖所示），因此應該非如劉信芳先生所言爲「亂」字之殘筆，且《楚帛書》「亂」字作（乙1.18），「又」形明顯較小，故應爲單獨「又」字，非爲「亂」字之殘。

然兩「又」字間確實有某字之殘形，故此句「又□又尚」應讀「有□有常」，「□」字與「常」字應爲相對意義，因此缺字應解釋爲「失」或「亂」之意，且細審帛書殘筆，與「又」字之左筆形近，故疑缺字爲「亂」字之殘筆。

由於當時曆法設定不完備，因此月相發生盈絀，即原本計算好之春夏秋冬時日，與該年之春夏秋冬時日，有的季節時日相合，有的季節時日不相合，故「又（有）□（亂）又（有）尚（常）」，即春夏秋冬的時日，有時失序，有時正常。

日月=星唇（辰）【1】，亂遊（失）其行【2】，緹（贏）絀（縮）遊（失）□【3】，卉木亡（無）尚（常）【4】，□□=宎（妖）【5】

〔註19〕饒宗頤：〈楚帛書新證〉《楚地出土文獻三種研究》，（北京：中華書局，1993年），頁251。

〔註20〕劉信芳：《子彈庫楚墓出土文獻研究》，（台北：藝文印書館，民國91年），頁56～57。

【1】

出　　處	乙1.21／日月＝	乙1.22／星	乙1.23／唇
帛書字形			
復原字形			

　　嘉淩案：楚簡「唇」字作▨（包山簡 2.37）；或省略左豎筆作▨（包山簡 2.225）；或「日」形上作▨（包山簡 2.143），〔註21〕而《楚帛書》「▨」字下方「日」形雖略殘，然釋「唇」無疑。

　　「日月星唇（辰）」四字連語，典籍習見：《墨子・天志中》：「以曆爲日月星辰，以昭道之。制爲四時，春秋夏冬，以紀綱之」；《大戴禮・五帝德》：「曆離日月星辰」；《山海經・大荒西經》：「帝令重獻上天，令黎卭下地，下地是生噎，處於西極，以行日月星辰之行次」；《呂覽・孟春紀》：「太史守典，奉法司天日月星辰之行」，或次序略異，如《淮南子・天文訓》：「四時者，天之吏也；日月者，天之使也，星辰者，天之期也」；《洪範》言五紀：「一曰歲，二曰月，三曰日，四曰星辰，五曰曆數」等，〔註22〕而帛書〈乙篇〉談及「日月、星辰、歲時、曆法」與《洪範》「五紀」所述相符，故可知《楚帛書》內容之重要性。

【2】

出　　處	乙1.24／亂	乙1.25／遊	乙1.26／亓	乙1.27／行
帛書字形				

〔註21〕張光裕主編、袁師國華合編：《包山楚簡文字編》，（台北：藝文印書館，民國81年），頁366。

〔註22〕宗福邦、陳世鐃、蕭海波：《故訓匯纂》，（北京：商務印書館，2003年），頁171。

復原字形			无	兆

《楚帛書》「」字下方「止」形略殘，商承祚〈戰國楚帛書述略〉釋「達」，〔註23〕李零《長沙子彈庫戰國楚帛書研究》據文義認爲是「逆之訛變」，〔註24〕何琳儀〈長沙帛書通釋校補〉讀「逆」，謂：

> 「遊乃達之繁化」，以達與逆音義俱近，讀爲「逆」。

又謂：

> 從羊聲，與「失」音韻可通假，郭店簡以「遊」爲失乃假借，與形
> 體似無涉。至於楚帛書之「遊」疑讀「逆」，既有音變，亦有形誤。
> 參《戰國文字聲系》674。〔註25〕

嘉凌案：《楚帛書》「」字於帛書四見，自《郭店竹簡》公佈後，據其辭例可知「」字用爲「失」，故釋「達」、「逆」均非是。

《郭店簡·老子甲·簡10》：

> 亡（無）執古（故）亡（無）遊（失）

考釋者謂：

> 遊，它本均作失。此字楚文字中屢見，皆讀爲失，字形結構待考。
>
> 〔註26〕

關於字體的形構來源，李家浩〈讀《郭店楚簡竹簡》瑣議〉以爲「迭」字之訛變；〔註27〕趙平安〈戰國文字的「遊」與甲骨文「夆」爲一字說〉認爲該字與甲骨文「夆」是一字，並認爲可能是「逸」的本字。〔註28〕

〔註23〕 商承祚：〈戰國楚帛書述略〉，《文物》第九期，1964 年 9 月，頁 12。

〔註24〕 李零：《長沙子彈庫戰國楚帛書研究》，（北京：中華書局，1985 年），頁 51～52。

〔註25〕 何琳儀：〈長沙帛書通釋校補〉《江漢考古》第四期，1989 年 4 月；何琳儀：〈郭店竹簡選釋〉《簡帛研究2001》，（廣西：廣西師範大學出版社，2001 年），頁 159。

〔註26〕 荊門市博物館：《郭店楚墓竹簡》：（北京：文物出版社，1998 年），144 頁，注 28。

〔註27〕 李家浩：〈讀《郭店楚簡竹簡》瑣議〉《中國哲學》第 20 輯，審陽：遼寧教育出版社，1999 年。

〔註28〕 趙平安：〈戰國文字的「遊」與甲骨文「夆」爲一字說〉《古文字研究》第 22 輯，（北京：中華書局，2000 年），頁 275～277。

雖目前尚未有確切證據證明「」字來源，然字形讀「失」無疑。據此，《楚帛書》「日月星辰，亂失其行」，乃指日月星辰未依其應行之規律運行，此因古人曆法計算不精細，並非日月星辰未依規律行進。

【3】

出　　處	乙1.28／緟	乙1.29／紃	乙1.30／遊	乙1.31／□
帛書字形				
復原字形				

《楚帛書》「」字，嚴一萍〈楚繪書新考〉謂：

　　上爲達之半，下半似爲从又之字，蓋裂繒誤裱，遂使點畫不明也。

〔註29〕

　　何琳儀〈長沙帛書通釋〉從之，補「襄」，讀「逆讓」。

〔註30〕

　　嘉凌案：《楚帛書》「」字下明顯有「又」形，而「失」字未見於下方加「又」形者，且「卉」字上方亦有殘字筆畫，加以同橫行文字於此處亦有缺字，推測應爲裝裱時所造成之缺失，據此，文句應讀爲「緟紃失□，卉木無尙」，「緟紃失□」大約是說明時日失序的狀態。

【4】

出　　處	乙1.32／卉	乙1.33／木	乙1.34／亡	乙2.1／尙
帛書字形				

〔註29〕嚴一萍：〈楚繪書新考〉（上），《中國文字》第26冊，1967年12月，頁10。
〔註30〕何琳儀：〈長沙帛書通釋〉，《江漢考古》第一期，1986年1月。

復原字形	屮	木	止	茻

《楚帛書》「」字，嚴一萍〈楚繒書新考〉釋「卉」，謂：

> 《說文》：「草之總名」，《方言》：「卉，草也，東越揚州之間曰卉」，
> 《爾雅·釋艸》：「卉，草」，郭注：「百草總名」，《尚書·禹貢正義》
> 引舍人注：「凡百草一名卉」，《詩·出車》：「卉木萋萋」，《文選·吳
> 都賦》：「卉木厭蔓」，劉逵注：「卉，百草總名，楚人語也。」〔註31〕

李學勤《簡帛佚籍與學術史》釋「卉」，謂：

> 或讀「卉」爲「草」不確，《詩·出車》：「卉木萋萋」，傳云：「卉，
> 草也」，可知卉木是古人習語。所謂「卉木無常」，指草木非時而生，
> 即後世說的草木之妖。〔註32〕

高明〈楚繒書研究〉認爲「卉木亡常」即謂不生長草木。〔註33〕

嘉凌案：「卉木」一詞於帛書〈乙篇〉兩見外，亦見於《上博二·容成氏》簡 16、《上博五·三德》簡 1、《上博七·凡物流形（甲）》簡 13、《上博七·凡物流形（乙）》簡 9 中，〔註34〕可見「卉木」爲習見楚語，爲「草木」之意。「卉木無常」指草木生長、發芽、開花、結果本依時令而有常，然由於曆法失序，不能準確推知生長時節，因而「無常」。

【5】

出　　處	乙 2.1／□	乙 2.2／□	乙 2.3／实
帛書字形	![字形]		![字形]

〔註31〕嚴一萍：〈楚繒書新考〉（上），《中國文字》26 冊，1967 年 12 月，頁 10。

〔註32〕李學勤：《簡帛佚籍與學術史》，（南昌：江西教育出版社，2001 年），頁 39。

〔註33〕高明：〈楚繒書研究〉《古文字研究》12 輯，（北京：中華書局，1985 年），頁 376。

〔註34〕馬承源主編：《上海博物館藏戰國楚竹書》（二），上海：古籍出版社，2002 年，頁 262；馬承源主編：《上海博物館藏戰國楚竹書》（五），上海：古籍出版社，2005 年，頁 288；馬承源主編：《上海博物館藏戰國楚竹書》（七），（上海：古籍出版社，2008 年），頁 247、277。

復原字形			

《乙2.3》，嚴一萍〈楚繒書新考〉釋「灾」，〔註35〕未說明；龍宇純先生始更正爲「実」，讀爲「妖」，〔註36〕李零《長沙子彈庫戰國楚帛書研究》承此說釋「実」，謂：

> 《左傳》宣公十五年：「天反時爲災，地反物爲妖」，……帛書者裡說「卉木無常，是謂妖」，這段話的意思大約是說，既有上述種種天變，則草木的生長也隨之出現種種怪異，而這些怪異也就叫作妖。〔註37〕

李零先生後又從吳九龍〈簡牘帛書中的「天」字〉釋「天」，〔註38〕認爲不从「宀」，乃是「天」字的變體。〔註39〕

嘉凌案：《楚帛書》此處漫滅不明，僅能見 字之上方「口」形，與下方「　」字之殘形。「　」字上方略有「宀」形淡跡，據下段文句「上実」之「実」字作「　」，「宀」字之左筆亦殘失，兩字形相近，故《乙2.3》應可釋爲「実」。

由於帛書多四字一句，故疑此處應殘失三字，然此處空間僅能塡補兩字，因此推測缺文中有重文或合文，故補字爲「□□=実（妖）」，大約指自然界產生妖亂怪異的現象。

天埅（地）乍（作）兼（殃）【1】，天桓牀（將）乍（作）濿（傷）【2】，降于亓（其）方【3】，山陵亓（其）發（廢）【4】，又（有）朙（淵）㭬（厥）汩（障）【5】，是胃（謂）孛=【6】

〔註35〕嚴一萍：〈楚繒書新考〉（上），《中國文字》26冊，1967年12月，頁11。

〔註36〕龍宇純1967年4月17日致嚴一萍函，轉引自嚴一萍：〈楚繒書新考〉（上），《中國文字》26冊，1967年12月。

〔註37〕李零：《長沙子彈庫戰國楚帛書研究》，（北京：中華書局，1985年），頁52。

〔註38〕吳九龍：〈簡牘帛書中的「天」字〉，《出土文獻研究》第六期，北京：文物出版社，1985年6月。

〔註39〕李零：〈《長沙子彈庫戰國楚帛書研究》補正〉，《古文字研究》第二十輯，（北京：中華書局，2000年3月），頁165。

【1】

出　　　處	乙2.4／天	乙2.5／陞	乙2.6／乍	乙2.7／羕
帛書字形				
復原字形				

1. 乙2.5／陞

　　嘉凌案：楚簡「陞」字習見，作 （包山簡2.140）；或不加「𨸏」形作 （包山簡149），〔註40〕故《楚帛書》「」字「它」形上方雖有墨漬，但不影響「陞」之釋字。

2. 乙2.7／羕

　　《楚帛書》「」字，嚴一萍〈楚繒書新考〉釋「羕」，讀本義，謂：

　　　　《說文》：羕，水長也。〔註41〕

　　饒宗頤〈楚帛書新證〉釋「羕」，讀「祥」，謂：

　　　　中山王壺：「不羕莫大焉」，不羕即不祥。《馬王堆·天文氣象雜占》：
　　　　「天星出，赤傅月爲大兵，黃爲大羕，白爲大喪，青有年，黑大水」
　　　　（《中國文物》一），大羕即大祥，故知「作羕」應即「作祥」，羕、
　　　　祥皆从羊爲聲符，例正同，《周語》中：「富辰曰祥，所以事神也」。
　　　　〔註42〕

　　李學勤《簡帛佚籍與學術史》釋「羕」，讀「殃」，謂：

　　　　「殃」字原作「羕」，从羊聲，《墨子·非樂上》「殃」字从「羊」，
　　　　故相通假。〔註43〕

　　嘉凌案：由於下段文句爲大水橫流之亂象，故此處應非指「祥瑞」之意，

〔註40〕張光裕主編、袁師國華合編：《包山楚簡文字編》，（台北：藝文印書館，民國
　　　　81年），頁104、102。
〔註41〕嚴一萍：〈楚繒書新考〉（上），《中國文字》26冊，1967年12月，頁11。
〔註42〕饒宗頤：〈楚帛書新證〉《楚地出土文獻三種研究》，（北京：中華書局，1993
　　　　年），頁253。
〔註43〕李學勤：《簡帛佚籍與學術史》，（南昌：江西教育出版社，2001年），頁39。

故「天墜（地）乍（作）羕」之「羕」字可讀爲本義，即天地產生大水橫流；
或讀「殃」，指天地產生大水之殃害。

【2】

出　處	乙2.8／天	乙2.9／桓	乙2.10／牆	乙2.11／乍	乙2.12／瀂
帛書字形					
復原字形					

1. 乙2.9／桓

《楚帛書》「（圖）」二字，嚴一萍〈楚繒書新考〉釋「根」字之誤，謂：

> 疑爲《爾雅・釋天》「天根」根，……傳寫譌作「根」，《國語周語》：
> 「天根見而水涸」，下文言「有淵厥涅」，即水涸之意，與此文義相
> 承。〔註44〕

饒宗頤〈楚帛書新證〉釋「桓」，謂：

> 乃「桓」之繁形，「咅」字《說文》或體作欨，《廣韻》欨之異體作
> 歆，故天桓即天棓，《呂氏春秋・明理篇》：「其星有彗星，有天棓、
> 天欃」，天棓首見於此，《史記・天官書》：「三月生天棓，長四尺……，
> 其出則天下兵爭也。」，《開元占經》列天棓爲一百零五妖星之一。
>
> 〔註45〕

李零《長沙子彈庫戰國楚帛書研究》，釋「桓」，讀「天鼓」，謂：

> 天鼓，也就是雷霆。雷霆發而有大雨，湯就是大雨，《書・堯典》序
> 孔穎達疏引《諡法》：「雲行雨施曰湯」。〔註46〕

李學勤〈「桓」字與眞山楚官璽〉由郭店竹書「剛之桓也」，釋「桓」，讀
「柱」，謂：

〔註44〕嚴一萍：〈楚繒書新考〉（上），《中國文字》26冊，1967年12月，頁11。
〔註45〕饒宗頤：〈楚帛書新證〉《楚地出土文獻三種研究》，（北京：中華書局，1993
年），頁253～254。
〔註46〕李零：《長沙子彈庫戰國楚帛書研究》，（北京：中華書局，1985年），頁53。

「天柱」係星名，查古天文文獻有兩「天柱」，帛書所說，不是在紫微宮近東垣的天柱五星（在今仙王座、天龍座之間），而是靠近北斗的三臺星的別名，《開元占經》云，三臺六星，兩兩而居（在今大熊座），並引《黃帝占》稱：三能（臺）者，三公之位也……，一名天柱，太一之舍道也。又引《尚書中侯》：天（三）能（臺）有變，厥爲災，土淪山崩，谷溜滿，川枯。所說三臺即天柱爲災的現象，同楚帛書相似。〔註47〕

嘉凌案：「豆」字甲文作 （《乙》7978 反）、（《後》1.6.4）；金文作  （宰峀簋）、（豆閉簋）、（周生豆），〔註48〕上一橫象蓋，中象豆體，下象柱足及底座；〔註49〕楚簡文字承甲、金文作 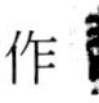 （信陽簡 2.06）；或中間柱足訛爲「口」形作  （信陽簡 2.012）；或簡省器底之橫筆作 （包山簡 2.15 聲字所從）；或中間柱足類化爲「皿」形作 （信陽簡 2.014 籤字所從）；或僅存盛器處之「日」作  （包山簡 2.26 聲字所從）；〔註50〕而曾侯乙墓簡之「豆」形均於底座作較繁的飾筆，且與《說文》古文相似，〔註51〕爲楚簡中特有字形，如  （曾侯簡 212 劉字所從）、（曾侯簡 31 繡字所從）、（曾侯簡 1 正趄字所從）、（曾侯簡 1 正趄字所從）。〔註52〕據上述字形，帛書「」字應爲桓字加「口」形之繁寫，而此處之「天桓」應爲作蕩的某物，因此學者解釋爲「天桮」、「天柱」、「天鼓」均有可能，確切星名待考。

2. 乙2.12／�

《楚帛書》「」字，嚴一萍〈楚繒書新考〉釋「蕩」，謂：

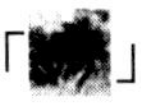

> 《禮記・樂記》：「天地相蕩」注：「猶動也」。《堯典》：「蕩蕩懷山襄

〔註47〕 李學勤：〈「桓」字與真山楚官璽〉，北京大學中國傳統文化研究中心編《國學研究》第八卷，北京：北京大學出版社，2001 年。

〔註48〕 中國社會科學院考古研究所編輯：《甲骨文編》，（北京：中華書局，1965 年），頁 221；容庚編：《金文編》，（北京：中華書局，1985 年），頁 330。

〔註49〕 季師旭昇《說文新證》（上），（台北：藝文印書館，民國 91 年），頁 399。

〔註50〕 河南省文物研究所：《信陽楚墓》，（北京：文物出版社，1986 年），圖版 120、122、123；張光裕主編、袁師國華合編：《包山楚簡文字編》，（台北：藝文印書館，民國 81 年），頁 264～265。

〔註51〕 曾侯簡與說文古文僅上部蓋處略爲不同，《說文》：「豆，古食肉器也。從口，象形。凡豆之屬皆從豆。，古文豆。」。

〔註52〕 張光裕、黃錫全、滕壬生主編：《曾侯乙墓竹簡文字編》，（台北：藝文印書館，民國 86 年），頁 62、111、139。

陵」，傳：「言水奔突有所滌除，義取盪也」，《國語・周語》：「幽王蕩以爲魁陵糞土」，注：「壞也」。〔註 53〕

饒宗頤〈楚帛書新證〉釋「瀉」，謂：

即「大湯」之義：《漢書・天文志》：「四星若合，是謂大湯。其國兵喪並起，君子憂，小人流」，晉灼曰：「湯，猶盪滌也」。〔註 54〕

李零《長沙子彈庫戰國楚帛書研究》讀「湯」，謂：

雷霆發而有大雨，湯就是大雨。〔註 55〕

嘉淩案：《楚帛書》「」字釋「瀉」無誤。由於古人常以星之動搖以爲占，如《史記・天官書》：「天一、槍、棓、矛、盾，動搖，角大，兵起。」，又「禮、德、義、殺、行盡失，而塡星乃爲之動搖」，〔註 56〕可知古人認爲星辰動搖會有兵禍災亂發生。故據前段文句「天地作殃」及典籍中「星辰」造成兵禍災亂之意，推測「瀉」可讀爲「傷」，因此「天梪䣅（將）乍（作）瀉（傷）」，即天梪星發生「動搖」，於是產生傷害與亂象。

【3】

出　處	乙 2.13／降	乙 2.14／于	乙 2.15／亓	乙 2.16／方
帛書字形			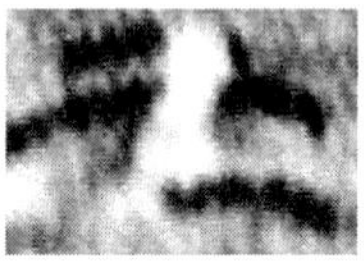	
復原字形				

1. 乙 2.13／降

《楚帛書》「」字，商承祚〈戰國楚帛書述略〉釋「涱」；〔註 57〕嚴一萍〈楚繒書新考〉釋「降」。〔註 58〕

〔註 53〕嚴一萍：〈楚繒書新考〉（上），《中國文字》26 冊，1967 年 12 月，頁 11。
〔註 54〕饒宗頤：〈楚帛書新證〉《楚地出土文獻三種研究》，（北京：中華書局，1993 年），頁 254。
〔註 55〕李零：《長沙子彈庫戰國楚帛書研究》，（北京：中華書局，1985 年），頁 53。
〔註 56〕〔日〕瀧川龜太郎：《史記會注考證》，（台北：萬卷樓，1993 年），頁 473。
〔註 57〕商承祚：〈戰國楚帛書述略〉，《文物》第九期，1964 年 9 月，頁 12。
〔註 58〕嚴一萍：〈楚繒書新考〉（上），《中國文字》26 冊，1967 年 12 月，頁 11。

嘉凌案：楚簡「長」字作 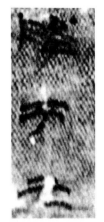（郭店簡・老子甲・簡8）；或下方爲「卜」形或「匕」形作 （曾侯簡166），〔註59〕據此，與帛書「 」字明顯有別，故非「湷」字。楚簡「降」字作 （郭店簡・五行・簡12），〔註60〕而帛書「 」字三見，均未加「止」形，釋「降」可從。

2. 乙2.15／亓

《楚帛書》「 」字與「 」字之間，嚴一萍〈楚繒書新考〉認爲此處有斷裂應缺一字；〔註61〕饒宗頤〈楚帛書新證〉則認爲沒有缺字，讀「方」爲「旁」，謂：

> 其字之下，必無缺文，細審絹本，便可知之。星家恆言，如甘氏《歲星法》：「日有亂民，將有兵作于其旁」，「其方」猶言「其旁」。〔註62〕

嘉凌案：據《楚帛書》「 」殘形，釋「亓」可從。由於帛書「亓」字與「方」字底色明顯不同，應爲裝裱時拼接之痕跡，依常理，裝裱時若見有字形，應該不會將字形隱去；或本有字形已殘失。由於明顯未見字形，故依所見讀此句爲「降于亓（其）方」，即天桓星發生動搖異象後，災禍降臨至相應的方位。

【4】

出 處	乙2.17／山	乙2.18／陵	乙2.19／亓	乙2.20／發
帛書字形				

〔註59〕張光裕主編，袁師國華合編：《郭店楚簡研究・第一卷・文字編》，（台北：藝文印書館，民國88年），頁401；張光裕、黃錫全、滕壬生主編：《曾侯乙墓竹簡文字編》，（台北：藝文印書館，民國86年），頁157。

〔註60〕張光裕主編，袁師國華合編：《郭店楚簡研究・第一卷・文字編》，（台北：藝文印書館，民國88年），頁403。

〔註61〕嚴一萍：〈楚繒書新考〉（上），《中國文字》26冊，1967年12月，頁11。

〔註62〕饒宗頤：〈楚帛書新證〉《楚地出土文獻三種研究》，（北京：中華書局，1993年），頁254。

復原字形				

1. 乙 2.18／陵

嘉凌案：《楚帛書》「▨」字於帛書五見，蔡季襄《晚周繪書考證》首先猜測此字讀「陵」，〔註63〕正確可從。楚簡「陵」字作▨（包山簡 2.13），〔註64〕上部為「來」形，下部為「土」形，為楚系文字特有寫法，「山陵」泛指大山。

2. 乙 2.20／發

《楚帛書》「▨」字，商承祚〈戰國楚帛書述略〉釋「㪅」同「趚」，讀「縮」，謂：

> 讀縮音，不伸，即不收而成灾。〔註65〕

饒宗頤〈楚帛書新證〉釋「㪅」，讀「發」，謂：

> 㪅字從四止支，如金文此亦作㪅，為繁形，字應釋㪅。㪅，可讀為發，《禮記·月令》：「時雨不降，山陵不收」，賈疏：「山陵不收，地灾也」，發即不收之義。〔註66〕

劉信芳《子彈庫楚墓出土文獻研究》釋「發」，讀「廢」，謂：

> 《說文》：「廢，屋頓也」，謂房屋傾圮也。《淮南子·覽冥》：「四極廢，九州裂」，高誘注：「廢，頓也。」〔註67〕

嘉凌案：楚簡「發」字作▨（包山簡 2.80），或「弓」形易為「止」形作▨（包山簡 2.148）；或上部為四「止」形作▨（包山簡 2.128），與帛書「▨」字同形，〔註68〕而「發」字於楚簡中多讀為「廢」，如《上博二·容成氏·簡3》：「㴝棄不發（廢）」、《上博六·競公瘧·簡5》：「外內不發（廢）」，〔註69〕據

〔註63〕蔡季襄：《晚周繪書考證》，台北：藝文印書館，61 年。
〔註64〕張光裕主編、袁師國華合編：《包山楚簡文字編》，（台北：藝文印書館，民國81 年），頁 429。
〔註65〕商承祚：〈戰國楚帛書述略〉，《文物》第九期，1964 年 9 月，12 頁。
〔註66〕饒宗頤：〈楚帛書新證〉《楚地出土文獻三種研究》，（北京：中華書局，1993年），頁 254。
〔註67〕劉信芳：《子彈庫楚墓出土文獻研究》，（台北：藝文印書館，民國 91 年），頁 60。
〔註68〕張光裕主編、袁師國華合編：《包山楚簡文字編》（台北：藝文印書館，民國81 年），頁 266。
〔註69〕馬承源主編：《上海博物館藏戰國楚竹書》（二），（上海：古籍出版社，2002年），頁 252；馬承源主編：《上海博物館藏戰國楚竹書》（五），（上海：古籍

此，「山陵亓發」可讀爲「山陵其廢」，即山陵傾倒廢亂，爲「天梪星作滬」後的混亂情景。

【5】

出　　處	乙2.21／又	乙2.22／淵	乙2.23／乓	乙2.24／洰
帛書字形				
復原字形				

1. 乙2.22／淵

《楚帛書》「淵」字，商承祚〈戰國楚帛書述略〉釋「泉」；〔註70〕嚴一萍〈楚繒書新考〉釋「淵」，謂：

《說文》：「淵，回水也」。〔註71〕

嘉凌案：「泉」字甲文作（《後》2.3.6）、（《甲》903）；金文見於偏旁作（克鼎2836原字所从）；〔註72〕楚簡文字作（包山簡2.86）、（包山簡2.143），水流之形變爲撇筆；或於偏旁作（郭店簡・成之聞之・簡14），〔註73〕字體上下漸分離，字形與《楚帛書》「淵」字有別，故非「泉」字。

「淵」字甲文作（《後》1.15.2）；金文作（沈子它簋），或省作（牆盤）、（王孫鐘・肅字所从）；〔註74〕楚簡文字承甲、金文，周圍爲封閉之

〔註70〕 商承祚：〈戰國楚帛書述略〉，《文物》第九期，1964年9月，頁12。

〔註71〕 嚴一萍：〈楚繒書新考〉（上），《中國文字》26冊，1967年12月，頁12。

〔註72〕 中國社會科學院考古研究所編輯：《甲骨文編》，（北京：中華書局，1965年），頁449；容庚編：《金文編》，（北京：中華書局，1985年），頁744。

〔註73〕 張光裕主編、袁師國華合編釋「淵」：《包山楚簡文字編》，（台北：藝文印書館，民國81年），頁231、滕壬生釋「淵」：《楚系簡帛文字編》，（武漢：湖北教育出版社，1995年），頁819；吳振武釋「泉」，謂：「肅字本从淵，包山楚簡改從泉。」〈燕國刻銘中的泉字〉《華學》第二輯，頁47～49。嘉凌案：字形與淵字有別，應釋爲泉。張光裕主編，袁師國華合編：《郭店楚簡研究・第一卷・文字編》，（台北：藝文印書館，民國88年），頁274。

〔註74〕 中國社會科學院考古研究所編輯：《甲骨文編》，（北京：中華書局，1965年），

出版社，2005年），頁174。

形作（郭店簡・性自命出・簡 62），〔註 75〕帛書「」字與「㵄」形近，故字形應釋爲「㵄」。

2. 乙 2.24／𣶒

《楚帛書》「」字諸家學者於形隸定，商承祚〈戰國楚帛書述略〉釋「洄」；〔註 76〕嚴一萍〈楚繒書新考〉釋「涅」，謂：

> 商氏釋洄，與上「淵」字似相應，惟此字結體从日从乚，與古文之回不同，涅陽幣之涅作，與此形近，疑當釋涅，……案《儀禮・既夕》：「隸人涅廁」，注：「塞也」。水出地而不流，即塞也，是爲地灾。亦即上文「天根見而水涸」之意也。〔註 77〕

饒宗頤〈楚帛書新證〉釋「汩」，謂：

> 字，从水从𣶒，日下从乚，巜即水流澮之巜。《説文》訓昧前之䫀，「从頁㬰聲」，㬰乃从曰，非从日。《説文》字在川部，云：「㬰，水流也。从巛曰聲，于筆切」，何琳儀謂「从日與从曰每混。𣶒即㵿，从巜从川無別，汩與上下文發、歲、月均爲月部字協韻。」〔註 78〕

何琳儀〈長沙帛書通釋〉釋「㵿」，謂：

> 「淵」必是形容詞，「汩」必是名詞。檢《小爾雅・廣詁》「淵，深也」，《文選・東晳補亡詩》注引《字林》「汩，深水也」，此「淵」和「汩」詞性和詞義相涵的佳證。「有淵其汩」意謂「洪泉甚深」（見《楚辭・天問》）。〔註 79〕

李學勤《簡帛佚籍與學術史》釋「㵿」，讀「潰」，謂：

> 「有淵其㵿」，「有」是語首助詞，「㵿」字亦可寫作䃶，這裡當讀爲「潰」。此句意思是説，山陵要積敗，淵水要潰決。〔註 80〕

嘉淩案：帛書「」字明顯从「水」从「日」从「乚」，與「洄」、「涅」、「汩」

頁 735；容庚編：《金文編》，（北京：中華書局，1985 年），頁 436。

〔註 75〕張光裕主編，袁師國華合編：《郭店楚簡研究・第一卷・文字編》，（台北：藝文印書館，民國 88 年），頁 269。

〔註 76〕商承祚：〈戰國楚帛書述略〉，《文物》第九期，1964 年 9 月，頁 12。

〔註 77〕嚴一萍：〈楚繒書新考〉（上），《中國文字》26 冊，1967 年 12 月，頁 12。

〔註 78〕饒宗頤：〈楚帛書新證〉《楚地出土文獻三種研究》，（北京：中華書局，1993 年），頁 254。

〔註 79〕何琳儀：〈長沙帛書通釋〉，《江漢考古》第一期，1986 年 1 月，頁 53。

〔註 80〕李學勤：《簡帛佚籍與學術史》，（南昌：江西教育出版社，2001 年），頁 39。

等字形均有別，由於下方「凵」偏旁，未見於楚簡字形當中，故「」字待考，而季師認爲疑可讀「障」，「凵」偏旁大約指屏障，有堵塞之意，〔註81〕而「障」與「桊」、「瀗」、「方」協韻，因此季師說法可參，故「又（有）腩（淵）臾（厥）汩（障）」，大約是指有水淵爲患。

【6】

出　　處	乙2.25／是	乙2.26／胃	乙2.27／李=
帛書字形			
復原字形			

《楚帛書》「李」字，商承祚〈戰國楚帛書述略〉釋「孛」，謂：

非指慧星之孛，而用爲違、逆、乖之悖。〔註82〕

嚴一萍〈楚繒書新考〉釋「季」；〔註83〕朱德熙先生、裘錫圭先生釋「穀」，訓「亂」；〔註84〕何琳儀〈包山楚簡選釋〉以爲乃「孴」之異文，讀作「釐」，〔註85〕王寧〈釋孴〉釋爲「孴」，趙平安〈戰國文字中的「宛」及其相關問題研究─以與縣有關的資料爲中心〉隸作「李」，認爲爲「孴」省。〔註86〕

鄭剛〈戰國文字中的陵和李〉始釋此字爲「李」；〔註87〕季師旭昇贊成鄭剛先生之說，並舉出甲骨「李」字作「」（商.後.2.13.7）以證；〔註88〕劉信芳《子彈庫楚墓出土文獻研究》釋「李」，謂：

〔註81〕感謝季師寶貴意見。

〔註82〕商承祚：〈戰國楚帛書述略〉，《文物》第九期，1964年9月，頁13。

〔註83〕嚴一萍：〈楚繒書新考〉（上），《中國文字》26冊，1967年12月，頁13。

〔註84〕曾憲通：《長沙楚帛書文字編》，（北京：中華書局，1993年），頁30引文。

〔註85〕何琳儀：〈包山楚簡選釋〉《江漢考古》第四期，1993年4月，頁57。

〔註86〕王寧：〈釋孴〉，簡帛研究網2002年8月15日；趙平安：〈戰國文字中的「宛」及其相關問題研究─以與縣有關的資料爲中心〉《第四屆國際中國古文字學研討會論文》（香港：香港中文大學，2003年），頁539注28。

〔註87〕鄭剛：〈戰國文字中的陵和李〉，中國古文字研究會成立十週年學術研討會論文，1988年，頁1～15。

〔註88〕季師旭昇：《說文新證》（下），（台北：藝文印書館，民國93年），頁298。

「李」即「火星」，古稱「熒惑」，《史記・天官書》：「熒惑爲勃亂、
殘賊、疾、喪、饑、兵」，《漢書・天文志》：「熒惑，天子理也」。
〔註89〕

嘉凌案：楚簡「孛」字作 𣏗（郭店簡・老子乙・簡 10），「季」字作 𥺊（包山
簡 2.127），〔註90〕兩字與《楚帛書》「𣎴」字明顯有別，故釋「孛」或「季」
均不可從。

　　帛書「𣎴」字屢見於楚簡，字形釋「李」無疑，然其形構究竟爲何？由
於「來、李、釐、𡼐」等字上古音近似，〔註91〕因此「李」字有從「來」聲
或從「𡼐」聲兩說，然由於甲文中已有從「子」「來」聲的「李」字，故「李」
字可直接分析爲從「來」從「子」，無需以省形或簡化之理路思考。

　　劉信芳《子彈庫楚墓出土文獻研究》認爲「李」爲「熒惑」，即「火星」，
以《史記・天官書》：「察剛氣以處熒惑，曰南方火，主夏，曰丙丁。禮失，
罰出熒惑，熒惑失行是也，出則有兵，入則兵散」爲例證，細審典籍文意，
與《楚帛書》略有相合，然由於典籍文獻中並無確切稱「李」爲「熒惑」之
例，故是否指火星，仍有待商榷。

　　而《睡虎地秦簡・日書》有「天李篇」：

　　天李正月居子，二月居子（子爲卯之誤），三月居午，月居酉，五月
　　居子，六月居卯，七月居午，八月居酉，九月居子，十月居卯，十一
　　月居午，十二月居辰，凡此日不可以入官及入室，入室必滅，入官必
　　有罪。〔註92〕

此爲專門介紹天李星運行時的禁忌，可見「天李」是古代一個重要的凶煞類
目，其日忌入官與入室。又如《居延漢簡》「破城子探方六五」196 簡云：

〔註89〕劉信芳：《子彈庫楚墓出土文獻研究》，（台北：藝文印書館，民國 91 年），頁
　　　　61。
〔註90〕張光裕主編：《郭店楚簡研究・第一卷・文字編》，（台北：藝文印書館，民國
　　　　88 年），頁 152；張光裕主編、袁師國華合編：《包山楚簡文字編》，（台北：
　　　　藝文印書館，民國 81 年），頁 121。
〔註91〕據陳師新雄的古音學系統而言，「來」來紐之部、「李」來紐之部、「釐」來紐
　　　　之部、「𡼐」曉母之部，聲母方面「來」、「李」、「釐」字都從來紐，而「𡼐」
　　　　雖從曉紐但《說文》「釐」從「𡼐」聲，故韻部方面四字都是「之」部字，《古
　　　　音研究》，（台北：五南書局，1999 年）。
〔註92〕睡虎地秦墓竹簡小組編：《睡虎地秦墓竹簡》，（北京：文物出版社，1990 年），
　　　　簡 145～146 背。

天李：子，壬卯，午，酉，子，卯，午，酉，子，卯，午，酉。
〔註93〕

爲描述天李在十二月中的運行情況，同書「破城子探方六五」425 簡亦是一枚
曆譜殘簡，簡 B 云：

十二日辛卯，成，天李。〔註94〕

此句意思爲：十二日是辛卯日，於建除十二神中屬成日，又是天李所值之日。
可見天李在漢代應該是一個很重要的禁忌項目，故出土及傳世文獻中有不少
記載。

劉樂賢《睡虎地秦簡日書研究》認爲「天李星」爲「天理星」謂：

「天李」即「天理」，《史記‧天官書》集解引孟康云：「傳曰：天理
四星在斗魁中，貴人牢名曰天理」，《索隱》：「《樂汁圖》云：天理，
理貴人牢」。〔註95〕

鄭剛先生指出《星曆考原》的「天獄」就是《日書》的「天李」，〔註96〕
而「天李」被稱爲「天獄」的原因，劉樂賢《睡虎地秦簡日書研究》謂：

天李在古代有作天理（李、理音近相通，古書中通用之例不煩列舉），
而天理與天獄意義相近。天理在古代是一恆星之名，古人認爲它職
掌牢獄之事，如《史記‧天官書》云天理「在斗魁中，貴人之牢」，
《集解》引孟康曰：「傳曰：天理四星在斗魁中，貴人牢名曰天理」，
《索隱》引《樂汁圖微》云：「天理，理貴人牢」，又引宋均注云：「以
理牢獄也」，天理是掌管天上牢獄一類事的神名，自然也可以寫作天
獄。〔註97〕

嘉凌案：《楚帛書》「是謂李」，應爲前段文句之總結，由於前文內容謂天地、
山陵動盪、大水橫流，應爲「某物」運行時所產生的凶咎，雖然典籍中未見
「天李」省稱爲「李」之例，但因文獻中之「天李」均與凶咎災禍有關，故

〔註93〕甘肅省文物考古研究所、甘肅博物館、中國文物研究所、中國社會科學院歷
史研究所：《居延新簡（上）甲渠候官》，（北京：中華書局，1994 年），頁 429。
〔註94〕甘肅省文物考古研究所、甘肅博物館、中國文物研究所、中國社會科學院歷
史研究所：《居延新簡（上）甲渠候官》，（北京：中華書局，1994 年），頁 197。
〔註95〕劉樂賢：《睡虎地秦簡日書研究》，（台北：文津書局，83 年），頁 298。
〔註96〕鄭剛：〈戰國文字中的陵和李〉，中國古文字研究會成立十週年學術研討會論
文，1988 年，頁 1～15。
〔註97〕劉樂賢：《睡虎地秦簡日書研究》，（台北：文津書局，83 年），頁 299～300。

推測帛書「李」字可能指「天李星」。由於帛書「」字下有重文符號，故讀此句爲「是謂李，李歲□月」，「是謂李」，即前文所述之災亂現象，稱爲天李星出現。

李=歲□月【1】，內（入）月七日=【2】，□□又（有）【3】雺（霧）【4】霝（霜）【5】雨土，不导（得）亓（其）參職【6】

【1】

出　　處	乙 2.28／歲	乙 2.29／□	乙 2.30／月
帛書字形			
復原字形			

《楚帛書》「」字，劉信芳《子彈庫楚墓出土文獻研究》謂：

> 或謂「歲」字有重文符，但不清晰，若有重文符，則應理解爲「李星與歲星」，謹錄以存參。

又云：

> 「□月」，月前一字或可補「犯」、「會」、「鬥」諸字，大意爲李星、歲星與月相會、相近、相犯，然終未可定。〔註98〕

嘉凌案：依放大字形，帛書「歲」字下確實無重文符號，僅有一殘字「」，字形似從「宀」，下方字體不明，與下段文句之「內（）」字形近，由於形體模糊難辨，故存疑待考。因此承上句應讀爲「是謂李，李歲□月」，「李歲□月」指李星在某月之時。

〔註98〕 劉信芳：《子彈庫楚墓出土文獻研究》，（台北：藝文印書館，民國 91 年），頁 61。

【2】

出　　處	乙2.31／內	乙2.32／月	乙3.1／七日=
帛書字形			
復原字形			

1. 乙2.31／內

　　《楚帛書》「」字，嚴一萍〈楚繒書新考〉釋「灾」，未有說明；〔註99〕
饒宗頤〈楚帛書新證〉釋「內」，讀「入」，謂：

> 《秦簡·日書》如「入月一日二日，吉」，一類句式常見。〔註100〕

　　曾憲通《長沙楚帛書文字編》從之，謂：

> 古內、入同字，帛文內即入字，按秦簡《日書》常見有「入某月某
> 日」值某星宿，及「入月某日」行事宜忌的記載，如「入二月九日
> 直心」（812 反）；「入正月七日……入十二月卅日，凡此日以歸死行
> 亡」（862）；「入七月七日乙酉，十一月丁酉材（裁）衣，終身衣絲」
> （777 反）；「入月七日及冬未春戌夏丑秋辰，是胃（謂）四敫，不
> 可初穿門爲戶牖……」（753 反）。帛文內即入字，簡文「入月七日」
> 云云，與帛文正同。〔註101〕

　　劉信芳《子彈庫楚墓出土文獻研究》亦讀「入月」，然認爲是被月所掩，
謂：

> 「內月」即「入月」，謂李星、歲星爲月所掩，《史記·天官書》：「歲
> 星入月，其野有逐相」，又「月蝕歲星，其宿地，饑若亡，熒惑也亂，
> 填星也下犯上，太白也彊國以戰敗，辰星也女亂」，《正義》引孟康
> 曰：「凡星入月，見月中，爲星蝕月；月掩星，星滅，爲月蝕星也」，
> 《漢書·天文志》：「凡月蝕五星，其國皆亡，歲以饑，熒惑以亂。」

〔註99〕嚴一萍：〈楚繒書新考〉（上），《中國文字》26 冊，1967 年 12 月，頁 14。

〔註100〕饒宗頤：〈楚帛書新證〉《楚地出土文獻三種研究》，（北京：中華，1993 年），
　　　　頁 256。

〔註101〕曾憲通：《長沙楚帛書文字編》，（北京：中華書局，1993 年），頁 15～16。

〔註102〕

2. 乙3.1／七日＝

《楚帛書》「⿱」字，嚴一萍〈楚繒書新考〉釋「吉吉」，謂：

> 重文，此兩吉字當分讀，一連上讀「月奼月吉」。〔註103〕

饒宗頤〈楚帛書新證〉釋「七日」合文。

嘉凌案：楚簡「吉」字作⿰（包山簡2.13），或中間豎筆未貫穿作⿱（包山簡2.238），或貫穿作⿱（包山簡2.197），而《楚帛書》「⿱」字下部明顯為「日」形，與「吉」字下「口」形有別，故非為「吉」字；《楚簡》「七」字作⿰（包山簡2.110），〔註104〕據此，《楚帛書》「⿱」應釋為「七日」合文無疑。

由於《楚帛書》「⿱」字後接「七日」，故不取劉信芳先生之說「被月所掩」。「內（入）月某日」的句式於秦簡多見，是古代一種常見的計日方法，如《秦簡・日書・甲種・室忌》：

> 凡入月五日，月不盡五日，以築室，不居……。〔註105〕

漢簡中亦多見，如《居延漢簡》：

> 王稚少入月五日食，董子文入月八日食。（E.P.T52:103B）〔註106〕

天水放馬灘秦簡《日書》，有一大段入月某日的簡文，何雙全〈天水放馬灘秦簡綜述〉誤釋「人月某日」，〔註107〕劉信芳〈天水放馬灘秦簡綜述質疑〉改釋為「入月某日」，〔註108〕其說可從。又如馬王堆漢墓帛書《五十二病方・頹》：

> 為之恒以入月旬六日□□盡，日一為，□再為之，為之恒以時為之，

〔註102〕劉信芳：《子彈庫楚墓出土文獻研究》，（台北：藝文印書館，民國91年），頁61～62。

〔註103〕嚴一萍：〈楚繒書新考〉（上），《中國文字》26冊，1967年12月，頁13。

〔註104〕張光裕主編，袁師國華合編：《包山楚簡文字編》，（台北：藝文印書館，民國81年），頁87～88、3。

〔註105〕睡虎地秦墓竹簡小組編：《睡虎地秦墓竹簡》，（北京：文物出版社，1990年），簡103正一。

〔註106〕甘肅省文物考古研究所、甘肅博物館、中國文物研究所、中國社會科學院歷史研究所：《居延新簡（下）甲渠候官》，（北京：中華書局，1994年），頁217。

〔註107〕何雙全：〈天水放馬灘秦簡綜述〉，《文物》第二期，1989年2月。

〔註108〕劉信芳：〈天水放馬灘秦簡綜述質疑〉，《文物》第九期，1990年9月。

須積已而止。〔註109〕

又《刑德》乙篇第十八行：

入月五日奇，十七日奇，不受朔者歲奇……。〔註110〕

均指每月的某日，據此，「入月七日」應指某月初七之日。

【3】

出　　處	乙 3.2／□	乙 3.3／□	乙 3.4／又
帛書字形			
復原字形			

　　嘉凌案：帛書此處斷裂成黑色，依其他同行文字得知，「又」字上方可能缺失兩個字，故李學勤《簡帛佚籍與學術史》據殘文，認爲缺「八日」二字，〔註111〕然由於具「八」形筆畫字形者眾多，故將字形存疑待考。而殘形下方之「又」字有上讀或下讀之可能，故確切句義待考。

【4】

出　　處	乙 3.5／雺	乙 3.6／雲	乙 3.7／雨	乙 3.8／土
帛書字形				
復原字形				

〔註109〕馬王堆漢墓整理小組編：《馬王堆漢墓帛書》，（北京：文物出版社，1985 年），頁 51。

〔註110〕傅舉有、陳松長：《馬王堆漢墓文物》，（湖南：湖南出版社，1992 年），頁 137。
　　　　嘉凌案：該書釋人月，非是。

〔註111〕李學勤：《簡帛佚籍與學術史》，（南昌：江西教育出版社，2001 年），頁 39。

1. 乙 3.5／雹

　　《楚帛書》「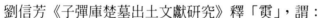」字，嚴一萍〈楚繒書新考〉釋作「電」，
未有說明；〔註112〕李零《長沙子彈庫戰國楚帛書研究》原釋
「電」，後於〈讀《楚系簡帛文字編》〉改釋「雹」，謂：

　　摹字微誤，應是「雹」字之殘（參看 1015 頁：矛），辭
　　例「～云雨土」應釋「雹霜雨土」。〔註113〕

　　劉信芳《子彈庫楚墓出土文獻研究》釋「霣」，謂：

　　從「申」聲，就字形而言，該字釋「電」釋「霣」都是有可能的，由
　　於目前所能見到的字形例證尚不充分，未能下結論。然就辭例而言，
　　下文「雨土」乃動賓詞組，則釋爲「電霜」有不合理之處。「霣霜」
　　即「霣霜」，《春秋公羊傳》僖公三十三年：「霣霜不殺草」。〔註114〕

嘉凌案：《楚帛書》「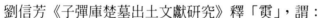」字下方所從，據諸家學者說法，共有「申」、「臾」、
「矛」三種可能。「申」字甲文作ⵗ（《鐵》163.4），象閃電屈折之形；金文作
ⵗ（即簋），或閃電曲折變爲「口」形作ⵗ（此鼎）；楚簡文字承甲、金文作
ⵗ（包山簡 2.165），或加飾點作ⵗ（郭店簡·忠信之道·簡 6）；〔註115〕
且帛書「神」字作ⵗ（甲三.36），字形明顯與「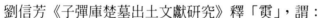」不同，故釋「電」非是。

　　「臾」字甲文作ⵗ（《乙》6370），金文作ⵗ（聿臾鼎）、ⵗ（師臾鐘），
楚簡文字於偏旁作ⵗ（郭店簡·性自命出·簡 22 舉字所從），〔註116〕兩爪形
對稱，中爲人形，與帛書「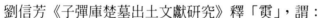」字判然有別，故非「霣」字。

　　「矛」字甲文作ⵗ（《人》2062），金文或省繫形作ⵗ（懋史鼎），或爲

〔註112〕嚴一萍：〈楚繒書新考〉（上），《中國文字》26 冊，1967 年 12 月，頁 13。
〔註113〕李零：《長沙子彈庫戰國楚帛書研究》，（北京：中華書局，1985 年），頁 55；
　　　　李零：〈讀《楚系簡帛文字編》〉《出土文獻研究》第五輯，（北京：科學出版
　　　　社，1999 年），頁 150 第 142 條。
〔註114〕劉信芳：《子彈庫楚墓出土文獻研究》，（台北：藝文印書館，民國 91 年），頁
　　　　62。
〔註115〕中國社會科學院考古研究所編輯：《甲骨文編》，（北京：中華書局，1965 年），
　　　　頁 567；容庚編：《金文編》，（北京：中華書局，1985 年），頁 999；張光裕
　　　　主編，袁師國華合編：《包山楚簡文字編》，（台北：藝文印書館，民國 81 年），
　　　　頁 254；張光裕主編，袁師國華合編：《郭店楚簡研究·第一卷·文字編》（台
　　　　北：藝文印書館，民國 88 年），頁 296。
〔註116〕李師旭昇《說文新證》（下），（台北：藝文印書館，民國 93 年），頁 291；張
　　　　光裕主編，袁師國華合編：《郭店楚簡研究·第一卷·文字編》（台北：藝文
　　　　印書館，民國 88 年），頁 175。

須積已而止。〔註109〕

又《刑德》乙篇第十八行：

入月五日奇，十七日奇，不受朔者歲奇……。〔註110〕

均指每月的某日，據此，「入月七日」應指某月初七之日。

【3】

出　　處	乙3.2／□	乙3.3／□	乙3.4／又
帛書字形			
復原字形			

嘉凌案：帛書此處斷裂成黑色，依其他同行文字得知，「又」字上方可能缺失兩個字，故李學勤《簡帛佚籍與學術史》據殘文，認爲缺「八日」二字，〔註111〕然由於具「八」形筆畫字形者眾多，故將字形存疑待考。而殘形下方之「又」字有上讀或下讀之可能，故確切句義待考。

【4】

出　　處	乙3.5／霜	乙3.6／雹	乙3.7／雨	乙3.8／土
帛書字形				
復原字形				

〔註109〕馬王堆漢墓整理小組編：《馬王堆漢墓帛書》，（北京：文物出版社，1985年），頁51。

〔註110〕傅舉有、陳松長：《馬王堆漢墓文物》，（湖南：湖南出版社，1992年），頁137。
　　　　嘉凌案：該書釋人月，非是。

〔註111〕李學勤：《簡帛佚籍與學術史》，（南昌：江西教育出版社，2001年），頁39。

1. 乙 3.5／霓

《楚帛書》「霓」字，嚴一萍〈楚繒書新考〉釋作「電」，未有說明；〔註112〕李零《長沙子彈庫戰國楚帛書研究》原釋「電」，後於〈讀《楚系簡帛文字編》〉改釋「霓」，謂：

> 摹字微誤，應是「霓」字之殘（參看 1015 頁：矛），辭例「～雲雨土」應釋「霓霜雨土」。〔註113〕

劉信芳《子彈庫楚墓出土文獻研究》釋「霓」，謂：

> 從「臾」聲，就字形而言，該字釋「電」釋「霓」都是有可能的，由於目前所能見到的字形例證尚不充分，未能下結論。然就辭例而言，下文「雨土」乃動賓詞組，則釋爲「電霜」有不合理之處。「霓霜」即「霓霜」，《春秋公羊傳》僖公三十三年：「霓霜不殺草」。〔註114〕

嘉凌案：《楚帛書》「霓」字下方所從，據諸家學者說法，共有「申」、「臾」、「矛」三種可能。「申」字甲文作 ᵇ（《鐵》163.4），象閃電屈折之形；金文作 ⁿ（即簋），或閃電曲折變爲「口」形作 ⁿ（此鼎）；楚簡文字承甲、金文作 ⁿ（包山簡 2.165），或加飾點作 ⁿ（郭店簡・忠信之道・簡 6）；〔註115〕且帛書「神」字作 ⁿ（甲三.36），字形明顯與「霓」不同，故釋「電」非是。

「臾」字甲文作 ⁿ（《乙》6370），金文作 ⁿ（聿臾鼎）、ⁿ（師臾鐘），楚簡文字於偏旁作 ⁿ（郭店簡・性自命出・簡 22 譽字所從），〔註116〕兩爪形對稱，中爲人形，與帛書「霓」字判然有別，故非「霓」字。

「矛」字甲文作 ⁿ（《人》2062），金文或省繫形作 ⁿ（戀史鼎），或爲

〔註112〕嚴一萍：〈楚繒書新考〉（上），《中國文字》26 冊，1967 年 12 月，頁 13。

〔註113〕李零：《長沙子彈庫戰國楚帛書研究》，（北京：中華書局，1985 年），頁 55；李零：〈讀《楚系簡帛文字編》〉《出土文獻研究》第五輯，（北京：科學出版社，1999 年），頁 150 第 142 條。

〔註114〕劉信芳：《子彈庫楚墓出土文獻研究》，（台北：藝文印書館，民國 91 年），頁 62。

〔註115〕中國社會科學院考古研究所編輯：《甲骨文編》，（北京：中華書局，1965 年），頁 567；容庚編：《金文編》，（北京：中華書局，1985 年），頁 999；張光裕主編，袁師國華合編：《包山楚簡文字編》，（台北：藝文印書館，民國 81 年），頁 254；張光裕主編，袁師國華合編：《郭店楚簡研究・第一卷・文字編》（台北：藝文印書館，民國 88 年），頁 296。

〔註116〕季師旭昇《說文新證》（下），（台北：藝文印書館，民國 93 年），頁 291；張光裕主編，袁師國華合編：《郭店楚簡研究・第一卷・文字編》（台北：藝文印書館，民國 88 年），頁 175。

單繫形作 ⊅（殳簋），楚簡文字承甲金文作 ⊕（秦家嘴簡 1.5），或於矛鋒、繫形處及下端加飾筆作 ⊕（仰天湖簡 25.18），於偏旁或省略矛鋒作 ⊕（天星觀遣策秭字所從），或保留矛鋒之形作 ⊕（天星觀遣策），〔註 117〕其上端橫筆與《楚帛書》「⊕」字相同，故釋「霧」無疑。且《上博三・周易・簡 38》有字作「⊕」，字形與帛書「⊕」字極爲相似，整理者釋「霧」，〔註 118〕並謂：「《爾雅・釋天》：「日出而風爲暴，風而雨土爲霾，陰而風爲曀，天氣下地不應曰霧，地氣發天不應曰霧，霧謂之晦」。」〔註 119〕因此帛書「⊕」字應可釋爲「霧」。

2. 乙 3.6／霒

《楚帛書》「霒」字，嚴一萍〈楚繒書新考〉釋「霑」，讀「霆」；〔註 120〕饒宗頤〈楚帛書新證〉釋「霒」，讀「芒」，謂：

> 從雨從亡，字書未見，霒可讀爲「芒」，甘氏《歲星法》：「其狀作作有芒」，指閃電的光芒。〔註 121〕

李學勤《簡帛佚籍與學術史》釋「霒」，讀「霜」，謂：

> 霒讀爲霜，《白虎通・災變》：「霜之言亡也」。〔註 122〕

《楚帛書》「雨土」，饒宗頤〈楚帛書新證〉謂：

> 雨土指天降土如雨，示災異也，《易飛侯》亦書天雨土事。〔註 123〕

嘉凌案：楚簡「止」字作 ↘（天星觀卜筮簡），〔註 124〕與帛書「霒」字所從明顯有別，釋從「止」非是；楚簡「亡」字作 ⊕（包山簡 2.171），〔註 125〕

〔註 117〕滕壬生：《楚系簡帛文字編》，（武漢：湖北教育出版社，1995 年），頁 1015、363、303。

〔註 118〕馬承源主編：《上海博物館藏戰國楚竹書》（三）（上海：古籍出版社，2003 年），188。

〔註 119〕馬承源主編：《上海博物館藏戰國楚竹書》（三）（上海：古籍出版社，2003 年），188。

〔註 120〕嚴一萍：〈楚繒書新考〉（上），《中國文字》26 冊，1967 年 12 月，頁 13。

〔註 121〕饒宗頤：〈楚帛書新證〉《楚地出土文獻三種研究》，（北京：中華書局，1993 年），頁 256。

〔註 122〕李學勤：《簡帛佚籍與學術史》，（南昌：江西教育出版社，2001 年），頁 40。

〔註 123〕饒宗頤：〈楚帛書新證〉《楚地出土文獻三種研究》，（北京：中華，1993 年），頁 256。

〔註 124〕滕壬生：《楚系簡帛文字編》，（武漢：湖北教育出版社，1995 年），頁 119。

〔註 125〕張光裕主編，袁師國華合編：《包山楚簡文字編》，（台北：藝文印書館，民國 81 年），頁 33。

據此，帛書「■」字從「雨」從「亡」無疑，而「霜」與「亡」疊韻，雖聲母稍遠，然「霜霧」爲古代的災異，於典籍中習見，如《舊五代史·五行志》：

> 三年九月，大水，太原葭蘆茂盛，最上一葉如旗狀，皆南指。十二月己丑，雨木冰，是月戊戌，霜霧大降，草木皆如冰。〔註126〕

與《楚帛書》文義相符，故帛書「■」字讀「霜」可從。而「雨土」亦常見於典籍中，如《太平御覽》八七七引京房《易傳》：

> 內淫亂，百姓勞苦，則天雨土，此小人將起，是謂黃生目土失其性，則雨塵土沙灰，皆土之類。〔註127〕

可見古代認爲「雨土」有警示的災異，帛書「雨土」之意應與此相同。且史書中亦多見「雨土如霧」或「霧」、「雨土」連言的情景，如《魏書·靈徵志》：

> 世祖太延四年正月庚子，雨土如霧於洛陽。
> 世宗景明三年二月己丑，秦州黃霧，雨土覆地。
> 四年八月辛巳，涼州雨土覆地，亦如霧。〔註128〕

典籍文句與帛書「霧霜雨土」相似。因此若與前一字「又」字連言，則「又霧霜雨土」指有霧霜雨土等咎徵災異產生；或不與「又」連言，則單指霧霜雨土等咎徵。

【6】

出　　處	乙3.9／不	乙3.10／导	乙3.11／元	乙3.12／參	乙3.13／職
帛書字形					
復原字形					

《楚帛書》「■■」，饒宗頤〈楚帛書新證〉釋「參職」，謂：

> 參謂驗也……毛傳：職，主也，此句謂不見其驗，主天降雨。〔註129〕

〔註126〕〔唐〕薛居正：《舊五代史》，（台北：鼎文書局，民國85年），頁1890。
〔註127〕〔宋〕李昉：《太平御覽》，（台北：大化書局，1977年），頁3896。
〔註128〕〔北齊〕魏收：《魏書》，（台北：鼎文書局，民國85年），頁2911。
〔註129〕饒宗頤：〈楚帛書新證〉《楚地出土文獻三種研究》，（北京：中華書局，1993

李零《長沙子彈庫戰國楚帛書研究》釋「參職」云：

> 參，參驗、參稽；職，天職，即天運所至，謂參驗天道。《荀子・天論》：「不為而成，不求而得，夫是之謂天職。如是者，雖深其人不加慮焉，雖大不加能焉，雖精不加察焉，夫是之謂不與天爭職。天有其時，地有其財，人有其治，夫是之謂能參，舍其所以參而願其所參，則惑矣。」〔註130〕

劉信芳《子彈庫楚墓出土文獻研究》釋「參職」，謂：

> 司曆之官失其職守，致使違曆而失禮于天。《史記・天官書》：「禮失，罰出熒惑。」〔註131〕

嘉凌案：「參職」一詞亦見《後漢書・竇融列傳》：

> 二十年，大司徒戴涉坐所舉人盜金下獄，帝以三公參職，不得已乃策免融。〔註132〕

故「參職」為「任職」之意。故「不得其參職」，應是由於天李星未依照其職份行進，因而造成上述「霧霜雨土」等災禍。

天雨喜=【1】，是□遊（失）月，閏之勿行【2】，一月、二月、三月，是胃（謂）遊（失）終亡（無）奉，【3】□□亓（其）邦【4】，四月五月，是胃（謂）亂紀亡（無）尿，【5】□□□歲【6】

【1】

出　處	乙 3.14／天	乙 3.15／雨	乙 3.16／喜=
帛書字形			
復原字形			

年），頁 256。
〔註130〕李零：《長沙子彈庫戰國楚帛書研究》，（北京：中華書局，1985 年），頁 55。
〔註131〕劉信芳：《子彈庫楚墓出土文獻研究》，（台北：藝文印書館，民國 91 年），頁 63。
〔註132〕〔漢〕范曄：《後漢書》，（台北：鼎文書局，民國 85 年），頁 807。

《乙3.16》，因原絹裂開，析爲兩處，饒宗頤〈楚帛書新證〉釋「喜」，謂：

> 一般摹本或析爲二字，非是。喜喜有重文號，可讀作譆譆，……爲災異出現驚歎之詞。〔註133〕

劉信芳《子彈庫楚墓出土文獻研究》從之，讀「喜」爲「淒」，謂：

> 狀雨聲爲辭。〔註134〕

嘉凌案：楚簡「喜」字作 ![字] （包山簡2.54），〔註135〕與帛書「 ![字] 」字上下部份均同，故可釋爲「喜」，而下方明顯有重文符號，因此應讀爲「喜喜」。據帛書文意推測，「天雨喜喜」大約指上天下雨的狀態，故讀「天雨淒淒」，乃由於天李星運行失序，因而上天下雨不斷。

【2】

出　　　處	乙3.17／是	乙3.18／□	乙3.19／遊	乙3.20／月
帛書字形				
復原字形				

出　　　處	乙3.21／閏	乙3.22／之	乙3.23／勿	乙3.24／行
帛書字形				
復原字形				

〔註133〕饒宗頤：〈楚帛書新證〉《楚地出土文獻三種研究》，（北京：中華書局，1993年），頁256。

〔註134〕劉信芳：《子彈庫楚墓出土文獻研究》，（台北：藝文印書館，民國91年），頁64。

〔註135〕張光裕主編，袁師國華合編：《包山楚簡文字編》，（台北：藝文印書館，民國81年），頁97。

嘉凌案：《楚帛書》「⬚」字下方略殘，且「止」形位移，然釋「是」無疑。由於此處略有殘泐，因此「天雨喜喜是失月閏之勿行」諸家學者斷句多有不同：饒宗頤〈楚帛書新證〉讀「喜喜是失月，閏之勿行」，謂：

> 《荊楚歲時紀》云：「閏月不舉百事」，觀帛書云：「閏之勿行」，知閏月不宜舉事之習俗，自戰國于六朝，行之弗替。〔註136〕

李零《長沙子彈庫戰國楚帛書研究》斷爲「是失月閏之勿行」；〔註137〕劉信芳《子彈庫楚墓出土文獻研究》讀爲「天雨喜喜是失，月閏之勿行」，並以戰國楚曆與夏曆對照云：

> 可知帛書「一月」、「二月」、「三月」正當夏曆冬季之十月、十一月、十二月，「四月」、「五月」正當夏曆春季之正月、二月。由於置閏於楚曆之「一月」、「二月」、「三月」，屬冬季置閏，已至歲末，故帛書稱「逆終」，亦即「失終」。蓋歲本終於十二月，因置閏，當終而未得其終。而置閏於楚曆「四月」、「五月」，正值開春歲首，帛書稱爲「亂紀」。……帛書作者認爲歲首置閏，亂一年之紀日紀月也。〔註138〕

嘉凌案：由於帛書多以四字一句，且「是」字下方殘泐，因此可補缺字，連上句讀爲「天雨喜喜，是□逆（失）月，閏之勿行」，據《荊楚歲時紀》可知楚俗於閏月諸事不行，故「是□逆（失）月，閏之勿行」大約指於某失序之月，因爲是閏月而不得行事。

【3】

出處	乙 3.25／一月=	乙 3.26／二	乙 3.27／月	乙 3.28／三	乙 3.29／月
帛書字形					
復原字形					

〔註136〕饒宗頤：〈楚帛書新證〉《楚地出土文獻三種研究》，（北京：中華書局，1993年），頁256。

〔註137〕李零：《長沙子彈庫戰國楚帛書研究》，（北京：中華書局，1985年），頁55。

〔註138〕劉信芳：《子彈庫楚墓出土文獻研究》，（台北：藝文印書館，民國91年），頁64～65。

出處	乙3.30／是	乙3.31／胃	乙3.32／遊	乙3.33／終	乙3.34／亡	乙4.1／奉
帛書字形						
復原字形						

饒宗頤〈楚帛書新證〉連下段文句，讀爲「一月二月三月是謂失終。亡奉。□□亓邦；四月五月是謂亂紀。亡床，□□二歲」，謂：

> 亡奉，《國語‧晉語》韋註：「奉，行也」……自一月至三月爲逆之
> 終，四、五月則亂之紀，逆與亂對文。〔註139〕

李零《長沙子彈庫戰國楚帛書研究》讀爲「一月、二月、三月，是謂失終亡。奉□□亓邦；四月、五月是謂亂紀亡。床□塱。其歲」謂：

> 逆終，終是年終，即《左傳》文公元年「先王之正時也，履端于始，
> 舉正于中，歸餘于終」的「終」。〔註140〕

劉信芳《子彈庫楚墓出土文獻研究》斷句從饒宗頤先生，然謂「無奉」爲：

> 亡奉，謂冬季置閏，妨於歲末祭祀奉神也。〔註141〕

嘉凌案：帛書「是」字下殘形與「 （胃）」字下方「月」形形近，且據對句文例「是胃（謂）亂紀」，故「是」字下方應爲「胃」字。而帛書「 」字釋「失」，與下文「亂」紀之「亂」相對。

由於「一月、二月、三月，是□〔胃〕（謂）遊（失）終亡（無）奉，□□亓（其）邦」與下文「四月、五月，是胃（謂）亂紀亡（無）床（砅），□□□歲」，兩組句法相同，皆作「月份……

〔註139〕饒宗頤：〈楚帛書新證〉《楚地出土文獻三種研究》，（北京：中華書局，1993年），頁257。

〔註140〕李零：《長沙子彈庫戰國楚帛書研究》，（北京：中華書局，1985年），頁55。

〔註141〕劉信芳：《子彈庫楚墓出土文獻研究》，（台北：藝文印書館，民國91年），頁66。

是謂……亡……」，據帛書前後文意，大約是指一月、二月、三月時有某種擾亂之事，會影響到國家；四月、五月時有某種擾亂之事，會影響到年歲收成。

【4】

出　　處	乙4.2／□	乙4.3／□	乙4.4／亓	乙4.5／邦
帛書字形				
復原字形				

　　嘉凌案：此處殘泐不明，據帛書多四字一句，故補兩缺字，讀「□□其邦」，大約指「影響」、「擾亂」之意。

【5】

出　　處	乙4.6／四	乙4.7／月	乙4.8／五	乙4.9／月
帛書字形				
復原字形				

出處	乙4.10／是	乙4.11／胃	乙4.12／亂	乙4.13／紀	乙4.14／亡	乙4.15／尿
帛書字形						
復原字形						

《楚帛書》「![紀字]」字，嚴一萍〈楚繒書新考〉釋「紀」，謂：

> 《書‧洪範》：「協用五紀」，即歲月星辰曆數也。《禮記‧月令》：「毋
> 失經紀」，注：「謂天文進退度數。」〔註142〕

饒宗頤〈楚帛書新證〉釋「亂紀」，云：

> 《漢書‧天文志》：「太白經天，天下革，民更生，是爲亂紀，人民
> 流亡」，亂紀乃星占家慣語。〔註143〕

李零《長沙子彈庫戰國楚帛書研究》釋「亂紀」，謂：

> 亂紀，《禮紀‧月令》：「月窮于紀」，鄭玄注：「紀，會也」，謂日月
> 交會，日月交會凡十二次，古人叫十二紀，《呂氏春秋》十二紀也就
> 是這十二紀。逆終、亂紀是說違反閏法而造成年與月的混亂失序。
> 〔註144〕

《楚帛書》「![尿字]」字，嚴一萍〈楚繒書新考〉釋「泉」，〔註145〕饒宗頤
〈楚帛書新證〉釋「尿」，謂：

> 「尿」即「砅」，爲「濿」之別體，見《說文》。此讀爲癘或痳，亦
> 即沴。《尚書大傳》：「凡六氣相傷謂之沴」，紀、濿協韻。〔註146〕

劉信芳《子彈庫楚墓出土文獻研究》釋「尿」，讀「厲」，謂：

> 「亡厲」謂夏曆正月、二月置閏，妨於燔烈羊牲以祀神也。〔註147〕

嘉凌案：《楚帛書》「![尿字]」字從「厂」從「水」，故釋「尿」可從。由於「失
終」與「亂紀」相對，均指失序之亂象，故「亡奉」與「亡尿」亦應爲同義
詞，指失序狀態。因此「四月、五月，是胃（謂）亂紀亡（無）尿」大約指
四月、五月時，發生亂序無紀之事。

〔註142〕嚴一萍：〈楚繒書新考〉（上），《中國文字》26 冊，1967 年 12 月，頁 16。

〔註143〕饒宗頤：〈楚帛書新證〉《楚地出土文獻三種研究》，（北京：中華書局，1993
年），頁 257。

〔註144〕李零：《長沙子彈庫戰國楚帛書研究》，（北京：中華書局，1985 年），頁
56。

〔註145〕嚴一萍：〈楚繒書新考〉（上），《中國文字》26 冊，1967 年 12 月，頁 16。

〔註146〕饒宗頤：〈楚帛書新證〉《楚地出土文獻三種研究》，（北京：中華書局，1993
年），頁 257。

〔註147〕劉信芳：《子彈庫楚墓出土文獻研究》，（台北：藝文印書館，民國 91 年），頁
67。

【6】

出　　　處	乙4.16／□	乙4.17／□	乙4.18／□	乙4.19／歲
帛書字形				
復原字形				

1. 乙4.17／□

《乙4.17》，李零《長沙子彈庫戰國楚帛書研究》疑「望」字。〔註148〕

嘉凌案：「望」字甲文作 （《前》7.38.1），或人形站立於土上作 （《林》1.24.14）；金文作 （保卣），或加「月」形作 （臣辰盉），或「月」形為「夕」形作 （無叀鼎）；戰國燕系璽印文字作 （璽彙198），左上部形體與《乙4.17》略形似；楚簡文字作 （郭店簡・窮達以時・簡4），或加「月」形作 （郭店簡・語叢二・簡33），或加「見」旁作 （《郭店簡・緇衣・簡3）。〔註149〕據此，雖與《乙4.17》略為形似，然因字體已變形而難辨，因此將字形列為存疑，待考。

2. 乙4.18／□

《乙4.18》，嚴一萍〈楚繒書新考〉釋「之」，〔註150〕饒宗頤〈楚帛書新證〉釋「二」，〔註151〕李零《長沙子彈庫戰國楚帛書研究》釋「亓」，謂：

> 歲上一字存兩道波狀的橫劃，林巳奈夫疑為水，嚴一萍釋為之，均不確，今按此字似「二」，但兩劃中間甚窄，與帛書所見「二」字不同，我以為應是「亓」

〔註148〕李零：《長沙子彈庫戰國楚帛書研究》，（北京：中華書局，1985年），頁56。

〔註149〕甲、金、璽印文字引自季師旭昇《說文新證》（下），（台北：藝文印書館，民國93年），頁22；張光裕主編，袁師國華合編：《郭店楚簡研究・第一卷・文字編》，（台北：藝文印書館，民國88年），頁49。

〔註150〕嚴一萍：〈楚繒書新考〉（上），《中國文字》26冊，1967年12月，頁16。

〔註151〕饒宗頤：〈楚帛書新證〉《楚地出土文獻三種研究》，（北京：中華書局，1993年），頁257。

字的上半，字劃呈波狀是因帛書裝裱變形所致。〔註152〕

嘉凌案：本句對句爲「□□亓邦」，因此讀「□□亓歲」是有可能的，然細審《楚帛書》「」字上方似乎略有殘字筆畫，且帛書上下兩方顏色不一，因此或許有其他殘字，故據對句字數補爲「□□□歲」，文義或與「□□亓邦」相似，大約指影響年歲之意。

西畡（域）又（有）吝【1】，女（如）日月=既亂【2】，乃又（有）鼠（癙）□【3】，東畡（域）又（有）吝【4】，□□乃兵【5】，萬（害）于亓（其）王【6】。

【1】

出　　處	乙 4.20／西	乙 4.21／畡	乙 4.22／又	乙 4.23／吝
帛書字形				
復原字形				

《楚帛書》「」字，商承祚〈戰國楚帛書述略〉釋「畡」，謂：

> 即國之異體字，从邑與从土之域（國）意同，乃指東、西方。〔註153〕

饒宗頤〈楚帛書新證〉釋「國」謂：

> 西國、東國之名，星占家每用之。《天官書》云：「出西逆行，至東正西國吉，出東至西正東國吉」，是其例。《左·昭四年傳》：「東國水」。《左傳·成十六年》：「南國蹙」，亦周人之恆言。〔註154〕

李零《長沙子彈庫戰國楚帛書研究》釋「國」，謂：

> 西國、東國，國之西、東。《史記》：「太白出其南，南國敗；出其北，北國敗」，是說上天之星與下野之國相應，與此文例相似。〔註155〕

〔註152〕李零：《長沙子彈庫戰國楚帛書研究》，（北京：中華書局，1985 年），頁 56。
〔註153〕商承祚：〈戰國楚帛書述略〉，《文物》第九期，1964 年 9 月，頁 13。
〔註154〕饒宗頤：〈楚帛書新證〉《楚地出土文獻三種研究》，（北京：中華書局，1993 年），頁 258。
〔註155〕李零：《長沙子彈庫戰國楚帛書研究》，（北京：中華書局，1985 年），頁 56。

嘉凌案：帛書「」字从「邑」从「或」，「西䣙、東䣙」即「西域、東域」，應是方位名稱，爲西方、東方，並非指國家或行政區域。

《楚帛書》「」字，嚴一萍〈楚繒書新考〉釋「高」；〔註156〕商承祚〈戰國楚帛書述略〉釋「咎」，謂：

> 咎爲咎皋字，意同澀，皋則不滑，此用爲不利的代名詞。〔註157〕

陳邦懷〈戰國楚帛書文字考證〉釋「咎」，謂：

> 「咎」意爲悔咎。《易經》中常見「無咎」一詞，帛書「有咎」即「無咎」之反義詞，《易經・繫辭》：「悔咎者，憂虞之象也」。〔註158〕

嘉凌案：楚簡「高」字作（包山簡2.237），於偏旁上部或爲「口」形作（曾侯簡54 狢字所从）；或於「口」形上部加橫筆作（曾侯簡26 狢字所从），〔註159〕《楚帛書》「」字明顯與「高」字有別，故釋「高」非是。

楚簡「咎」字作（上博二・容成氏・簡53正）、（上博三・周易・簡1），上半部爲「文」形。〔註160〕據此，帛書「」字應釋爲「咎」，爲「憂虞」之意。「西域有咎」即西方有憂咎之事產生。

【2】

出　　處	乙4.24／女	乙4.25／日月=	乙4.26／既	乙4.27／亂
帛書字形				
復原字形				

〔註156〕嚴一萍：〈楚繒書新考〉（上），《中國文字》26冊，1967年12月，頁16。

〔註157〕商承祚：〈戰國楚帛書述略〉，《文物》第九期，1964年9月，頁13。

〔註158〕陳邦懷：〈戰國楚帛書文字考證〉《古文字研究》第5輯，（北京：中華書局，1989年），頁236。

〔註159〕張光裕主編，袁師國華合編：《包山楚簡文字編》，（台北：藝文印書館，民國81年），頁454；張光裕、黃錫全、滕壬生主編：《曾侯乙墓竹簡文字編》，（台北：藝文印書館，民國86），頁83。

〔註160〕馬承源主編：《上海博物館藏戰國楚竹書》（二），（上海：古籍出版社，2002年），頁292；馬承源主編：《上海博物館藏戰國楚竹書》（三），（上海：古籍出版社，2003年），頁136。

　　《楚帛書》「」字，商承祚〈戰國楚帛書述略〉釋「女」，讀「如」；

〔註161〕嚴一萍〈楚繒書新考〉釋「女」，讀「女」。〔註162〕

　　嘉凌案：「日月既亂」乃指日月未依時節規律行進，而產生失序現象，因此「女」應讀「如」，爲「若」或「如果」之意，與下段文句「乃又……」，字義較爲連貫，故「如日月既亂」即如果有日月失序混亂之事發生。

【3】

出　　處	乙 4.28／乃	乙 4.29／又	乙 4.30／鼠	乙 4.31／□
帛書字形				
復原字形				

1. 乙 4.30／鼠

　　《楚帛書》「」字，商承祚〈戰國楚帛書述略〉釋「鼠」，謂：

> 《詩・無正》：「鼠思泣血」，箋訓憂，此意同。〔註163〕

　　嚴一萍〈楚繒書新考〉釋「豸」，謂：

> 汗簡豹作，正始石經春秋叔孫豹，古文作。……案豹字所從，與形極近，疑即豸字，傳寫譌作。〔註164〕

嘉凌案：嚴一萍先生所舉《汗簡》、石經之「鼠」字，與「豸」字應爲二旁通用之例，《望山楚簡》云：

> 「豹」字簡本作「貎」，《汗簡》齒部「豹」作「貎」，《隸釋》所錄三體石經殘字《春秋・宣公三年》「叔孫豹」之「豹」亦作「貎」，《汗簡箋正》以爲借「貎」爲「豹」。但望山二號墓遣策「貍」、「貘」、「貊」等字皆從「鼠」旁，似當時「鼠」、「豸」二旁不甚區別。〔註165〕

〔註161〕商承祚：〈戰國楚帛書述略〉，《文物》第九期，1964 年 9 月，頁 13。

〔註162〕嚴一萍：〈楚繒書新考〉（上），《中國文字》26 冊，1967 年 12 月，頁 16。

〔註163〕商承祚：〈戰國楚帛書述略〉，《文物》第九期，1964 年 9 月，頁 13。

〔註164〕嚴一萍：〈楚繒書新考〉（上），《中國文字》26 冊，1967 年 12 月，頁 16。

〔註165〕湖北省文物考古研究所、北京大學中文系編：《望山楚簡》，（北京：中華書局，1995 年 6 月），頁 89 注 14。

故嚴一萍先生所指應還是「鼠」字。何琳儀〈長沙帛書通釋〉原釋爲「兒」，讀「閱」，﹝註166﹞後〈長沙帛書通釋校補〉改釋爲「鼠」。﹝註167﹞

李零《長沙子彈庫戰國楚帛書研究》原釋「鼠」，讀「爽」，﹝註168﹞後《〈長沙子彈庫戰國楚帛書研究〉補正》從何琳儀先生之說，改釋爲「兒」，謂：

讀疑應讀爲蜺，蜺，字亦作蜺，也是一種凶咎，《說文》：「蜺，屈虹，青赤或白色陰氣也」，《漢書·五行志》引京房《易傳》：以「蜺、蒙、霧」爲陰雲之類，説「蜺，白旁氣也」，詳記蜺氣之占，有「赤蜺」、「白蜺」、「黑蜺」之名，可參看。﹝註169﹞

高明〈楚繒書研究〉釋「兒」，讀「敓」，謂：

兒字下从儿，在古文字中常寫作「儿」，如兄字甲骨文寫作「𦣞」（佚存四·二六），金文寫作「𠑹」（令簋），正與𤰞字相一致，兒在此假爲敓，《說文攴部》：「敓，敟也，敟，毀也」……則西域有災毀之事。﹝註170﹞

饒宗頤〈楚帛書新證〉釋「兄」，讀「荒」，謂：

𤰞字下半與金文兄之作𠑹全同。𣥂爲古文齒，上半从口，與从齒同意……《釋名》：「兄，荒也。荒，大也，故青徐人謂兄爲荒也。」帛書𤰞字凡三見，皆釋兄而讀爲荒。此言「乃有兄（荒）天」，《書·微子》：「天毒降災荒殷邦」，下文言「是則兄（荒）至」，皆指災荒。﹝註171﹞

嘉凌案：歸納以上諸家學者說法，《楚帛書》「𤰞」字大至有「兄」、「兒」、「鼠」三種說法。

「兄」字甲文作𤰞（《佚》166），手形處有爪形，﹝註172﹞然大多爲無爪

﹝註166﹞何琳儀：〈長沙帛書通釋〉，《江漢考古》第一期，1986年1月，頁54、又見〈長沙帛書通釋校補〉，《江漢考古》第四期，1989年4月，頁49。

﹝註167﹞何琳儀《戰國古文字典》，（北京：中華書局，1998年），頁526。

﹝註168﹞李零：《長沙子彈庫戰國楚帛書研究》，（北京：中華書局，1985年），頁56。

﹝註169﹞李零：《〈長沙子彈庫戰國楚帛書研究〉補正》《古文字研究》20輯，（北京：中華書局，2000年3月），頁166、168。

﹝註170﹞高明：〈楚繒書研究〉《古文字研究》第12輯，（北京：中華書局，1985年10月），頁385、387。

﹝註171﹞饒宗頤：〈楚帛書新證〉《楚地出土文獻三種研究》，（北京：中華書局，1993年），頁258、262、266。

﹝註172﹞中國社會科學院考古研究所編輯：《甲骨文編》，（北京：中華書局，1965年），

形者，如 🔣（《甲》2292）；金文作 🔣（蔡姞簋），「爪」形已未見，或上部爲「廿」

形作 🔣（伯公父匜），或承甲文爪形作 🔣（保卣）；〔註173〕楚簡文字承甲、金

文作 🔣（包山簡 2.138 反），〔註174〕或承金文上部「廿」形作 🔣（楚帛書甲

六.5 祝字所从）。可知，「兄」字甲、金文乃至楚簡文字，字形上部均作「口」

形或「廿」形，與帛書「🔣」字上部「臼」形明顯有別，且甲文之「爪」形

至楚簡亦已完全消失，〔註175〕故釋「兄」不可從。

「兒」字甲文作 🔣（《前》1.16.2）；〔註176〕春秋金文或於人形臀處加一圈

形作 🔣（居簋），或上部變爲「臼」形作 🔣（庚兒鼎）、🔣（儚兒鐘）；〔註 177〕

楚簡文字承金文上部「臼」形於偏旁作 🔣（包山簡 2.194 鯢字所从），〔註178〕

然下部手形處未有爪形，故帛書「🔣」字亦非「兒」字。

「鼠」字甲文作 🔣（《燕》706）；金文未見；戰國晉系文字作 🔣（中山

王𦉼器）；〔註179〕楚簡文字偏旁作 🔣（曾侯簡 30 豻〔註180〕字所从），〔註181〕

上部爲「齒」之古文，強調鼠之齒部，下部爲二鼠爪與鼠尾，或省尾形作 🔣

頁 365；季師旭昇謂：「从口从人，所會意不詳，甲骨文「口」下作立人形，
其作𥄎形者當釋「祝」，商佚 166 畫出手指形，或以爲與「𦣻」同字，伯公父
匜「口」形訛爲「廿」形，戰國楚簡或加「㞢」聲。」《說文新證》（下），（台
北：藝文印書館，民國 93 年），頁 52。

〔註173〕容庚編：《金文編》，（北京：中華書局，1985 年），頁 615～616。

〔註174〕張光裕主編，袁師國華合編：《包山楚簡文字編》，（台北：藝文印書館，民國
81 年），頁 54。

〔註175〕楚簡从「兄」之字，可參見 🔣（郭店簡・五行・簡 21／兌）、🔣（郭店簡・
忠信之道・簡 6／兌）、🔣（郭店簡・老子甲・簡 21／敓）、🔣（包山簡 2.203
／繠）、🔣（包山簡 2.217／祝）、🔣（包山簡 2.210／祝）等，均無爪形。

〔註176〕中國社會科學院考古研究所編輯：《甲骨文編》，（北京：中華書局，1965 年），
頁 362。

〔註177〕容庚編：《金文編》，（北京：中華書局，1985 年），頁 614。

〔註178〕張光裕主編，袁師國華合編：《包山楚簡文字編》，（台北：藝文印書館，民國
81 年），頁 455。

〔註179〕引自季師旭昇《說文新證》（下），（台北：藝文印書館，民國 93 年），頁 106。

〔註180〕「鼠」字與「豸」字二旁通用，如《汗簡》「齒」部「豹」作「貂」、《隸釋》
所錄三體石經殘字《春秋・宣公三年》「叔孫豹」之「豹」亦作「貂」，望山
二號墓遣策「貍」、「貘」、「豻」等字均从「鼠」旁，故「鼠」「豸」二旁不甚
區別。見湖北省文物考古研究所、北京大學中文系編：《望山楚簡》（北京：
中華書局，1995 年），頁 89 注 14。

〔註181〕張光裕、黃錫全、滕壬生主編：《曾侯乙墓竹簡文字編》，（台北：藝文印書館，
民國 86），頁 129。

（包山簡 2.271 犴字所从）；〔註182〕或繁爲三爪作 ![](曾侯簡 62 犴字所从）。〔註183〕或簡省爲一爪之形作 ![](曾侯簡 65 犴字所从）、![](曾侯簡 65 貍字所从），〔註184〕字形與楚帛書「![]」字全同，此類字形多見於楚簡中，如：![]（包山簡 2.165 貍字所从）、![]（包山簡 2.85、2.162、2.180 躍字所从）、![]（天星簡犴字所从），〔註185〕故帛書「![]」字釋「鼠」無疑。

以下以圖示說明「鼠」字演變：

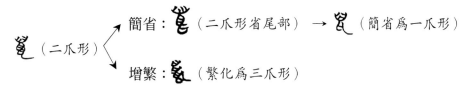

2. 乙 4.31／□

《乙 4.31》，饒宗頤〈楚帛書新證〉釋「祅」，〔註186〕未說明；李零〈《長沙子彈庫戰國楚帛書研究》補正〉釋「方」，謂：

疑讀爲「傍」，指雲霓傍日。〔註187〕

嘉凌案：楚簡「方」字作 ![]（包山簡 2.155），與《乙 4.31》相較，明顯有別，故釋「方」非是；楚簡「祅」字未見，其所从「夭」字於偏旁作 ![]（包山簡 2.122 走字所从），〔註188〕橫筆斜作，帛書「![]」字筆畫向兩旁下垂，與「夭」字明顯有別，與「大」形較爲形近，字形存疑待考。

由於「乃又（有）有鼠□」，緊接於「日月既亂」後，故應指時序混亂後

〔註182〕張光裕主編，袁師國華合編：《包山楚簡文字編》，（台北：藝文印書館，民國 81 年），頁 460。

〔註183〕張光裕、黃錫全、滕壬生主編：《曾侯乙墓竹簡文字編》，（台北：藝文印書館，民國 86），頁 130。

〔註184〕張光裕、黃錫全、滕壬生主編：《曾侯乙墓竹簡文字編》，（台北：藝文印書館，民國 86 年），頁 130、132。

〔註185〕張光裕主編，袁師國華合編：《包山楚簡文字編》，（台北：藝文印書館，民國 81 年），頁 461、462；滕壬生：《楚系簡帛文字編》，（武漢：湖北教育出版社，1995 年），頁 746。

〔註186〕饒宗頤：〈楚帛書新證〉《楚地出土文獻三種研究》，（北京：中華書局，1993 年），頁 257。

〔註187〕李零：〈《長沙子彈庫戰國楚帛書研究》補正〉《古文字研究》20 輯，（北京：中華書局，2000 年 3 月），頁 166。

〔註188〕張光裕主編，袁師國華合編：《包山楚簡文字編》，（台北：藝文印書館，民國 81 年），頁 183、358。

所產生的禍亂、災厄，因此讀「鼠」為「癙」，「乃又（有）鼠（癙）□」，即於是有憂患災禍產生。

【4】

出　　處	乙 4.32／東	乙 4.33／戜	乙 4.34／又	乙 5.1／旮
帛書字形				
復原字形				

　　嘉凌案：「東域又（有）旮」與「西域又（有）旮」相對，即東方有憂旮之事產生。

【5】

出　　處	乙 5.2／□	乙 5.3／□	乙 5.4／乃	乙 5.5／兵
帛書字形				
復原字形				

　　嚴一萍〈楚繒書新考〉據前文「女日月既亂」，謂：

　　　以西域句推測，當是「女」字。〔註189〕

嘉凌案：據「西域又（有）旮，女（如）日月既亂」一句，「東域又（有）旮，□□乃兵」，第一□字或可如嚴一萍先生所言補「女」字；第二□字，依文例可能缺一至二字，或如對字「日月」為合文，此處暫依帛書空間補二缺字，讀「□□乃兵」，即於是產生兵禍戰爭。由帛書文意大約可知「西域憂天事」，「東域憂人事」。

〔註189〕嚴一萍：〈楚繒書新考〉（上），《中國文字》26 冊，1967 年 12 月，頁 17。

【6】

出　　處	乙 5.6／萬	乙 5.7／于	乙 5.8／亓	乙 5.9／王	分段符號
帛書字形					
復原字形					

　　《楚帛書》「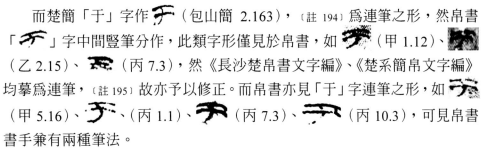」字，商承祚〈戰國楚帛書述略〉釋「每」；〔註190〕李家浩釋「萬」，認爲於秦簡多用爲「害」，〔註191〕饒宗頤〈楚帛書新證〉贊成釋「害」，謂：

　　　甘氏《歲星法》：「不利治兵，其國有誅，必害其王」，
　　　語與甘氏正同。〔註192〕

嘉凌案：《楚帛書》「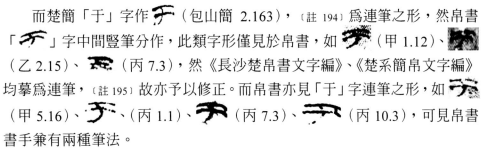」字，上從「止」下從「禹」，李家浩先生釋「害」可從。而滕壬生《楚系簡帛文字編》釋「每」，摹字作「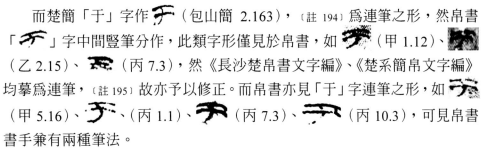」，〔註193〕與帛書原始字形有別，應重摹爲是。「害于亓（其）王」，即兵禍戰爭，傷害到君王。

　　而楚簡「于」字作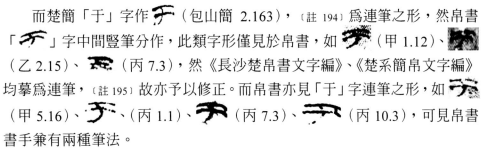（包山簡 2.163），〔註194〕爲連筆之形，然帛書「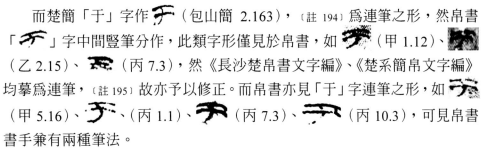」字中間豎筆分作，此類字形僅見於帛書，如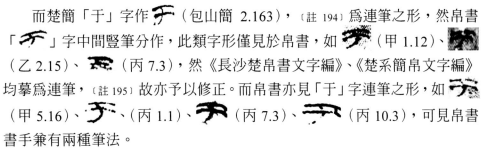（甲 1.12）、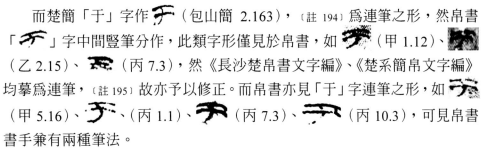（乙 2.15）、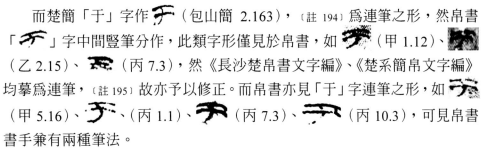（丙 7.3），然《長沙楚帛書文字編》、《楚系簡帛文字編》均摹爲連筆，〔註195〕故亦予以修正。而帛書亦見「于」字連筆之形，如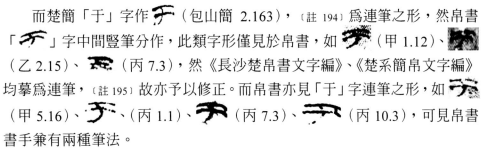（甲 5.16）、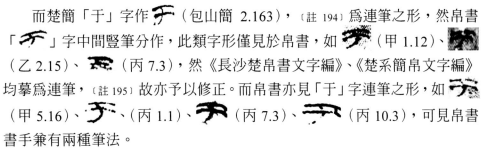、（丙 1.1）、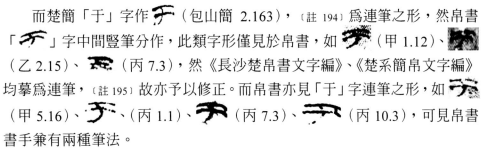（丙 7.3）、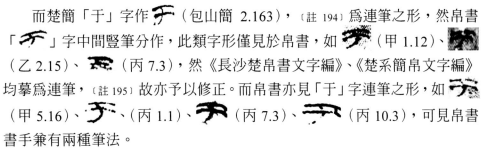（丙 10.3），可見帛書書手兼有兩種筆法。

〔註190〕商承祚：〈戰國楚帛書述略〉，《文物》第九期，1964 年 9 月，頁 13。

〔註191〕參裘錫圭：《古文字論集》，（北京：中華書局，1992 年），頁 13。

〔註192〕饒宗頤：〈楚帛書新證〉《楚地出土文獻三種研究》，（北京：中華書局，1993年），頁 257。

〔註193〕滕壬生：《楚系簡帛文字編》，（武漢：湖北教育出版社，1995 年），頁 54。

〔註194〕張光裕主編，袁師國華合編：《包山楚簡文字編》，（台北：藝文印書館，民國81 年），頁 32。

〔註195〕曾憲通：《長沙楚帛書文字編》，（北京：中華書局，1993 年），頁 6：滕壬生：《楚系簡帛文字編》（武漢：湖北教育出版社，1995 年），頁 386。

第二節 《楚帛書》乙篇之二

壹、釋 文

凡歲惪（德）匿安（焉），曰亥（垓）隹（惟）邦所，五宊（妖）之行，卉木民人，以風四淺（踐）之【乙五】尚（常），□□上宊（妖），三寺（時）是行，隹（惟）惪（德）匿屰（持）歲，三寺（時）□□，燮（繼）之以素降，是月以婁，屑（擬）為之□，隹（惟）□又（有）【乙六】二□，隹（惟）李惪（德）匿，出自黃帘（泉），土身亡釁（翼），出內（入）□同，乍（作）亓（其）下凶，日月＝膚（皆）亂，星唇（辰）不同（烱），日月＝既亂，歲季【乙七】乃弋（忒），寺（時）雨進退，亡（無）又（有）尚（常）互（恆）。恭（恐）民未智（知），屑（擬）以為則，母（毋）童（動）群民，以則三互（恆）。發四興（遷）鼠（瘟），以□天尚（常）【乙八】群神五正，四屋（辰）堯羊（祥）。建恆襡（屬）民，五正乃明，百神是亯（享），是胃（謂）惪（德）匿，群神乃惪（德）。帝曰：繇（繇），敬之哉，【乙九】母（毋）弗或敬，隹（惟）天乍（作）福，神則各（格）之，隹（惟）天乍（作）宊（妖），神則惠之，□敬隹（惟）備，天像是惻（則），成隹（惟）天工（功），下民【乙十】之弋（式），敬之母（毋）弋（忒）□。

貳、校 注

凡歲惪（德）匿安（焉）【1】，曰亥（垓）隹（惟）邦所【2】，五宊（妖）之行【3】，卉木民人【4】，以風四淺（踐）之尚（常）【5】

【1】

出　　處	乙5.10／凡	乙5.11／歲	乙5.12／惪	乙5.13／匿	乙5.14／安
帛書字形					
復原字形					

1. 乙 5.10／凡

《楚帛書》「■」字，商承祚《戰國楚帛書述略》釋「戌」，〔註196〕饒宗頤〈楚帛書新證〉釋「凡」，謂：

> 從凡多一撇，與風之古文相同。〔註197〕

嘉凌案：楚簡「戌」字作■（包山簡 2.29）；或於「戈」形下增繁爲兩撇筆作■（包山簡 2.12）；或作■（望山簡 1.137）〔註198〕，字形較爲特別，據以上字形，均與帛書「■」字明顯不同，故知釋「戌」不可從。

楚簡「凡」字作■（包山簡 2.204），於右下加撇筆或橫筆爲飾，與《楚帛書》「■」字同具飾筆；或於偏旁簡省飾筆作■（包山簡 2.126 同字所從），〔註199〕故帛書「■」字應釋爲「凡」。

2. 乙 5.11／歲

《楚帛書》「■」字，劉信芳《子彈庫楚墓出土文獻研究》謂：

> 歲下文有李德匿，知「歲」謂歲星。〔註200〕

嘉凌案：楚簡「歲」字從「月」形作■（包山簡 2.7），或從「日」形作■（望山簡 2.1），〔註201〕而《楚帛書》「■」字作「夕」形，細審「夕」形中間有明顯淡跡，且依書手筆法應有一橫筆空間，故將字形補爲「月」形作「■」，釋「歲」，指「歲星」。

3. 乙 5.12／悳

《楚帛書》「悳」字又見■（乙 6.11）、■（乙 7.5）、■（乙 9.23）、■（乙 9.28），因此「■」字上下雖略爲分離，然釋爲「悳」字無疑。

〔註196〕商承祚：《戰國楚帛書述略》，《文物》第九期，1964 年 9 月，頁 13。

〔註197〕饒宗頤：〈楚帛書新證〉《楚地出土文獻三種研究》，（北京：中華書局，1993 年），頁 258。

〔註198〕張光裕主編，袁師國華合編：《包山楚簡文字編》，（台北：藝文印書館，民國 81 年），頁 165；張光裕、袁師國華：《望山楚簡校錄》，（台北：藝文印書館，民國 93 年），頁 44。

〔註199〕張光裕主編，袁師國華合編：《包山楚簡文字編》，（台北：藝文印書館，民國 81 年），頁 63、88。

〔註200〕劉信芳：《子彈庫楚墓出土文獻研究》，（台北：藝文印書館，91 年），頁 72。

〔註201〕張光裕主編，袁師國華合編：《包山楚簡文字編》，（台北：藝文印書館，民國 81 年），頁 222；張光裕、袁師國華：《望山楚簡校錄》，（台北：藝文印書館，民國 93 年），頁 53。

4. 乙 5.13／匿

　　《楚帛書》「█」字，商承祚《戰國楚帛書述略》認爲「惪匿」爲「側匿」，謂：

　　　　《漢書・五行志下》：「晦而見西方謂之朓，朔而月見東方謂之仄匿。」

　　　〔註 202〕

　　李零〈《長沙子彈庫楚帛書研究》補正〉評論「側匿」非是，〔註 203〕於《長沙子彈庫楚帛書研究》謂：

　　　　「側匿」應有凶咎，下文所述反是。……德者善也、福也，匿者惡也、禍也，是個反義的合成詞，德指天之慶賞，匿指天之刑罰，表示上天對人事的報施……「德匿」即《國語・越語下》之「德虐」，「德虐」即古書習見之「刑德」。〔註 204〕

　　劉信芳《子彈庫楚墓出土文獻研究》據郭店簡《五行》40，謂：

　　　　匿之爲言也，猶匿匿也，少而軫者也，匿匿猶側隱，謂仁人愛心所及……歲德匿焉者，歲德所遮蔽之所及，即歲行之於天，於地有其分野。下文「李德匿」謂火星之德之所及。依帛書思想體系，五星各有「德匿」之時，當著歲星德之所及，稱歲德匿，當著火星德之所及，稱李德匿。〔註 205〕

嘉凌案：「德匿」於《楚帛書》乙篇凡四見，其文句爲：一「凡歲惪（德）匿……五实之行」、二「……上实……隹（惟）惪（德）匿之歲」、三「隹（惟）李惪（德）匿，出自黃淵（淵）……乍（作）亓（其）下凶」、四「是胃（謂）惪（德）匿，群神乃惪（德）」，《楚帛書》乙篇言「德匿」之歲時，多爲天地作殃，五妖亂作，主旨應在說明天報殃於無德者，災必及其民，因此《楚帛書》「德匿」可能較接近劉信芳先生的說法。

5. 乙 5.14／安

　　《楚帛書》「█」字，商承祚《戰國楚帛書述略》釋「母」，〔註 206〕嚴

〔註 202〕商承祚：《戰國楚帛書述略》，《文物》第 9 期，1964 年 9 月，頁 13。

〔註 203〕李零：〈《長沙子彈庫楚帛書研究》補正〉《古文字研究》第 20 輯，（北京：中華書局，2000 年），頁 167。

〔註 204〕李零：《長沙子彈庫楚帛書研究》，（北京：中華書局，1985 年），頁 57～58。

〔註 205〕劉信芳：《子彈庫楚墓出土文獻研究》，（台北：藝文印書館，91 年），頁 72。

〔註 206〕商承祚：《戰國楚帛書述略》，《文物》第九期，1964 年 9 月，頁 13。

一萍〈楚繒書新考〉釋「女」，〔註207〕饒宗頤〈楚帛書新證〉釋「女」，讀「如」，斷句爲「凡歲德匿，女（如）曰亥隹邦所」；〔註208〕劉信芳《子彈庫楚墓出土文獻研究》釋「安」，讀「焉」，斷句爲「凡歲德匿安（焉），曰亥隹（惟）邦所」。

嘉凌案：楚簡「女」字作（包山簡 2.83），下方未有筆畫，與《楚帛書》「」字明顯有別，故釋「女」不可從；楚簡「母」字作（包山簡 2.169），〔註209〕字形中有兩豎短筆，與《楚帛書》「」字亦完全不同，故釋「母」非是；楚簡「安」字或省「宀」形作（包山簡 2.144），〔註210〕於「女」形下加飾筆分化，與《楚帛書》「」字下方之「入」形筆畫相同，故字形應釋爲「安」。

而「安」字於楚簡中除作「焉」之助詞使用外，亦有用爲本義「安定」之意，因此「凡歲德匿安」，可能指「凡是歲星在德匿之時」，或指「凡是歲星在德匿安定時」，然由於下段文句爲「五妖之行」，故不取「安定」之意。

【2】

出　　處	乙5.15／曰	乙5.16／亥	乙5.17／隹	乙5.18／邦	乙5.19／所
帛書字形					
復原字形					

〔註207〕嚴一萍：〈楚繒書新考〉（下），《中國文字》第28冊，1968年3月，頁18。

〔註208〕饒宗頤：〈楚帛書新證〉《楚地出土文獻三種研究》，（北京：中華書局，1993年），頁257。

〔註209〕張光裕主編，袁師國華合編：《包山楚簡文字編》，（台北：藝文印書館，民國81年），頁114、228。

〔註210〕張光裕主編，袁師國華合編：《包山楚簡文字編》，（台北：藝文印書館，民國81年），頁114。嘉凌案：此字形文字編釋「女」，依字形應爲「安」，文字編誤將包山簡2.7、2.91、2.142、2.144、2.180等「安」字置於「女」字頭下，應予以更正。

1. 乙 5.15／曰

　　《楚帛書》「⚊」字形殘且位於折痕處，饒宗頤〈楚帛書新證〉釋「曰」。
〔註211〕

　　　　嘉凌案：《楚帛書》「⚊」字上曲筆明顯可見，釋「曰」可從。

2. 乙 5.16／亥

　　《楚帛書》「⚋」字，商承祚《戰國楚帛書述略》釋「于」；〔註212〕饒
宗頤〈楚帛書新證〉釋「亥」，謂：

　　　　「亥爲邦所」者，謂歲星所在居於娵訾之次，其所居之辰即爲亥
　　　　也，……即星次在亥之意。〔註213〕

　　　　劉信芳《子彈庫楚墓出土文獻研究》釋「亥」，讀「垓」，謂：

　　　　古星占家認爲，歲星行之於天，匡敝覆蓋之所及，是禍是福，將由其
　　　　兼垓的邦所當之，……是歲星之於邦所，一表一裏，天人感應，邦所
　　　　仁德化施，歲星昭之以福；邦所有惡逆，則歲星昭之以禍。〔註214〕

　　嘉凌案：綜合學者說法有二：一爲「于」，一爲「亥」；楚簡「于」字作 ⚍（包
山簡 2.163），〔註215〕與《楚帛書》「⚋」字明顯有別，故釋「于」不可從；「亥」
字甲文作 ⚎（《甲》2414）、⚏（《乙》7795）；金文作 ⚐（乙亥鼎）、⚑（利鼎）、
⚒（君夫鼎）、⚓（虢季子白盤）；楚簡「亥」字作 ⚔（包山簡2.54），〔註216〕
與《楚帛書》「⚋」字亦明顯有別，與「亥」之金文形近，由於楚簡未見更爲
相似之字形，故暫釋爲「亥」，從劉信芳先生讀「垓」，釋爲覆蓋之意。

3. 乙 5.17／隹

　　《楚帛書》「⚕」字筆畫殘泐，嚴一萍〈楚繒書新考〉疑爲「其」字；

〔註211〕饒宗頤：〈楚帛書新證〉《楚地出土文獻三種研究》，（北京：中華書局，1993
　　　　年），頁 258。
〔註212〕商承祚：《戰國楚帛書述略》，《文物》第九期，1964 年 9 月，頁 13。
〔註213〕饒宗頤：《楚地出土文獻三種研究》，（北京市：中華書局，1993 年），頁 258
　　　　～259。
〔註214〕劉信芳：《子彈庫楚墓出土文獻研究》，（台北：藝文印書館，民國 91 年），頁
　　　　74。
〔註215〕張光裕主編，袁師國華合編：《包山楚簡文字編》，（台北：藝文印書館，民國
　　　　81 年），頁 32。
〔註216〕中國社會科學院考古研究所：《甲骨文編》，（北京：中華書局，1965 年），頁
　　　　573；容庚編：《金文編》，（北京：中華書局，1985 年），頁 1015；張光裕主編，
　　　　袁師國華合編：《包山楚簡文字編》，（台北：藝文印書館，民國 81 年），頁 33。

〔註217〕饒宗頤〈楚帛書新證〉釋「隹」。〔註218〕

　　嘉凌案：楚簡「丌」字作 （包山簡2.218），或於上加橫筆爲飾作 （包山簡2.222），〔註219〕細審《楚帛書》「 」字兩橫筆爲平行，下方兩豎筆亦平行，與「丌」之分別之「八」形筆畫明顯有別，故釋「丌」不可從。《楚帛書》「隹」字作「 」（乙六.10），與《楚帛書》「 」字相較，字形僅存頭形上部與腳形下部，中間身體部分較平常字體爲扁平，疑帛書遭擠壓所致，故《楚帛書》「 」字可復原作「 」，字形釋爲「隹」。《楚帛書》「日亥（垓）隹邦所」，即凡是歲星在德匿之時，在人間有對應的邦所。

【3】

出　　處	乙5.20／五	乙5.21／实	乙5.22／之	乙5.23／行
帛書字形				
復原字形				

1. 乙5.20／五

　　《楚帛書》「 」字，嚴一萍〈楚繒書新考〉釋「之」；〔註220〕饒宗頤〈楚帛書新證〉釋「五」。〔註221〕

　　嘉凌案：楚簡「之」字作 （包山簡2.8）、 （包山簡2.276）；或斜筆貫穿作 （包山簡2.2），〔註222〕而帛書「 」字上部明顯有橫筆末端

〔註217〕嚴一萍：〈楚繒書新考〉（下），《中國文字》第28冊，1968年3月，頁18。

〔註218〕饒宗頤：〈楚帛書新證〉《楚地出土文獻三種研究》，（北京：中華書局，1993年），頁258。

〔註219〕張光裕主編，袁師國華合編：《包山楚簡文字編》，（台北：藝文印書館，民國81年），頁61。

〔註220〕嚴一萍：〈楚繒書新考〉（下），《中國文字》第28冊，1968年3月，頁18。

〔註221〕饒宗頤：〈楚帛書新證〉《楚地出土文獻三種研究》，（北京：中華書局，1993年），頁258。

〔註222〕張光裕主編，袁師國華合編：《包山楚簡文字編》，（台北：藝文印書館，民國81年），頁10。

收束之跡，兩字有別，故釋「之」不可從；楚簡「五」字作 （包山簡 2.15），
〔註223〕而帛書「」字上橫筆殘失，中央「乂」形筆畫明顯，故釋「五」
可從。

2. 乙 5.21／𡚾

　　《楚帛書》「」字，劉信芳《子彈庫楚墓出土文獻研究》釋「𡚾」，
讀此句爲「五妖之行」，謂：

> 妖謂妖星，《開元占經》卷八十五引《黃帝占》：「妖星者，五行之氣，
> 五星之變，如見其方，以爲災殃，各以其日五色占知，何國吉凶決
> 矣。」〔註224〕

嘉凌案：「𡚾」字於帛書五見：

　　《楚帛書・乙 2.4》：卉木亡（無）尚（常），是胃（謂）（妖）

　　《楚帛書・乙 5.23》：五 （妖）之行

　　《楚帛書・乙 6.5》：上 （妖）

　　《楚帛書・乙 10.16》：佳（惟）天作 （妖）

　　《楚帛書・丙 7.3》：又（有）梟 （妖）于上下

字義均與災禍妖亂有關，因此「五𡚾（妖）之行」即指在這個邦所，有五妖
運行。

【4】

出　　處	乙 5.24／卉	乙 5.25／木	乙 5.26／民	乙 5.27／人
帛書字形				
復原字形				

　　嘉凌案：「卉木」於帛書〈乙篇〉凡兩見，即草木之意，爲習見於楚語，

〔註223〕張光裕主編，袁師國華合編：《包山楚簡文字編》，（台北：藝文印書館，民國
　　81 年），頁 32。

〔註224〕劉信芳：《子彈庫楚墓出土文獻研究》，（台北：藝文印書館，民國 91 年），頁
　　75～76。

亦見於《上博七》凡物流形（甲）簡 13、凡物流形（乙）簡 9，〔註225〕詳見
〈乙篇〉之一「卉木無尙」部分說明。

　　「民人」即「人民」，應是爲協韻而倒置，然細審帛書「」字右旁有墨
點，與同爲帛書〈乙篇〉之「（像）」字之「人」旁點畫情形相同，疑爲
帛書書手習慣。「卉木民人」，指五妖運行於草木與人民。

【5】

出處	乙 5.28／以	乙 5.29／風	乙 5.30／四	乙 5.31／淺	乙 5.32／之	乙 6.1／尙
帛書字形						
復原字形						

1. 乙 5.29／風

　　《楚帛書》「」字上半部殘缺，曾憲通《長沙楚帛書文字編》謂：

> 此字上部殘去，似「成」字之下半，从戊丁聲，與《說文》篆文同。

> 此亦帛文一字異寫之例。〔註226〕

　　何琳儀〈長沙帛書通釋校補〉疑爲「風」字之殘文，〔註227〕劉信芳《子
彈庫楚墓出土文獻研究》從之釋「風」，謂：

> 「以風四殘之尙」者，草木人民爲四殘之尙所風，亦即爲之風化。

> 蓋治世風調雨順，一旦「五妖之行」，則殘賊之氣傷人民，殺禾稼也。
> 〔註228〕

嘉凌案：楚簡「成」字作（包山簡 2.147），或「十」形變爲「千」形作（包

〔註225〕馬承源主編：《上海博物館藏戰國楚竹書》（七），（上海：古籍出版社，2008
　　　　年），頁 247、277。

〔註226〕曾憲通：《長沙楚帛書文字編》，（北京：中華書局，1993 年），頁 30。

〔註227〕何琳儀：〈長沙帛書通釋校補〉，《江漢考古》第四期，1989 年 4 月。

〔註228〕劉信芳：《子彈庫楚墓出土文獻研究》，（台北：藝文印書館，民國 91 年），頁
　　　　75～76。

山簡 2.91），〔註 229〕字形與《楚帛書》「」字明顯不同，故釋「成」非是。
而帛書「風」字作（甲一.31）、（甲七.24），下部爲「虫」形，且右部
具有飾筆，與《楚帛書》「」字全同，故字形應爲釋「風」。

2. 乙 5.31／淺

《楚帛書》「」字，嚴一萍〈楚繒書新考〉釋「淺」；〔註 230〕饒宗頤〈楚
帛書新證〉釋「淺」，讀「踐」，謂：

> 「淺」或訓履，讀爲踐。《詩》：「有踐家室」，《毛傳》：「踐，淺也」，
> 淺、踐古通。《逸周書·程典》：「觀其民人，明其五候」，貫侍中註：
> 「五候，五方之候，敬授明時，四方中央之候」，此文言民（人）必
> 履四踐之常，下文言五正乃明。四踐、五正並列，與四援、五候相
> 輔，意義相近。」〔註 231〕

劉信芳《子彈庫楚墓出土文獻研究》釋「淺」，讀「殘」，謂：

> 「四殘」應指四時殘賊之氣，與四時之風相對而言。〔註 232〕

3. 乙 6.1／尚

《楚帛書》「」字，嚴一萍〈楚繒書新考〉釋「尙」；〔註 233〕饒宗頤
〈楚帛書新證〉讀「常」。〔註 234〕

嘉淩案：《楚帛書》「」字右部形殘，然略可見「八」形中間橫筆及
「冂」形，與《楚帛書》「尙」字「」相較，字形應爲「尙」，《廣雅》：「風，
動也」，〔註 235〕因此「以風」應爲影響之意；「四淺」讀「四踐」，從饒宗頤先
生之說，指四方之範圍，故「以風四淺（踐）之尙（常）」，即五妖運行於草

〔註 229〕張光裕主編，袁師國華合編：《包山楚簡文字編》，（台北：藝文印書館，民國
　　　　81 年），頁 105。
〔註 230〕嚴一萍：〈楚繒書新考〉（下），《中國文字》第 28 冊，1968 年 3 月，頁 19。
〔註 231〕饒宗頤：〈楚帛書新證〉《楚地出土文獻三種研究》，（北京：中華書局，1993
　　　　年），頁 259。
〔註 232〕劉信芳：《子彈庫楚墓出土文獻研究》，（台北：藝文印書館，民國 91 年），頁
　　　　76。
〔註 233〕嚴一萍：〈楚繒書新考〉（下），《中國文字》第 28 冊，1968 年 3 月，頁 19。
〔註 234〕饒宗頤：〈楚帛書新證〉《楚地出土文獻三種研究》，（北京：中華書局，1993
　　　　年），頁 259。
〔註 235〕宗福邦、陳世鐃、蕭海波：《故訓匯纂》，（北京：商務印書館，2003 年），頁
　　　　2510。

木民人，影響四方的常態運作。

□□上実（妖）【5】，三寺（時）是行【6】，隹（惟）恵（德）匿𡿧（持）歲【7】，三寺（時）□【8】嬰（繼）之以素降【9】

【1】

出　　處	乙 6.2／□	乙 6.3／□	乙 6.4／上	乙 6.5／実
帛書字形				
復原字形				

　　嘉凌案：《楚帛書》「」字左筆雖略殘，然應可釋為「実」。由於「上」字上方殘泐，且帛書多為四字一句，故應尚有兩缺字，因此補為「□□上実」。

【2】

出　　處	乙 6.6／三	乙 6.7／寺	乙 6.8／是	乙 6.9／行
帛書字形				
復原字形				

　　嚴一萍〈楚繪書新考〉釋「三寺」，讀「三時」，謂：

三時，指春之孟仲季。〔註236〕

饒宗頤〈楚帛書新證〉謂：

> 帛書所言三時，可能指當攝提乖方，孟陬殄滅，正曆之舉，不得已
> 或減去一季，只得三時而已。當此之際，復值月朔行遲，則必繫素
> 以壓勝之。……帛書言三時繫素，殆如此例。〔註237〕

劉信芳《子彈庫楚墓出土文獻研究》謂：

> 凡四時除本季之外，其餘三季爲三時，《左傳·桓六年》：「絜粢豐盛，
> 謂三時不害，而民和年豐也。……故務其三時，修其五教，親其九族，
> 以致其禋祀」，杜註：「三時，春、夏、秋」，是三時不計冬日。〔註238〕

嘉凌案：由於帛書內容爲討論歲時天象的重要性，故此處應非單指春之孟仲季「三時」，應爲《左傳》所指之春夏秋「三時」。「三時是行」即因前段文句之「上妖」，故僅春夏秋三季節運行。

【3】

出　　處	乙6.10／隹	乙6.11／惪	乙6.12／匿	乙6.13／㞢	乙6.14／歲
帛書字形					
復原字形					

嘉凌案：《乙 6.13》「」字，諸家學者認爲乃「之」字分裂，然統計《楚帛書》中殘字共有兩類：一爲字體逕自上下分離，如「惪」字作（乙5.12）；二爲字體分離時，或因帛書折疊或其他原因，造成分離時字體上下重覆，如「隹」字作「」（乙 6.32），頭部處分裂且重覆，而此類字形雖分離，然筆畫上下均相同，細審《乙 6.13》中間有一模糊橫筆，與下方橫筆之

〔註236〕嚴一萍：〈楚繒書新考〉（下），《中國文字》第28冊，1968年3月，頁19。

〔註237〕饒宗頤：〈楚帛書新證〉《楚地出土文獻三種研究》，（北京：中華書局，1993年），頁260。

〔註238〕劉信芳：《子彈庫楚墓出土文獻研究》，（台北：藝文印書館，民國91年），頁77。

書寫方式有別，顯然是另有一筆畫，此種字體分離情形應屬於第一類，故據殘筆筆畫，字體應可復原爲作「⯑」，釋爲「坒」，字形詳述參見帛書〈甲篇〉之一「咎天坒達」部分說明。

　　楚簡「坒」字，有「之」、「止」、「等」等可能之讀法，於此可讀爲「持」，「持」古音定紐之部，與「之」、「止」古音照紐之部，〔註239〕韻部相同，聲母發音部位相近，《說文》：「持，握也」，《莊子・秋水》：「莊子持竿不顧」，《論語・季氏》：「危而不持，顛而不扶，則將焉用彼相矣？」，《韓非子・五蠹》：「夫仁義辯智，非所以持國也」，〔註240〕因此「持」有主持之意，「隹（惟）悳（德）匿持歲」，指德匿執掌太歲之時。

【4】

出　　處	乙6.15／三	乙6.16／寺	乙6.17／□　乙6.18／□
帛書字形			
復原字形			

1. 乙6.15／三　乙6.16／寺

　　嘉凌案：《楚帛書》「⯑」字之上橫筆雖略爲變形，然釋「三」可從；《楚帛書》「⯑」字下方「又」形雖略殘，然釋「寺」可從。

2. 乙6.17／□　乙6.18／□

　　嚴一萍〈楚繒書新考〉認爲「寺」與「⯑」間尚有字形，謂：

　　此處爲繒書折縫，絲質剝落，已不見字跡，下一字下半從日，上半不明。〔註241〕

　　饒宗頤〈楚帛書新證〉認爲《楚帛書》「⯑」爲兩字，謂：

　　⯑似是兩字。下一字從彡從日，或即彭之異構，未敢定。《廣韻・

〔註239〕郭錫良：《漢字古音手冊》，（北京：北京大學出版社，1986年），頁49、50、53。

〔註240〕王力：《王力古漢語字典》，（北京：中華書局，2000年），頁362。

〔註241〕嚴一萍：〈楚繒書新考〉（下），《中國文字》第28冊，1968年3月，頁20。

五十九鑑》：「彡，相指物也。又利也出《字譜》」，音所鑑切。〔註242〕

李零〈《長沙子彈庫楚帛書研究》補正〉認爲《楚帛書》「⿱字」字是「既」與「⿰字」因裝裱錯位而誤合。〔註243〕劉信芳《子彈庫楚墓出土文獻研究》釋「既暑」，讀「氣暑」，謂：

> 郭店簡《緇衣》簡9：「日昬雨」，《禮記・緇衣》作「夏日暑雨」，據此知該字乃「暑」字古文。……李零疑是「既」字，拙見疑是「既」字，讀爲「氣」，「三時氣暑」者，謂秋、冬、春三時行夏令也，《逸周書・周月》：「夏三月中氣，小滿，夏至，大暑」，則帛書「暑」應指夏之時令。對此我們可以結合帛書下文「朡」祭（亦即儺祭）作一說明，《禮記・月令》季春之月：「命國難，九門磔攘，以畢春氣」，又孟秋之月：「天子乃難，以達秋氣」，又季冬之月：「命有司大難旁磔，出土牛，以送寒氣」，是先秦時命逐疫之禮，季春有國儺，孟秋有天子儺，季冬有大儺，唯夏無儺，依據帛書的行文邏輯，所以「朡」者，「三時氣暑」也。即三時謂秋、冬、春，可無疑義。〔註244〕

嘉凌案：據學者說法及目驗，《乙6.17》（⿰字）可能爲二個字拼合。楚簡「暑」字作 ⿱字（包山簡2.266），〔註245〕於偏旁或「日」形在上作 ⿰字（上博一・緇衣・簡6），〔註246〕然細審《乙6.17》（⿰字）字形兩旁，非如「暑」字爲對稱兩撇筆，而爲右一撇筆，左三撇筆，兩字明顯有別，因此拼合字形下方是否爲「暑」字仍有待商榷。而帛書「既」字作 ⿰字（乙4.26），其所從「欠」

〔註242〕饒宗頤：〈楚帛書新證〉《楚地出土文獻三種研究》，（北京：中華書局，1993年），頁260。

〔註243〕李零：〈《長沙子彈庫楚帛書研究》補正〉《古文字研究》第20輯，（北京：中華書局，2000年），頁167。

〔註244〕劉信芳：《子彈庫楚墓出土文獻研究》，（台北：藝文印書館，民國91年），頁77～78。

〔註245〕張光裕主編，袁師國華合編釋「臽」：《包山楚簡文字編》，（台北：藝文印書館，民國81年），頁92；滕壬生：《楚系簡帛文字編》釋「容」，（武漢：湖北教育出版社，1995年），頁606；袁師國華釋「脣」，《包山楚簡研究》，（香港中文大學中國語言及文學部博士論文，1994年），頁266～268；李零先生謂：「應釋脣，辭例同441頁：松字。此字是楚文字中的暑字。」〈讀《楚系簡帛文字編》〉《出土文獻研究》第5輯，（北京：科學出版社，1999年），頁147第97條。嘉凌案：依字形應爲「暑」。

〔註246〕馬承源主編：《上海博物館藏戰國楚竹書》（一），（上海：古籍出版社，2001年），頁50。

旁雖與殘字相近，然若「既」是上半部字形，仍亦無法解釋左方「第一撇筆」，故《乙6.17》字形存疑。「三寺（時）□□」，句義待考。

【5】

出　　　處	乙6.19／繋	乙6.20／之	乙6.21／以	乙6.22／素	乙6.23／降
帛書字形					
復原字形					

1. 乙6.19／繋

《楚帛書》「繋」字，嚴一萍〈楚繒書新考〉認為是「繋」字省「殳」；〔註247〕李零《長沙子彈庫楚帛書研究》釋「繋」，謂：

> 其字下半從女，應正繋，此字從系與繋同，這裡應讀為繼。〔註248〕

饒宗頤〈楚帛書新證〉釋「繋」，謂：

> 帛書所言三時，可能指當攝提乖方，孟陬殄滅，正曆之舉，不得已或減去一季，只得三時而已。當此之際，復值月朔行遲，則必繋素以壓勝之。《山海經》言用五采，而《荊楚歲時記》載五月以五絲絲繋臂，名曰兵解，領人不病慍。《玉燭寶典》五：「此絲絲繋臂，謂之長命縷」，亦有名五色絲，赤青白黑以為四方，黃居中央，名曰襞方，（參守屋美都雄：《中國古歲時記研究》頁354）帛書言三時繋素，殆如此例。〔註249〕

嘉凌案：《楚帛書》「繋」字下方從「女」，依帛書文意從李零先生讀「繼」。

2. 乙6.22／素

《楚帛書》「素」字，嚴一萍〈楚繒書新考〉疑為「策」字；〔註250〕饒宗頤〈楚帛書新證〉釋「素」，謂：

〔註247〕嚴一萍：〈楚繒書新考〉（下），《中國文字》第28冊，1968年3月，頁20。

〔註248〕李零：《長沙子彈庫楚帛書研究》，（北京：中華書局，1985年），頁58。

〔註249〕饒宗頤：〈楚帛書新證〉《楚地出土文獻三種研究》，（北京：中華書局，1993年），頁260。

〔註250〕嚴一萍：〈楚繒書新考〉（下）《中國文字》第28冊，1968年3月，頁20。

《左・昭十七年傳》：「日有食之，祝史請所用幣」「唯正月朔，慝未
作，日有食之，於是乎有伐鼓用幣」繫之以素，即用幣之事。〔註251〕

李零《長沙子彈庫楚帛書研究》釋「綿」，謂：

> 這裡借爲霈，《玉篇》：「霈，大雨」，這裡是說繼而降之以大雨。
> 〔註252〕

後於〈讀《楚系簡帛文字編》〉又改釋作「素」，認爲從「來」從「巾」；
〔註253〕劉信芳《子彈庫楚墓出土文獻研究》認爲是「市」之異構，或作「帗」，
謂：

> 古代腰祭，繫五彩絲以大儺逐疫，「帗」謂五採絲也，《周禮・地官・
> 鼓人》：「帗舞」，鄭玄注：「帗，列五采繒爲之」。《類聚》卷四引《風
> 俗通》：「五月五日以五彩絲繫臂者，辟兵及鬼，令人不病溫。」〔註254〕

嘉凌案：綜合學者說法，認爲有「策」、從來從「巾」、從來從「市」三種意
見，楚簡「策」字作 （仰天湖簡 25.22），〔註255〕與《楚帛書》「」字
明顯有別，故釋「策」不可從。

楚簡「巾」字於偏旁作 （包山簡 2.214 常字所從），或於中間豎筆加橫
筆作 （包山簡 2.203 常字所從），或於橫筆上方加飾筆作 （包山簡 2.273），
並未如《楚帛書》「」字，上端有一橫筆；而楚簡「市」作 市 （天星觀遣
策簡），〔註256〕故帛書「」字下部應從「市」。

而楚簡「素」字作 （天星觀遣策簡），上部爲「來」形，或爲「八」形
作 （包山簡 2.151），或變爲羊角之形作 （包山簡 2.254），或省略下端絲
緒之形作 （上博一・緇衣・簡 15），〔註257〕可見「素」字上部字形的變化

〔註251〕饒宗頤：〈楚帛書新證〉《楚地出土文獻三種研究》，（北京：中華書局，1993
　　　　年），頁 260

〔註252〕李零：《長沙子彈庫楚帛書研究》，（北京：中華書局，1985 年），頁 58。

〔註253〕李零：〈讀《楚系簡帛文字編》〉《出土文獻研究》第五集，（北京：科學出版
　　　　社，1999 年），頁 152。

〔註254〕劉信芳：《子彈庫楚墓出土文獻研究》，（台北：藝文印書館，民國 91 年），頁 78。

〔註255〕滕壬生：《楚系簡帛文字編》，（武漢：湖北教育出版社，1995 年），頁 359。

〔註256〕張光裕主編，袁師國華合編：《包山楚簡文字編》，（台北：藝文印書館，民國
　　　　81 年），頁 146、311；滕壬生：《楚系簡帛文字編》，（武漢：湖北教育出版社，
　　　　1995 年），頁 642。

〔註257〕張光裕主編，袁師國華合編：《包山楚簡文字編》，（台北：藝文印書館，民國
　　　　81 年），頁 291；馬承源主編：《上海博物館藏戰國楚竹書》（一），（上海：古

多端。而帛書「」字上部「來」形作「」，與楚簡「」字略有不同，疑為帛書書手習慣或特色。

故「素」字與《楚帛書》「」字的差別，僅在於下部從「市」或從「糸」，由於「市」字於偏旁常與「糸」通用，如「紕」字作（曾侯簡 122），又作（曾侯簡 124）；又如「純」字作（曾侯簡 67），又作（曾侯簡 65），〔註258〕故帛書「」字應為易「糸」旁為「市」旁，故字形釋「素」可從。

3. 乙6.23／降

《乙6.23》「」殘字，諸家學者據殘形釋「降」。

嘉凌案：《楚帛書》「降」字作（乙2.14），兩字比對，釋「降」可從，然由於上句文義不明，故「嫛（繼）之以素降」可能指接著某物又降至，句義待考。

是月以婁【1】，曆（擬）為之□【2】，隹（惟）□又（有）二□【3】

【1】

出　　處	乙6.24／是	乙6.25／月	乙6.26／以	乙6.27／婁
帛書字形				
復原字形				

《楚帛書》「」字，嚴一萍〈楚繒書新考〉釋「遣」；〔註259〕李零《長沙子彈庫楚帛書研究》釋「婁」，謂：

　　楚簡婁字下半從女，與從如同，這裡應讀為數。〔註260〕

饒宗頤〈楚帛書新證〉，釋「婁」，認為指「婁宿」；〔註261〕劉信芳《子

籍出版社，2001 年），頁 59。

〔註258〕張光裕、黃錫全、滕壬生主編：《曾侯乙墓竹簡文字編》，（台北：藝文印書館，民國 86 年），頁 98、106、287、317。

〔註259〕嚴一萍：〈楚繒書新考〉（下），《中國文字》第 28 冊，1968 年 3 月，頁 20。

〔註260〕李零：《長沙子彈庫楚帛書研究》，（北京：中華書局，1985 年），頁 58。

彈庫楚墓出土文獻研究》讀「膢」，謂：

> 《說文》：「膢，楚俗以二月祭飲食也」，「二月」應從《御覽》作十
> 二月。膢又稱儺，古代驅鬼逐疫之儀。〔註262〕

嘉凌案：楚簡未見「遣」字，於偏旁作 （包山簡 2.87 櫃字所从），〔註263〕下方部件明顯與帛書「」字有別，故釋「遣」不可從。楚簡「娄」作 （包山簡 2.179），或兩「爪」之間爲「角」形作 （包山簡 2.75），〔註264〕與《楚帛書》「」字同形，故釋「娄」可從，而「娄」字於此，或可讀「膢」，爲祭祀之意，爲前段文句之「素降」時，人民應有的反應，但不一定是劉信芳先生所指之儺祭。因此「是月以膢」約指於是在這個月舉行祭祀。

【2】

出　處	乙6.28／厤	乙6.29／爲	乙6.30／之	乙6.31／□
帛書字形				
復原字形				

《楚帛書》「」字，嚴一萍〈楚繒書新考〉釋「厤」，〔註265〕未說明，饒宗頤〈楚帛書新證〉釋「厤」，讀「擬」，謂：

> 《說文》：「擬，度也」，與揆同訓度，《天官書》：「以揆歲星順逆」，
> 故「厤爲之正」猶言揆度以爲正。〔註266〕

〔註261〕饒宗頤：〈楚帛書新證〉《楚地出土文獻三種研究》，（北京：中華書局，1993
　　　　年），頁260。

〔註262〕劉信芳：《子彈庫楚墓出土文獻研究》，（台北：藝文印書館，民國91年），頁
　　　　78～79。

〔註263〕張光裕主編，袁師國華合編：《包山楚簡文字編》，（台北：藝文印書館，民國
　　　　81年），頁217。

〔註264〕張光裕主編，袁師國華合編：《包山楚簡文字編》，（台北：藝文印書館，民國
　　　　81年），頁116。

〔註265〕嚴一萍：〈楚繒書新考〉（下），《中國文字》第28冊，1968年3月，頁20。

〔註266〕饒宗頤：〈楚帛書新證〉《楚地出土文獻三種研究》，（北京：中華書局，1993

　　劉信芳《子彈庫楚墓出土文獻研究》謂此字從「屍」「甘」聲，讀如「存」，謂：

　　　應是古代腰祭的相關之禮儀，……「存爲之正」，謂行毆鬼逐疫之腰
　　　祭時，安神以正。〔註267〕

　　第四字極殘，諸家依文例補「正」，未有說明。

　　嘉凌案：《楚帛書》「屍」字，諸家學者上部所釋均相同，唯下方有釋「日」或「甘」兩種意見，楚簡「日」字作「日」（包山簡 2.131）；或上筆彎曲作「日」（包山簡 2.125），〔註268〕與帛書「屍」字下部「全包」式筆法明顯不同，故非從「日」。

　　楚簡「甘」字作「甘」（包山簡 2.247）；或橫筆變爲「口」形作「口」（郭店簡・老子甲・簡 19），字形少見，於偏旁或簡省橫筆，而與「口」字同形作「某」（包山簡 2.12 某字所從），或「口」形上端橫筆拉長爲「甘」形作「某」（包山簡 2.95 某字所從）。〔註269〕據此，帛書「屍」字下部應從「甘」。

　　由於楚簡有字作「某」（包山簡 2.207），〔註270〕故劉信芳先生分析帛書「屍」字爲從「屍」從「甘」，然楚簡亦有字作「某」（磚瓦廠簡 370.2），〔註271〕文義爲人名，與帛書「屍」僅以「厂」形爲別，因此帛書「屍」字亦有可能分析爲從「厂」「昏」聲，因此從饒宗頤先生讀「擬」。

　　而《乙 6.31》「▨」筆畫太過模糊，與楚簡「正」字「正」（包山簡 2.18）〔註272〕無從分辨，故是否可補「正」字仍有待商榷。因此據上下文意，讀「曆（擬）爲之□」，大約指在這個月舉行祭祀時，欲進行某事，某事待考。

年），頁 261。

〔註267〕劉信芳：《子彈庫楚墓出土文獻研究》，（台北：藝文印書館，民國 91 年），頁
　　　　79。

〔註268〕張光裕主編，袁師國華合編：《包山楚簡文字編》，（台北：藝文印書館，民國
　　　　81 年），頁 198。

〔註269〕張光裕主編，袁師國華合編：《包山楚簡文字編》，（台北：藝文印書館，民國
　　　　81 年），頁 252、211；張光裕主編，袁師國華合編：《郭店楚簡研究・第一卷・
　　　　文字編》，（台北：藝文印書館，民國 88 年），頁 291。

〔註270〕張光裕主編，袁師國華合編：《包山楚簡文字編》，（台北：藝文印書館，民國
　　　　81 年），頁 74。

〔註271〕滕壬生：《楚系簡帛文字編》，（武漢：湖北教育出版社，1995 年），頁 1075。

〔註272〕張光裕主編、袁師國華合編：《包山楚簡文字編》，（台北：藝文印書館，民國
　　　　81 年），頁 220。

【3】

出　　處	乙 6.32／隹	乙 6.33／□	乙 6.34／又	乙 7.1／二	乙 7.2／□
帛書字形					
復原字形					

1. 乙 6.32／隹

　　嘉凌案：《楚帛書》「」字雖因帛書殘裂而字體分離，然釋「隹」無疑。

2. 乙 6.33／□

　　《楚帛書》「」字與「二」字下，嚴一萍〈楚繒書新考〉據文義釋此句為「隹十又二月」。〔註273〕

　　嘉凌案：《乙 6.33》字模糊難辨，且《乙 7.2》字亦不明，依文意或可補「十」、「月」二字，但為求慎重，仍不補字，因此「隹（惟）□又（有）二□」應是指在某時日之時，確切時日待考。

隹（惟）李惪（德）匿【1】，出自黃開（泉）【2】，土身亡顊（翼）【3】，出內（入）□同【4】，乍（作）亓（其）下凶【5】，日月＝膚（皆）亂【6】，星脣（辰）不冋（炯）【7】

【1】

出　　處	乙 7.3／隹	乙 7.4／李	乙 7.5／惪	乙 7.6／匿
帛書字形				
復原字形				

　　嘉凌案：《乙 7.5》字下部因裝裱隱沒淡失，然據文義及上部筆畫可補作

〔註273〕嚴一萍：〈楚繒書新考〉（下），《中國文字》第 28 冊，1968 年 3 月，頁 20～21。

「」，釋「悳」無疑。「隹李德匿」，指天李星位居德匿。

【2】

出　處	乙 7.7／出	乙 7.8／自	乙 7.9／黃	乙 7.10／冎
帛書字形				
復原字形				

《楚帛書》「」字，李零〈《長沙子彈庫楚帛書研究》補正〉釋「冎」，謂：

> 「黃冎」疑指「黃泉」，《淮南子·地形》有黃、青、赤、白、玄五色之泉。各相應於「正土之氣」、「偏土之氣」、「壯土之氣」、「弱土之氣」、「牝土之氣」。〔註274〕

劉信芳《子彈庫楚墓出土文獻研究》釋「冎」，謂：

> 古人稱日月五星繞地而行的軌道爲黃道，知「黃冎」指日月五星伏行之處。〔註275〕

嘉凌案：「」字於帛書兩見，說明詳見〈乙篇〉之一「又（有）冎（淵）㡀（厥）汩」一詞，故字形釋「冎」可從。「冎」、「泉」兩字音近可通，〔註276〕故「黃冎」應指「黃泉」，「出自黃冎」指天李星居德匿之時，由黃泉所出。

【3】

出　處	乙 7.11／土	乙 7.12／身	乙 7.13／亡	乙 7.14／躶
帛書字形				

〔註274〕李零：〈《長沙子彈庫楚帛書研究》補正〉《古文字研究》第 20 輯，（北京：中華書局，2000 年），頁 168。

〔註275〕劉信芳：《子彈庫楚墓出土文獻研究》，（台北：藝文印書館，民國 91 年），頁 80。

〔註276〕吳振武先生已有詳述：〈燕國刻銘中的泉字〉，《華學》第二輯，頁 47～49。

復原字形				

1. 乙7.11／土

《楚帛書》「**土**」字，劉信芳《子彈庫楚墓出土文獻研究》釋「土」，謂：

> 土爲「土星」，古又稱「塡星」。〔註277〕

2. 乙7.12／身

《楚帛書》「**身**」字，嚴一萍〈楚繒書新考〉釋「允」；〔註278〕李零〈《長沙子彈庫楚帛書研究》補正〉釋「身」，謂：

> 「土身」疑與《淮南子・地形》所說「正土之氣」有關。〔註279〕

嘉凌案：楚簡「允」作 **己**（郭店簡・成之聞之・簡36），或於下方加「厶」形筆畫作 **己**（郭店簡・緇衣・簡5），〔註280〕與《楚帛書》「**身**」字明顯有別，故釋「允」非是。

楚簡身字作 **身**（郭店簡・老子甲・3），腹部爲「厶」形，《楚帛書》「**身**」字即爲此形；或腹部「厶」形筆畫分爲上下兩筆作 **身**（包山簡2.226）；或於下端加橫筆作 **身**（包山簡2.213）；或「厶」形筆畫下移作 **身**（包山簡2.228），〔註281〕故《楚帛書》「**身**」字應釋爲「身」。

3. 乙7.13／亡　乙7.14／䍷

《楚帛書》「**亡**　**䍷**」二字，曾憲通《長沙楚帛書文字編》釋「亡䍷」，謂：

> 「䍷」爲「翼」之異構，「土身亡翼」殆指一種有光無芒的慧星。
>
> 〔註282〕

〔註277〕劉信芳：《子彈庫楚墓出土文獻研究》，（台北：藝文印書館，民國91年），頁80。

〔註278〕嚴一萍：〈楚繒書新考〉（下），《中國文字》第28冊，1968年3月，頁21。

〔註279〕李零：〈《長沙子彈庫楚帛書研究》補正〉《古文字研究》第20輯，（北京：中華書局，2000年），頁168。

〔註280〕張光裕主編，袁師國華合編：《郭店楚簡研究・第一卷・文字編》，（台北：藝文印書館，民國88年），頁68、384。

〔註281〕張光裕主編，袁師國華合編：《郭店楚簡研究・第一卷・文字編》，（台北：藝文印書館，民國88年），頁383；張光裕主編，袁師國華合編：《包山楚簡文字編》，（台北：藝文印書館，民國81年），頁360。

〔註282〕曾憲通：《長沙楚帛書文字編》，（北京：中華書局，1993），字頭301下說明。

劉信芳《子彈庫楚墓出土文獻研究》釋「亡𩾧」，讀「芒翼」，謂：

　　「芒翼」應指芒角，謂星之光芒如翼，如角，皆比喻之辭。《史記‧天官書》：「角大，兵起」〈集解〉引李奇注：「角，芒角」，《天官書》又謂：「塡星，其色黃，九芒」「（金星）色白，五芒」，「芒」、「角」皆是土星、金星之光芒給人的視覺印象（在此尚不能排除古人觀察到土星光環的可能）」。〔註283〕

饒宗頤〈楚帛書新證〉讀「亡𩾧」爲「無異」，謂：

　　地候土星出自黃泉，無咎徵之象。〔註284〕

嘉凌案：楚簡「鳥」字作 ![字] （郭店簡‧老子甲‧簡33），鳥首爲「目」形，下爲鳥羽與身體之形，帛書「![字]」字左半部即爲此形；或下半身變異作 ![字]（包山簡2.258梟字所从），〔註285〕故帛書「![字]」字左半部从「鳥」無疑。

　　楚簡「異」字作 ![字]（包山簡2.173），或手形部分加飾筆作 ![字]（包山簡2.114），《楚帛書》「![字]」所从之「異」即爲此形；或下端「大」形變爲與「火」形作 ![字]（包山簡2.52）；或下端「大」形變爲「矢」形作 ![字]（包山簡2.118）；或下端與「兀」形相似作 ![字]（郭店簡‧性字命出‧簡9）；或下端爲分叉之形作 ![字]（郭店簡‧語叢三‧簡3），〔註286〕字體變化多端。據此，帛書「![字]」字應釋爲「𩾧」。

　　由於「土身」未見於文獻典籍，因此無法確知是否指土星或土地之氣，然據帛書文意推論，季師旭昇認爲「土身無𩾧（翼）」應是指天李星從黃泉出來時的狀態，像一個土黃色的沒有翅翼的妖怪，〔註287〕符合古人對星辰的想

〔註283〕劉信芳：《子彈庫楚墓出土文獻研究》，（台北：藝文印書館，民國91年），頁80～81。

〔註284〕饒宗頤：〈楚帛書新證〉《楚地出土文獻三種研究》，（北京：中華書局，1993年），頁261。

〔註285〕張光裕主編，袁師國華合編釋「萁」：《包山楚簡文字編》，（台北：藝文印書館，民國81年），頁215；滕壬生釋「萁」：《楚系簡帛文字編》，（武漢：湖北教育出版社，1995年），頁450；曾憲通釋「梟」：〈楚文字雜識〉中國古文字研究會第九屆學術研討會論文，（南京：南京大學，1992年），頁13.～15；何琳儀釋「梟」：〈包山楚簡選釋〉，《江漢考古》第四期，1993年4月，頁60。嘉凌案：依字形應爲「梟」字無疑。

〔註286〕張光裕主編，袁師國華合編：《包山楚簡文字編》，（台北：藝文印書館，民國81年），頁256～257；張光裕主編，袁師國華合編：《郭店楚簡研究‧第一卷‧文字編》，（台北：藝文印書館，民國88年），頁297。

〔註287〕感謝季師旭昇寶貴意見。

像，可從。

【4】

出　　處	乙 7.15／出	乙 7.16／內	乙 7.17／□	乙 7.18／同
帛書字形				
復原字形				

　　李零《長沙子彈庫楚帛書研究》釋此句「出內空同」，讀「出入空同」，謂：

　　與上文「自」相對，「同」上一字缺，疑是「空」字。空同，是古人
　　所說斗極下的高山……空同當斗極下，是古人設想呈弧形的地面上曲
　　度最大的地方，因而也是最高的地方，與黃泉正好相反……這句大約
　　是說，如「悖」德匿，則將有凶祟出自地底，登于空同而降臨人世。

　　〔註288〕

　　饒宗頤〈楚帛書新證〉補《乙 7.17》為「不」字。〔註289〕

　　嘉凌案：「內」字於楚簡眾多，不一一羅列，現依「入」形上方「橫筆」
之筆法將字體分類並舉隅說明：

　　一、橫筆兩端筆法「平直」：

　　1. 橫筆水平：

　　　　《包山簡 2.7》：以 **入**（入）其臣之溺典

　　2. 橫筆斜作：

　　　　《包山簡 2.18》： **内**（內）之

　　3. 「宀」形右筆「下降」：

　　　　《上博一・性情論・簡 31》：少枉 **知**（納）之可也

　　4. 「宀」形筆法為「冂」形，僅見於《上博一・紂衣簡》：〔註290〕

─────────────

〔註288〕李零：《長沙子彈庫楚帛書研究》，（北京：中華書局，1985 年），頁 59。

〔註289〕饒宗頤：〈楚帛書新證〉《楚地出土文獻三種研究》，（北京：中華書局，1993
　　　年），頁 261。

〔註290〕如「宋」字作「**宋**」，「宀」形亦作此，為書手特色。馬承源主編：《上海博物
　　　館藏戰國楚竹書》（一），（上海：古籍出版社，2001 年），頁 67。

《上博一・紂衣・簡 20》：出 （入）自尔币（師）雩

二、橫筆兩端筆法「上揚」：

《包山簡 2.150》： （內）之

三、橫筆兩端筆法「下降」：

《上博三・仲弓・簡 20》：難以 （納）諫

四、橫筆「左」端筆法「上揚」：

《包山簡 2.226》：出 （內）寺王

五、橫筆「右」端筆法「下降」：

《上博五・鮑叔牙與隰朋之諫・簡 3》：毋 （入）錢器

六、橫筆為「點筆」：

1. 《郭店簡・緇衣・簡 39》：出 （入）自爾師于

2. 或「宀」形筆法圓轉對稱，字體特別：

《郭店簡・語叢一・簡 23》：或生於 （內），或生於外。〔註291〕

　　細審楚簡六型「內」字，不論橫筆筆法為何，「宀」形均為對稱之形。細審《楚帛書》「」殘形，與「內」字相似，故可釋為「內」，於此可讀為「入」。由於下一字位於折痕處，字體已消失難辨，故補為「出內（入）□同」，應是指「天李」星出入行次的情形。

【5】

出　處	乙 7.19／乍	乙 7.20／元	乙 7.21／下	乙 7.22／凶
帛書字形				
復原字形				

〔註291〕張光裕主編，袁師國華合編：《包山楚簡文字編》，（台北：藝文印書館，民國81 年），頁 55；馬承源主編：《上海博物館藏戰國楚竹書》（一），（上海：古籍出版社，2001 年），頁 101、64；馬承源主編：《上海博物館藏戰國楚竹書》（三），（上海：古籍出版社，2003 年），頁 93；馬承源主編：《上海博物館藏戰國楚竹書》（五），（上海：古籍出版社，2005 年），頁 33；張光裕主編，袁師國華合編：《郭店楚簡研究・第一卷・文字編》，（台北：藝文印書館，民國88 年），頁 71。

諸家學者釋「乍亓下凶」，讀「作其下凶」，劉信芳《子彈庫楚墓出土文獻研究》釋曰：

> 作務於火星或土星行次所匿之邦所，將有凶兆。蓋封域各有分星，火星或土星行次所在，若有「出內□同」，相應邦所當有所避忌也。《周禮‧春官‧保章氏》：「保章氏掌天星，以志星辰日月之變動，以觀天下之遷，辨其吉凶，以星土辨九州之地所封，封域皆有分星，以觀妖祥」，據鄭〈注〉，「星」謂「五星」，「辰」謂日月之會，五星有盈縮，日有薄食暈珥，月有盈虧眺側匿，日月五星右行於列宿之間，天下福禍轉移所在皆藉此顯現。〔註292〕

嘉凌案：由於前段文句爲敘述「李德匿」之事，故「乍（作）亓（其）下凶」應指天李星位居德匿時，對下方土地及人民產生凶咎。

【6】

出　　處	乙7.23／日月＝	乙7.24／皆	乙7.25／亂
帛書字形			
復原字形			

《楚帛書》「」字，陳邦懷〈戰國楚帛書文字考證〉釋「皆」。〔註293〕

嘉凌案：「」字楚簡屢見，如《郭店簡‧語叢一》簡45作「」、簡65作「」、簡71作「」、簡106作「」及《郭店簡‧語叢三》簡65作「」，〔註294〕故《楚帛書》「」字釋「皆」無疑。「日月皆亂」，即日月均失序混亂。

〔註292〕劉信芳：《子彈庫楚墓出土文獻研究》，（台北：藝文印書館，民國91年），頁81。

〔註293〕陳邦懷：〈戰國楚帛書文字考證〉《古文字研究》第5輯，（北京：中華書局，1989年），頁237。

〔註294〕張光裕主編，袁師國華合編：《郭店楚簡研究‧第一卷‧文字編》，（台北：藝文印書館，民國88年），頁299。

【7】

出　　處	乙 7.26／星	乙 7.27／晷	乙 7.28／不	乙 7.29／同
帛書字形				
復原字形				

《楚帛書》「　」字，商承祚〈戰國楚帛書述略〉據信陽簡「也」字釋「也」；〔註295〕嚴一萍〈楚繪書新考〉認為是「同」字，乃因繪書斜裂而變形。〔註296〕李學勤《簡帛佚籍與學術史》釋「公」，未說明；〔註297〕李零〈讀《楚系簡帛文字編》〉釋「冋」，讀「炯」，謂：

> 「不炯」是說失去光亮。〔註298〕

顏世鉉〈郭店楚簡散論（一）〉釋「尚」。〔註299〕

嘉凌案：綜合諸家學者說法，共有「也」、「同」、「公」、「尚」、「冋」五種意見。楚簡「也」字作　（包山簡 2.130），頭部為「口」形，下端為曲筆；或下端為直筆作　（郭店簡・唐虞之道・簡 1）；或「口」形移至側作　（郭店簡・五行・簡 29）；或「口」形為「廿」形作　（郭店簡・語叢三・簡 66）；或於末端加撇筆為飾作　（郭店簡・成之聞之・簡 17）。〔註300〕據此，帛書「　」字明顯與「也」字有別，故釋「也」不可從。

楚簡「同」字作　（包山簡 2.126），於偏旁或簡省中間兩橫筆作　（包山簡 2.159 興字所从），〔註301〕然帛書「　」字形中為一橫筆，故非「同」

〔註295〕商承祚：〈戰國楚帛書述略〉，《文物》第九期，1964 年 9 月，頁 14。

〔註296〕嚴一萍：〈楚繪書新考〉（上），《中國文字》26 冊，1967 年 12 月，頁 22。

〔註297〕李學勤：《簡帛佚籍與學術史》，（江西教育出版社，2001 年），頁 38。

〔註298〕李零：〈讀《楚系簡帛文字編》〉《出土文獻研究》第五輯，（北京：科學出版社，1999 年），頁 161，第 42 條。

〔註299〕顏世鉉：〈郭店楚簡散論（一）〉《郭店楚簡國際學術研討會論文集》，（武漢：武漢大學出版社，2000 年），頁 102。

〔註300〕張光裕主編，袁師國華合編：《包山楚簡文字編》，（台北：藝文印書館，民國 81 年），頁 30；張光裕主編，袁師國華合編：《郭店楚簡研究・第一卷・文字編》，（台北：藝文印書館，民國 88 年），頁 36。

〔註301〕張光裕主編，袁師國華合編：《包山楚簡文字編》，（台北：藝文印書館，民國 81 年），頁 88、325。

字。

楚簡「公」字作 （包山簡 2.2），〔註302〕中間無橫筆，故與帛書「 」字亦有別，釋「公」非是。

楚簡「尙」字作 （包山簡 2.90）；於偏旁或保留「冂」形半邊，以爲「尙」形識別作 （《上博七·武王踐阼·簡 2》）；〔註 303〕或簡省「冂」形作 （《上博五·競建內之·簡 10·黨字所从》），〔註304〕檢閱楚簡中「尙」字作簡省「冂」形者，目前僅見此例，〔註305〕故疑爲書手誤寫或過於簡省，故不以此形爲「尙」字常例之證。且帛書同篇之「尙」字均作 （乙8.9），亦與「 」字明顯不同。故帛書「 」字應非爲「尙」字。

楚簡「回」字見於偏旁作 （信陽簡 2.014），〔註306〕與帛書「 」形體相同，且若爲嚴一萍先生所言，繪書斜裂而變形，然據放大字形，並無紋路扭曲變形或殘留筆畫等現象，因此《楚帛書》「 」字釋「回」較佳。故此句「星辰不回」讀「星辰不炯」，指因「日月皆亂」而造成星辰暗淡無光的異象。

另外，《上博三·周易·簡 49》有字與帛書「 」字相似作 ，兩字差別爲帛書「 」字較爲扁平，原考釋者釋「同」，讀「痛」，〔註307〕徐在國〈上博三《周易》釋文補正〉疑釋「台」，與今本「薰」音韻可通。〔註308〕黃錫全〈讀上博《戰國竹書（三）》札記數則〉、蘇建州〈上博楚簡（五）考釋二則〉釋「回」，謂與「薰」音近可通。〔註309〕季師旭昇《上海博物館藏戰

〔註302〕張光裕主編，袁師國華合編：《包山楚簡文字編》，（台北：藝文印書館，民國81 年），頁 56。

〔註303〕馬承源主編：《上海博物館藏戰國楚竹書》（七），（上海：古籍出版社，2008年），頁 16。

〔註304〕張光裕主編，袁師國華合編：《包山楚簡文字編》，（台北：藝文印書館，民國81 年），頁 134；馬承源主編：《上海博物館藏戰國楚竹書》（五），（上海：古籍出版社，2005 年），頁 27。

〔註305〕嘉凌案：《上博七·鄭子家喪·簡7》「棠」因上部甚殘，無法辨識，故「尙」字僅一例作簡省「冂」形者。馬承源主編：《上海博物館藏戰國楚竹書》（七），（上海：古籍出版社，2008 年），頁 49。

〔註306〕滕壬生：《楚系簡帛文字編》，（武漢：湖北教育出版社，1995 年），頁 1000。

〔註307〕馬承源：《上海博物館藏戰國楚竹書》（三）（上海：古籍出版社：2003 年），頁 202。

〔註308〕徐在國：〈上博三《周易》釋文補正〉，簡帛研究網站 2004 年 4 月 24 日。

〔註309〕黃錫全：〈讀上博《戰國竹書（三）》札記數則〉，簡帛研究網站 2004 年 6 月22 日；蘇建洲：〈上博楚簡（五）考釋二則〉，簡帛網 2006 年 12 月 1 日。

國楚竹書（三）讀本》釋「兴」，謂：

> 上部簡省，與「薰」聲韻俱近，可通。〔註310〕

而《上博五·君子爲禮》簡7亦有此類「」字形於偏旁作「」，原考釋釋「同」，讀爲「痌」或「痛」，〔註311〕牛新房〈讀上博（五）札記〉從之，讀作「聳」。〔註312〕

季師旭昇〈上博五芻議（下）〉謂：

> 有釋「同」、「同」、「合」（「鉛」字所从）、「卷」（「卷」字所从）等四種可能，且四種說法都可以通讀，「同」讀爲「動（搖晃）」、「同」讀爲「竦（高聳）」、「合」讀爲「袒（露肩）」、「卷」讀爲「蜷（縮肩）」，但因《上博三·周易》有傳世文獻的佐證而釋爲「卷」。〔註313〕

蘇建洲〈上博（五）〉柬釋（二）〉謂：

> 字從「同」聲（見紐耕部），疑讀作「擎」（群紐耕部），二者疊韻，聲紐同爲見系，謂簡文可以讀作「肩毋廢（低下）、毋擎（上舉）」，就是肩部不上下的意思。

後於〈上博楚簡（五）考釋二則〉又改釋从「尚」，讀爲「竦」。〔註314〕而陳劍先生認爲从「同」，可以讀爲「傾」，並謂：

> 「傾」與「仄」意義關係密切，「」與「仄」同从「厂」，說不定「同」就是楚文字中爲「傾仄」意之「傾」所造的本字。〔註315〕

劉釗〈上博五·君子爲禮釋字一則〉認爲「」字爲「詹」字異寫，讀爲「檐」，意爲「舉也」，並舉《郭店簡·緇衣·簡16》「贍」（瞻）字作：、《上博六·平王問鄭壽·簡7》：「喪。溫恭淑惠，民是 望」二字爲說明。〔註316〕

〔註310〕季師旭昇主編、陳惠玲、連德榮、李綉玲：《上海博物館藏戰國楚竹書（三）讀本》，（台北：萬卷樓出版社，2005年），頁138～139。

〔註311〕馬承源：《上海博物館藏戰國楚竹書》（五）（上海：古籍出版社：2005年），頁259。

〔註312〕牛新房：〈讀上博（五）札記〉，簡帛網2006年9月17日。

〔註313〕季師旭昇：〈上博五芻議（下）〉，簡帛網2006年2月18日。

〔註314〕蘇建洲：〈上博（五）〉柬釋（二）〉，簡帛網，2006年2月28日；蘇建洲：〈上博楚簡（五）考釋二則〉，簡帛網，2006年12月1日。

〔註315〕引自蘇建洲：〈上博楚簡（五）考釋二則〉，簡帛網2006年12月1日。

〔註316〕劉釗：〈上博五·君子爲禮釋字一則〉，簡帛網2007年7月23日。

嘉凌案：上博兩字「」、「」之字形與「冏」較為接近，然據文義及典籍，則以季師之說釋「咎」為是。

日月＝既亂【1】，歲季乃弌（忒）【2】，寺（時）雨進退【3】，亡（無）又（有）尚（常）亙（恆）【4】。

【1】

出　　處	乙 7.30／日月＝	乙 7.31／既	乙 7.32／亂
帛書字形			
復原字形			

嘉凌案：「日月既亂」，即日月既已失序混亂。

【2】

出　　處	乙 7.33／歲	乙 7.34／季	乙 8.1／乃	乙 8.2／弌
帛書字形				
復原字形				

李零《長沙子彈庫楚帛書研究》謂：

　　歲季為「農時」。〔註317〕

《乙 8.2》因位居折痕處而殘失，劉信芳《子彈庫楚墓出土文獻研究》補「忒」字，謂：

　　陳邦懷先生云：「《易經·象傳》：古日月不過，而四時不忒」據此推
　　知帛書「歲季乃□」之闕文蓋為「忒」字。〔註318〕

〔註317〕李零：《長沙子彈庫楚帛書研究》，（北京：中華書局，1985 年），頁 59。
〔註318〕劉信芳：《子彈庫楚墓出土文獻研究》，（台北：藝文印書館，民國 91 年），頁

　　嘉凌案：《乙 8.2》殘泐，僅存一殘長筆，與「弋」字相似；楚簡「弋」
字作 弋（上博一‧緇衣‧簡 2），下方爲短橫筆；或短橫變爲飾點作 弋（郭店
簡‧緇衣‧簡 13）；或省略橫筆飾點，未有任何筆畫作 弋（郭店簡‧魯穆公問
子思‧簡 2）；或於偏旁簡省上端斜筆作 戠（信陽簡 2.015）。〔註319〕

　　故此句缺字應釋「弋」讀「忒」，爲差誤之意，如《易‧豫》：「天地以順
動，故日月不過，而四時不忒」；《詩‧魯頌‧閟宮》：「春秋匪解，享祀不忒」，
〔註320〕因此「歲季乃忒」乃指「日月既亂」後，年歲產生差誤。

【3】

出　　處	乙 8.3／寺	乙 8.4／雨	乙 8.5／進	乙 8.6／退
帛書字形				
復原字形				

　　《楚帛書》「寺雨」二字，李零《長沙子彈庫楚帛書研究》釋「寺雨」，
讀「時雨」，謂：

　　　　《禮記‧月令》：時雨將降、時雨不降，這裡是說天象既亂，無法掌
　　　　握農時，本來按節令應當降的雨水也與時令發生錯忤。〔註321〕

　　《楚帛書》「進退」二字，饒宗頤〈楚帛書新證〉釋「進退」，謂：

　　　　甘氏《歲星法》：「視其進退左右，以占其妖祥」，「進退」亦星象家
　　　　之恆言。〔註322〕

83。
〔註319〕馬承源主編：《上海博物館藏戰國楚竹書》（一），（上海：古籍出版社，2001
　　　　年），頁 46；張光裕主編：《郭店楚簡研究‧第一卷‧文字編》，（台北：藝文
　　　　印書館，民國 88 年），頁 176、175；河南省文物研究所：《信陽楚墓》，（北
　　　　京：文物出版社，1986 年），圖版 123。
〔註320〕王力：《王力古漢語字典》，（北京：中華書局，2000 年），頁 303～304。
〔註321〕李零：《長沙子彈庫楚帛書研究》，（北京：中華書局，1985 年），頁 60
〔註322〕饒宗頤：〈楚帛書新證〉《楚地出土文獻三種研究》，（北京：中華書局，1993
　　　　年），頁 261。

嘉凌案：《楚帛書》「」二字中間，因折痕使得「進」字之「止」形殘泐，「退」字上部「日」形殘失，然字形應可釋「進退」。「寺（時）雨進退」，乃指雨水依時節下雨或不下雨的景況。

【3】

出　　處	乙 8.7／亡	乙 8.8／又	乙 8.9／尚	乙 8.10／亙
帛書字形	止	又	尚	亙
復原字形	止	又	尚	亙

　　《楚帛書》「亙」字，嚴一萍〈楚繒書新考〉釋「恆」，〔註323〕饒宗頤〈楚帛書新證〉從之，謂：

> 恆之義，當如《洪範》咎徵：恆雨、恆暘、恆寒，下文云「三恆是也」，《周禮・瑞祝》鄭司農曰：「逆時雨，寧風旱也」。〔註324〕

嘉凌案：《上博三・恆先・簡1》「亙」字作「亙」，讀「恆」，〔註325〕戰國文字「月」旁常替代成「外」旁，如「閒」字或作「閖」（《上博二・容成氏・簡6》：），《說文》「閒」字古文亦作「閖」，故帛書「亙」字應釋「亙」，讀「恆」。

　　而帛書「尚」字左上筆畫雖殘失，然釋「尚」無疑，因此「亡又尚亙」讀「無有常恆」，為雨水未依時節規律而雲雨，因而產生應雨時不雨，應不雨而雨的混亂無常情形。

恭（恐）民未智（知）【1】，厝（擬）以為則【2】，母（毋）童（動）群民【3】，以則三亙（恆）【4】

〔註323〕嚴一萍：〈楚繒書新考〉（上），《中國文字》二十六冊，1967年12月，頁23。

〔註324〕饒宗頤：〈楚帛書新證〉《楚地出土文獻三種研究》，（北京：中華書局，1993年），頁261。

〔註325〕馬承源主編：《上海博物館藏戰國楚竹書》（三），（上海：古籍出版社，2003年），頁288。

【1】

出　　處	乙 8.11／恭	乙 8.12／民	乙 8.13／未	乙 8.14／智
帛書字形				
復原字形				

　　《楚帛書》「恭」字，嚴一萍〈楚繒書新考〉釋「恭」，謂：

　　恭民未智，猶《左‧僖二十七年傳》：「民未知禮，未生其恭」。〔註326〕

　　李零《長沙子彈庫楚帛書研究》釋「恭」，讀「恐」，謂：

　　慮民不知天變，把已經不可靠的曆法當作法則，死守住不敢加以變

　　通。〔註327〕

　　劉信芳《子彈庫楚墓出土文獻研究》讀「恭」，謂：

　　先民祀神必出以恭敬，恭民即恭人也。〔註328〕

嘉凌案：由於下段文句為「曆以為則」，故「恭民未智」應讀「恐民未知」，
即害怕擔憂人民不知，於是才須建立法度以便民行事，此即古代曆法之要義。

【2】

出　　處	乙 8.15／曆	乙 8.16／以	乙 8.17／為	乙 8.18／則
帛書字形				
復原字形				

　　饒宗頤〈楚帛書新證〉謂「曆」讀「擬」，為「揆度」之意，解釋此句為
「揆度以為則」；〔註329〕劉信芳《子彈庫楚墓出土文獻研究》解釋此句為「存

〔註326〕嚴一萍：〈楚繒書新考〉（下），《中國文字》第 28 冊，1968 年 3 月，頁 23～
　　　　24。

〔註327〕李零：《長沙子彈庫楚帛書研究》，（北京：中華書局，1985 年），頁 60。

〔註328〕劉信芳：《子彈庫楚墓出土文獻研究》，（台北：藝文印書館，民國 91 年），頁
　　　　83。

〔註329〕饒宗頤：〈楚帛書新證〉《楚地出土文獻三種研究》，（北京：中華書局，1993

安神靈爲準則」，謂：

> 帛書謂遇有星象變異，風雨不時，「恭民」即令不知其所以，亦應以
> 存安神靈爲準則，而不可驚惶失措，濫祀濫祭。〔註330〕

嘉凌案：《楚帛書》「☲」字上方略殘，釋「爲」可從。而帛書「曆」字共
二見，字形釋「曆」，讀「擬」，於〈乙篇〉之二「曆（擬）爲之□」已詳論，
故「曆（擬）以爲則」即因恐民未知，故欲建立法則，使人民能依其行事。

【3】

出　　處	乙8.19／毋	乙8.20／童	乙8.21／羣	乙8.22／民
帛書字形				
復原字形				

《楚帛書》「母童」字，嚴一萍〈楚繒書新考〉釋「母童」，讀「毋動」
〔註331〕；劉信芳《子彈庫楚墓出土文獻研究》讀「母童」，謂：

> 母童，謂婦女、兒童。〔註332〕

嘉凌案：由於上段文句言建立法則行事，因此「母童羣民」應讀爲「毋動羣
民」較符合文意，即設定法則後，就不會擾亂人民。

【4】

出　　處	乙8.23／以	乙8.24／則	乙8.25／三	乙8.26／亙
帛書字形				

年），頁262。

〔註330〕劉信芳：《子彈庫楚墓出土文獻研究》，（台北：藝文印書館，民國91年），頁
83。

〔註331〕嚴一萍：〈楚繒書新考〉（下），《中國文字》第28冊，1968年3月，頁23～24。

〔註332〕劉信芳：《子彈庫楚墓出土文獻研究》，（台北：藝文印書館，民國91年），頁
83。

復原字形				

《楚帛書》「」字，嚴一萍〈楚繒書新考〉釋「恆」；〔註333〕饒宗頤〈楚帛書新證〉從之，釋「三恆」謂：

> 三恆即三常，《晉語》：「愛冀土以毀三常」，韋註：「三常政之幹，禮之宗，國之常也」。〔註334〕

李零《長沙子彈庫楚帛書研究》釋「三恆」爲「三辰」，謂：

> 疑三恆指日、月、星「三辰」。〔註335〕

高明〈楚繒書研究〉釋「三恆」爲「三垣」，謂：

> 三恆當讀三垣，古人將天體中的恆星、二十八星宿和其他星座，分爲上、中、下三垣，即太微垣、紫微垣、天市垣。〔註336〕

劉信芳《子彈庫楚墓出土文獻研究》釋「三恆」爲「三極」，謂：

> 三恆猶三極，與四極相對而言……以□三極，即指母童群民迷失東南西之方向及其時節，惟北斗在天，婦孺皆知，不存在迷失問題。〔註337〕

嘉凌案：《楚帛書》「」字因帛書扭曲變形壓疊而殘泐，僅存下方「火」形殘跡，而帛書「則」字作 （甲6.24），其左下部與《乙8.24》十分形近，疑可補爲「則」字，「以則三恆」，即以三恆爲準則，效法三恆。且據前段文義，「三恆」應與天理運行規則有關，因此以天體爲釋，指「三垣」或三辰「日月星」而言。

發四興（遷）鼠（癙）【1】，以□天尚（常）【2】，群神五正【3】，四晵（辰）堯羊（祥）【4】

〔註333〕嚴一萍：〈楚繒書新考〉（下），《中國文字》第28冊，1968年3月，頁24。
〔註334〕饒宗頤：〈楚帛書新證〉《楚地出土文獻三種研究》，（北京：中華書局，1993年），頁262。
〔註335〕李零：《長沙子彈庫楚帛書研究》，（北京：中華書局，1985年），頁60。
〔註336〕高明：〈楚繒書研究〉《古文字研究》第12輯，（北京：中華書局，1985年），頁386～387。
〔註337〕劉信芳：《子彈庫楚墓出土文獻研究》，（台北：藝文印書館，民國91年），頁84。

【1】

出　處	乙 8.27／發	乙 8.28／四	乙 8.29／興	乙 8.30／鼠
帛書字形				
復原字形				

　　《楚帛書》「」字，嚴一萍〈楚繒書新考〉釋「興」，〔註338〕諸家學者從之，唯饒宗頤〈楚帛書新證〉認爲字形中間非「凡」形，爲「合」之繁形，謂：

　　　　《説文》口部云：「合，山間陷泥地，……讀若沇州之沇，九州之渥地也」……合借爲埏，……故四合即四沿或四埏，猶言四際。〔註339〕

　　李零《長沙子彈庫楚帛書研究》斷此句爲「三恆發，四興鼠（爽），以□天尚」，釋「四興」爲「四時代興」，謂：

　　　　四興，疑指四時代興，《呂氏春秋・大樂》：「四時代興，或暑或寒，或短或長，或柔或剛」。〔註340〕

　　高明〈楚繒書研究〉斷句爲「三恆發，四興兒，以□天尚」，釋「四興爲「四季」，謂：

　　　　四興疑指春、夏、秋、冬。〔註341〕

　　饒宗頤〈楚帛書新證〉斷句爲「發四興鼠，以□天尚」；〔註342〕劉信芳《子彈庫楚墓出土文獻研究》斷句從之，釋「發四興霓，以□天尚」，謂：

　　　　四，謂四極，「廢四」猶《淮南子・覽冥》之「四極廢」。蓋謂四極失度，曆法混亂，則雌霓興起。〔註343〕

〔註338〕嚴一萍：〈楚繒書新考〉（下）《中國文字》第 28 冊，1968 年 3 月，頁 24。
〔註339〕饒宗頤：〈楚帛書新證〉《楚地出土文獻三種研究》，（北京：中華書局，1993年），頁 262。
〔註340〕李零：《長沙子彈庫楚帛書研究》（北京：中華書局，1985 年），頁 60。
〔註341〕高明：〈楚繒書研究〉《古文字研究》第 12 輯，（北京：中華書局，1985 年），頁 386～387。
〔註342〕饒宗頤：〈楚帛書新證〉《楚地出土文獻三種研究》，（北京：中華書局，1993年），頁 262。
〔註343〕劉信芳：《子彈庫楚墓出土文獻研究》，（台北：藝文印書館，民國 91 年），頁

嘉凌案：楚簡「興」字作■（郭店簡・唐虞之道・簡8），「爪」形中爲「凡」形，下部爲「口」形，或「凡」形兩橫筆簡省，並向內靠近變爲「人」形，下方「口」形變爲「厶」形作■（包山簡 2.159）、■（上博一・孔子詩論・簡 28），〔註344〕《楚帛書》「■」字，右部「爪」形殘泐，「臼」形中爲「八」形，下爲「口」形，應屬於中間爲「凡」形簡省兩橫筆，季師旭昇云：

> （■）這個字形一出來，已往「興」和「與」的糾纏大部分都可解
> 決了：上部「臼」形中間從「凡」形、「人」形、「八」形的都是興；
> 從「牙」、「ㄐ」形、「｜」形的才是「與」。〔註345〕

據此，帛書「■」字應釋爲「興」。帛書「■」字於乙篇之一「乃又鼠□」一句已詳述，讀「癙」，爲災禍憂患之意，因此「興」字於此疑可讀爲「遷」，〔註346〕指將災禍遷移；「發」或指「發命」之意，如《左傳・僖公三十三年》：「遂發命，遽興姜戎」；《詩・小雅・小旻》：「發言盈庭，誰敢執其咎」，「四」或指「四神」，故「發四興（遷）鼠（癙）」或可釋爲發命四神將災患遷徙。

【2】

出　　處	乙 8.31／以	乙 8.32／□	乙 8.33／天	乙 8.34／尚
帛書字形				
復原字形				

84。

〔註344〕張光裕主編，袁師國華合編：《包山楚簡文字編》（台北：藝文印書館，民國 81 年），頁 325；張光裕主編，袁師國華合編：《郭店楚簡研究・第一卷・文字編》（台北：藝文印書館，民國 88 年），頁 351；馬承源主編：《上海博物館藏戰國楚竹書》（一）（上海：古籍出版社，2001 年），頁 40。

〔註345〕季師旭昇主編，陳霖慶、鄭玉姍、鄒濬智合撰：《上海博物館藏戰國楚竹書（一）讀本》，（台北：萬卷樓出版社，2004 年），頁 64。

〔註346〕〔清〕朱駿聲：《說文通訓定聲》（北京：中華書局，1984 年），頁 821。

陳邦懷〈戰國楚帛書文字考證〉參照《左傳》文公十八年：「以亂天常」句例，認為《楚帛書》「」字下所泐，可能為「亂」字，〔註347〕諸家學者均從之。

嘉凌案：《楚帛書》此處斷裂，裝裱時將字體疊去，因此上部點筆應爲起筆，而帛書「亂」字作 ![亂字] （甲 7.28），與此字起筆比對，明顯不同，故是否爲「亂」字仍有待商榷。

由於「發四興（遷）鼠（瘋）」，故「以□天尙（常）」應是指安定、順利天常之意，於是「羣神五正」。

【3】

出　　處	乙 9.1／羣	乙 9.2／神	乙 9.3／五	乙 9.4／正
帛書字形	![羣]	![神]	![五]	![正]
復原字形	![羣]	![神]	![五]	![正]

1. 乙 9.2／神

嘉凌案：《乙 9.2》字由於帛書斷裂，「示」形及「申」形上半剝落，然釋「神」無疑，而「群神」一詞常見於典籍文獻中，如：《左傳‧襄公十一年傳》：「群神群祀，先公先王」；《國語‧楚語下》：「群神頻行，國於是乎蒸嘗，家於是乎嘗祀。」〔註348〕

2. 乙 9.3／五　乙 9.4／正

饒宗頤〈楚帛書新證〉釋「五正」爲「五官之長」，謂：

《管子‧禁藏》：「發五正」，《左傳》隱公六年：「翼九宗五正」，杜註：「五正，五官之長」。〔註349〕

〔註347〕陳邦懷：〈戰國楚帛書文字考證〉《古文字研究》第 5 輯，（北京：中華書局，1981 年），頁 237。

〔註348〕〔清〕阮元校勘：《左傳》，十三經注疏本，（台北：藝文印書館，民國 78 年），頁 546；〔周〕左丘明：《國語》，（上海：古籍出版社，1978 年），頁 567。

〔註349〕饒宗頤：〈楚帛書新證〉《楚地出土文獻三種研究》，（北京：中華書局，1993

李零《長沙子彈庫楚帛書研究》認爲「五正」爲「五行之官」，謂：

> 五正，《左傳》昭公二十九年記蔡墨之言，故有五行之官，……木正曰句芒，火正曰祝融，金正曰蓐收，水正曰玄冥，土正曰后土。〔註350〕

陳邦懷〈戰國楚帛書文字考證〉認爲「正」乃「政」之假借，謂：

> 《管子・禁藏》：「發五正」，張佩綸云：「正，政通，五正與五德、五行、五藏相次，非五官正也」，「五正乃明」之「明」，與《淮南子・時則訓》：「天地乃明」用法相同，蓋謂政明不失其道也。〔註351〕

李學勤《簡帛佚籍與學術史》以馬王堆帛書《十六經・五正》認爲：

> 以《左傳》五行之官來講「五正」，今天看來，實際是不對的。「五正」無疑便是《黃帝書》、《鶡冠子》所論「五正」，黃老道家本同陰陽數術有相通之處，子彈庫帛書受《黃帝書》「五正」的影響，是不足爲異的。〔註352〕

劉信芳《子彈庫楚墓出土文獻研究》否定李學勤先生之說，釋「五正」爲「五行之官」，謂：

> 竊以爲《楚帛書》較《十六經》爲早，《楚帛書》之「五正」自當以《左傳》「五行之官」爲正解，《十六經》之「五正」亦與「五行之官」有聯係，「五正」與「五行之官」的數術涵義是相通的，更何況《楚帛書》之「五正」與「群神」並列而成辭，很難理解爲「己身與四方的正」。〔註353〕

嘉凌案：依帛書文意，「五正」應與「群神」相關，《史記・曆書》云：「黃帝考定星曆，建立五行，起消息，正閏餘，於是有天地神祇類之官，是謂五官，各司其序，不相亂也。」，〔註354〕文意與《楚帛書》相仿，《史記》中「五官」

年），頁 263。

〔註350〕李零：《長沙子彈庫楚帛書研究》（北京：中華書局，1985 年），頁 60。

〔註351〕陳邦懷：〈戰國楚帛書文字考證〉《古文字研究》第五輯，（北京：中華書局，1981 年），頁 237。

〔註352〕李學勤：《簡帛佚籍與學術史》，（南昌：江西教育出版社，2001 年），頁 94～95。

〔註353〕劉信芳：《子彈庫楚墓出土文獻研究》，（台北：藝文印書館，民國 91 年），頁 85。

〔註354〕〔日〕瀧川龜太郎：《史記會注考證》（台北：萬卷樓，1993 年），頁 458。

相當於帛書「群神」，因此「群神五正」即指群神各司其序，使天地回復正位。

【4】

出　　處	乙9.5／四	乙9.6／嘗	乙9.7／堯	乙9.8／羊
帛書字形				
復原字形				

1. 乙9.6／嘗

《乙9.6》字殘，商承祚〈戰國楚帛書述略〉釋「晨」；〔註355〕嚴一萍〈楚繒書新考〉疑爲「望」字；〔註356〕李零《長沙子彈庫楚帛書研究》釋「興」，謂：

> 上半殘劃與「興」字同，據上文爲「興」字，「四神失詳」，謂群神
> 五正失考于四時之政。〔註357〕

劉信芳《子彈庫楚墓出土文獻研究》釋「嘗」，讀「辰」，謂：

> 四辰謂四時之辰，……「四辰」的星象意義是指太陽在恆星系中的
> 位置移動所劃分的四時，以星鳥、星火、星昴爲標誌；在史官則謂
> 掌辰之義仲、義叔、和仲、和叔；在神則謂四時之神。〔註358〕

嘉凌案：綜合學者意見，《乙9.6》字有「望」、「興」、「晨（嘗）」三種說法，楚簡「望」字作（郭店簡・語叢一・簡104），〔註359〕與《楚帛書》「」字明顯有別，故釋「望」非是。《楚帛書》有「興」字作「」（乙8.30），兩字相較，《楚帛書》「」，兩「爪」之形緊合，未有「凡」形於其中，故釋「興」非是。帛書有「嘗」字作「」（甲7.26），兩爪形緊合，與帛書

〔註355〕商承祚：〈戰國楚帛書述略〉，《文物》第九期，1964年9月，頁14。

〔註356〕嚴一萍：〈楚繒書新考〉（下），《中國文字》第28冊，1968年3月，頁25。

〔註357〕李零：《長沙子彈庫楚帛書研究》，（北京：中華書局，1985年），頁60。

〔註358〕劉信芳：《子彈庫楚墓出土文獻研究》，（台北：藝文印書館，民國91年），頁87。

〔註359〕張光裕主編，袁師國華合編：《郭店楚簡研究・第一卷・文字編》，（台北：藝文印書館，民國88年），頁49。

「𡚉」字形體相同，故《乙9.6》字應釋爲「曑」。

2. 乙9.7／堯

《楚帛書》「夫」字，嚴一萍〈楚繒書新考〉釋「失」；
〔註360〕李學勤《簡帛佚籍與學術史》釋「堯」，讀「祥」；〔註361〕饒宗頤〈楚帛書新證〉釋「堯羊」讀「饒祥」，謂：

> 言四處祥異滋多。〔註362〕

何琳儀〈長沙帛書通釋〉原釋「堯」，讀「翺翔」，後於〈說无〉釋「无」，謂：

> �是否爲省簡，是問題的癥結所在，單複無別固然是古文字形體演變規律之一，但是也並非所有單複的形體都無別，……戰國文字「堯」仍从二「土」，夫从一「土」，二者應有區別。〔註363〕

劉信芳《子彈庫楚墓出土文獻研究》釋「堯羊」，讀「相羊」，謂：

> 連語也，《離騷》：「聊逍遙以相羊」，洪興祖〈補註〉：「相羊，猶徘徊也」，「四辰堯羊」者，謂四辰失序，遊移偏離其道度而未有恆定也。〔註364〕

嘉凌案：《楚帛書》「夫」字屢見於楚簡，釋「堯」無疑，而「堯」字共有三型：

一、下爲土形作堯，均指帝王「堯」，見：

《郭店簡・唐虞之道・簡1》：堯（堯）舜之王，利天下而弗利也

《郭店簡・唐虞之道・簡6》：堯（堯）舜之行，愛親尊賢

《郭店簡・唐虞之道・簡9》：忠事帝堯（堯）

《郭店簡・唐虞之道・簡14》：堯（堯）生於天子而有天下

《郭店簡・唐虞之道・簡22》：古者堯（堯）之與舜也

《郭店簡・唐虞之道・簡25》：故堯（堯）之播乎舜也

〔註360〕嚴一萍：〈楚繒書新考〉（下），《中國文字》第28冊，1968年3月，頁25。

〔註361〕李學勤：《簡帛佚籍與學術史》，（江西教育出版社，2001年）頁38。

〔註362〕饒宗頤：〈楚帛書新證〉《楚地出土文獻三種研究》，（北京：中華書局，1993年），頁263。

〔註363〕何琳儀：〈長沙帛書通釋〉，《江漢考古》第1期，1986年1月，頁56；何琳儀：〈說无〉《江漢考古》第2期，1992年2月。

〔註364〕劉信芳：《子彈庫楚墓出土文獻研究》，（台北：藝文印書館，民國91年），頁87。

《郭店簡‧唐虞之道‧簡24》：及其爲[圖]（堯）臣也

《郭店簡‧唐虞之道‧簡24》：[圖]（堯）播天下

二、下省土形，與《汗簡》同形作[圖]，亦爲帝王「堯」之意，見：

《郭店簡‧六德‧簡7》：雖[圖]（堯）求之弗得也

《上博二‧子羔‧簡2》：伊[圖]（堯）之惪

《上博二‧子羔‧簡6》：[圖]（堯）見舜之惪賢，故讓之

《上博四‧曹沫之陣‧簡2正》：昔[圖]（堯）之饗舜也

三、簡省形體作[圖]，字形與《楚帛書》「[圖]」字相同，故从一「土」亦爲堯字，見：

《郭店簡‧窮達以時‧簡3》：立而爲天子，遇[圖]（堯）也。

《上博二‧容成式‧簡6》：[圖]（堯）賤施而時＝

《上博二‧容成式‧簡8》：[圖]（堯）乃悅

《上博二‧容成式‧簡9》：[圖]（堯）乃爲之教

《上博二‧容成式‧簡10》：[圖]（堯）以天下讓於賢者

《上博二‧容成式‧簡13》：[圖]（堯）爲善興賢，而卒立之

《上博二‧容成式‧簡13》：[圖]（堯）聞之

《上博二‧容成式‧簡14》：子[圖]（堯）南面

《上博五‧鬼神之明‧簡1》：昔者[圖]（堯）舜湯，仁義聖智

《上博七‧武王踐阼‧簡1》：[圖]（堯）舜之道

且包山簡中多見堯字偏旁，如「鐃」字作[圖]（包山簡2.270）、「燒」字作[圖]（包山簡2.186）、「趬」字作[圖]（包山簡2.119反），〔註365〕故《楚帛書》「[圖]」字釋「堯」無誤。

然《曾侯簡》「夫」字作[圖]（曾侯簡178），〔註366〕共二十四例，均作此形，且此類字形亦見於《上博簡》：

《上博六‧孔子見季桓子‧簡10》：[圖]（夫）子曰

《上博六‧孔子見季桓子‧簡19》：[圖]（夫）子曰

《上博六‧孔子見季桓子‧簡20》：如[圖]（夫）見人不狡，聞禮不

〔註365〕張光裕主編，袁師國華合編：《包山楚簡文字編》，（台北：藝文印書館，民國81年），頁420、237、381。

〔註366〕張光裕、黃錫全、滕壬生主編：《曾侯乙墓竹簡文字編》，（台北：藝文印書館，民國86），頁35。

倦

可見「夫」與「堯」字在楚簡時代極爲形近，由於「夫」字此類字形目前僅見於《曾侯簡》及《上博六・孔子見季桓子》，因此疑爲書手個人風格而使得兩字形似。

因此帛書「夫」字應釋爲「堯」，由於前段文句爲「羣神五正」，後段文句爲「建恆襡民」，故應指復原天地秩序時日的狀態或過程，因此「四辰堯羊」，讀「四辰堯祥」，即四時回復至祥和。

建互（恆）襡（屬）民【1】，五正乃明【2】，百神是亯（享）【3】，是胃（謂）悳（德）匿【4】，群神乃悳（德）【5】

【1】

出　處	乙 9.9／建	乙 9.10／互	乙 9.11／襡	乙 9.12／民
帛書字形				
復原字形				

1. 乙 9.9／建

《楚帛書》「建」字，嚴一萍〈楚繒書新考〉釋「畫」；〔註367〕饒宗頤〈楚帛書新證〉釋「建」，謂：

> 建讀如《洪範》「皇建其有極」之建。〔註368〕

劉信芳《子彈庫楚墓出土文獻研究》從之，謂：

> 建恆猶《史記・曆書》「立羲和之官，明時正度」，「四辰」之極既建，
> 則民得天時之恆常也。〔註369〕

嘉凌案：楚簡「畫」字作（曾侯簡 1），於偏旁或簡省下方「田」形筆畫

〔註367〕嚴一萍：〈楚繒書新考〉（下），《中國文字》第 28 冊，1968 年 3 月，頁 25。
〔註368〕饒宗頤：〈楚帛書新證〉《楚地出土文獻三種研究》，（北京：中華書局，1993年），頁 263。
〔註369〕劉信芳：《子彈庫楚墓出土文獻研究》，（台北：藝文印書館，民國 91 年），頁88。

作**牽**（曾侯簡 6），〔註370〕《楚帛書》「**牽**」字下方未見「文」形交叉筆畫，故釋「畫」非是。楚簡「建」字作**牽**（郭店簡・老子乙・簡 11），帛書「**牽**」字之「止」形雖略殘，然兩字應爲同形；「建」字或從「又」作**牽**（曾侯簡 1），〔註371〕故帛書「**牽**」字應爲釋「建」，「建亙（恆）」即建立常恆之意。

2. 乙 9.11／襡

《楚帛書》「**襡**」字，嚴一萍〈楚繒書新考〉釋「裹」，謂：

> 《說文》:「裹，俠也」，或作夾，今作挾。人民安土而居，畫分疆界，必及人民，故稱「裹民」。〔註372〕

何琳儀〈長沙帛書通釋〉釋「襡」，讀「屬」，謂：

> 屬民見《周禮・地官・黨正》「及四時之孟月吉日，則屬民而讀邦法以糾戒之」，注:「彌親民者，于教亦彌數。《國語・楚語下》:「顓頊受之，乃命南正重司天以屬神，命火正黎司地以屬民」，注:「屬，會也」，《國語》之「火正黎」與帛書之「群神五正」均能「屬民」，可謂密合無間。〔註373〕

嘉凌案：楚簡「裹」字未見。楚簡「蜀」字作**蜀**（郭店簡・老子甲・簡21），上爲「目」形，下爲「虫」形；於偏旁或作**襡**（包山簡 2.129），「虫」上端加「人」形筆畫，或上部「目」形加飾筆作**襡**（天星觀遣策簡），〔註374〕與《楚帛書》「**襡**」字相較，僅「虫」形下方加橫筆爲飾之差別，故字形應釋「襡」，讀爲「屬」。

典籍中「屬民」屢見，如《史記・曆書》:「顓頊受之，乃命南正重司天以屬神，命火正黎司地以屬民，使復舊常，無相侵瀆。」《考證》:「屬，以其

〔註370〕張光裕、黃錫全、滕壬生主編:《曾侯乙墓竹簡文字編》，（台北：藝文印書館，民國 86 年），頁 88、24。

〔註371〕張光裕主編，袁師國華合編:《郭店楚簡研究・第一卷・文字編》，（台北：藝文印書館，民國 88 年），頁 171；張光裕、黃錫全、滕壬生主編:《曾侯乙墓竹簡文字編》，（台北：藝文印書館，民國 86 年），頁 50。

〔註372〕嚴一萍:〈楚繒書新考〉（下），《中國文字》第 28 冊，1968 年 3 月，頁 25。

〔註373〕何琳儀:〈長沙帛書通釋〉，《江漢考古》第 1 期，1986 年 1 月，頁 56。

〔註374〕張光裕主編，袁師國華合編:《郭店楚簡研究・第一卷・文字編》，（台北：藝文印書館，民國 88 年），頁 362；張光裕主編，袁師國華合編:《包山楚簡文字編》，（台北：藝文印書館，民國 81 年），頁 263；滕壬生:《楚系簡帛文字編》，（武漢：湖北教育出版社，1995 年），頁 683。

事委之也。」，〔註375〕故「建恆屬民」，指將建立恆常秩序之事委託於人民，或即下段文句所言「百神是亯」之事。

【6】

出　處	乙9.13／五	乙9.14／正	乙9.15／乃	乙9.16／明
帛書字形				
復原字形				

劉信芳《子彈庫楚墓出土文獻研究》釋「五正」，謂：

　　蓋天時有恆，祀典有常，則民各有所屬，五正乃能明其職司，各方

　　神祇乃得其享祀也。〔註376〕

嘉凌案：前段文句言「羣神五正」，此處言「五正乃明」，因此可釋爲羣神若爲各司其職，使五正不失，於此而職司彰明，《淮南子・時則》：「其政不失，天地乃明」，〔註377〕謂四時陰陽不失序，則天地萬物化育，與帛書「羣神」職司相同。

【7】

出　處	乙9.17／百	乙9.18／神	乙9.19／是	乙9.20／亯
帛書字形				
復原字形				

《乙9.17》下半剝落不明，嚴一萍〈楚繪書新考〉據文義疑是「羣」字；

〔註375〕〔日〕瀧川龜太郎：《史記會注考證》，（台北：萬卷樓，1993年），頁458。
〔註376〕劉信芳：《子彈庫楚墓出土文獻研究》，（台北：藝文印書館，民國91年），頁88。
〔註377〕〔漢〕劉安：《淮南鴻烈》，（台北：河圖出版社，民國65年），卷五，頁30。

〔註378〕饒宗頤〈楚帛書新證〉釋「亓」，讀「其」。〔註379〕

《楚帛書》「 ☒ 」釋「亯」，即「享」，《史記‧曆書》：

> 民是以能有信，神是以能有明德，民神異業，敬而不瀆。故神降之嘉生，民以物享，災禍不生，所求不匱。〔註380〕

嘉凌案：《楚帛書》「羣」字作 ☒ （乙9.25），與帛書「☒」兩橫筆相較，明顯有別，故釋「羣」非是。《楚帛書》「亓」字作 ☒ （乙1.11），上方兩橫筆雖與《楚帛書》「☒」相同，然若釋為「亓神是享」則與「五正」之眾神文意不符。

此字應是「百」字之殘筆，「百」字甲文字作 ☒ （《乙》6863反）、☒ （《拾》14.14）；金文作 ☒ （史頌簋）；楚簡文字「百」字作 ☒ （信陽簡2.029），字形承甲、金文，或於上方加橫筆為飾作 ☒ （包山簡2.138）〔註381〕，且同篇《乙11.12》「百」字作「☒」，字形上部二橫筆與《乙9.17》殘筆完全相同，故《乙9.17》應可釋為「百」，「百神是享」，亦與文句較為相符。「百神是享」即以物祭享眾神明。

【8】

出　　處	乙9.21／是	乙9.22／胃	乙9.23／惠	乙9.24／匿
帛書字形	☒	☒	☒	☒
復原字形	☒	☒	☒	☒

高明〈楚繒書研究〉謂此句：

〔註378〕嚴一萍：〈楚繒書新考〉（下），《中國文字》第28冊，1968年3月，頁25。

〔註379〕饒宗頤：〈楚帛書新證〉《楚地出土文獻三種研究》，（北京：中華書局，1993年），頁263。

〔註380〕〔日〕瀧川龜太郎：《史記會注考證》，（台北：萬卷樓，1993年），頁458。

〔註381〕中國社會科學院考古研究所：《甲骨文編》，（北京：中華書局，1965年），頁165；容庚編：《金文編》（北京：中華書局，1985年），頁249；河南省文物研究所：《信陽楚墓》，（北京：文物出版社，1986年），圖版128；張光裕主編，袁師國華合編：《包山楚簡文字編》，（台北：藝文印書館，民國81年），頁267。

同上下文義不僅不合，且全不相干，因疑此句非誤即衍。〔註382〕

嘉凌案：《楚帛書》「🔣」字，因帛書造成字體扭曲，而筆畫上下黏合，釋「胃」無疑。「是胃（謂）德匿」為承上文作出解釋，即由於群神受祭祀，則稱為「德匿」，季師旭昇認為「德」或讀為「值」，「值匿」則指百神值班匿藏於此，〔註383〕可從。「是胃（謂）德（值）匿」即百神於是值班匿藏於此。

【9】

出　　處	乙9.25／羣	乙9.26／神	乙9.27／乃	乙9.28／惪
帛書字形				
復原字形				

　　嘉凌案：《楚帛書》「🔣」字稍殘，然釋「惪」無疑，「羣神乃惪」即由於羣神受到享祀，因此施德於人民。

帝曰：繇（絲）【1】，敬之哉【2】，母（毋）弗或敬【3】，隹（惟）天乍（作）福【4】，神則各（格）之【5】，隹（惟）天乍（作）宎（妖）【6】，神則惠之【7】

【1】

出　　處	乙9.29／帝	乙9.30／曰	乙9.31／繇
帛書字形			
復原字形			

〔註382〕高明：〈楚繒書研究〉《古文字研究》第12輯，（北京：中華書局，1985年），頁387。
〔註383〕感謝季師旭昇寶貴意見。

　　《楚帛書》「𢂶」字，商承祚〈戰國楚帛書述略〉釋「帝」，認爲「帝」指「炎帝」。〔註384〕

　　嘉凌案：商承祚先生釋「炎帝」，爲承〈甲篇〉「炎帝乃命祝融以四神降」一句而來，然由「帝俊乃爲日月之行」一文可知，曆法時日的制度乃由「帝俊」所創制，可知「帝俊」在楚先民心中的地位之高與貢獻之大，與《楚帛書》內容的關係更爲密切，因此「帝」應非指「炎帝」。

　　而文獻典籍除提及「帝俊」爲日月之父外，亦爲文藝之父，並與工巧、農業、治水等有關，如《山海經・海內經》：

　　　　帝俊生晏龍，晏龍是爲琴瑟。帝俊有子八人，是始爲歌舞。帝俊生三身，三身生義均，義均是始爲巧倕，是始作下民百巧。后稷是播百穀，稷之孫曰叔均，始作牛耕，大比赤陰，是始爲國，禹鯀是始布土，均定九州。〔註385〕

　　除此之外，帝俊還生有其他多才多藝的子息，《山海經・海內經》：

　　　　帝俊生禺號，禺號生淫梁，淫梁生番禺，是始爲舟，番禺生奚仲，奚仲生吉光，吉光是始以木爲車。〔註386〕

　　而身背弓箭的神射英雄后羿，也被說成是帝俊賜予弓箭，而前往除暴安良，《山海經・海內經》：

　　　　帝俊賜羿彤弓素矰，以扶下國，羿是始去恤下地之百艱。〔註387〕

　　據典籍可知，太陽、月亮、農業、木車、琴瑟、歌舞、器物制作等自然、物質、精神現象；義和、常羲、巧倕、禺號、后稷、鯀、禹、晏龍、后羿等大神的名姓，都在帝俊之下，可見帝俊不但是自然物的主宰和創造者，還是各種初期文明的肇始者之父，顯然是個全能的至上神。因此《楚帛書》中將曆法的創建之功亦歸爲帝俊，亦是相當適當且合理的。

　　本句「帝曰：敬之哉」爲告誡人民話語，依《楚帛書》句法，若指「上天」告誡，則應直言「天曰」，據此，應指某位帝王而言，故由「帝俊」的至上神地位看來，〈乙篇〉此處的「帝」較可能指「帝俊」而言。

　　而帛書「𧮫」字，釋「繇」，爲嘆詞使用，《爾雅・釋詁》：「繇，於也」，

〔註384〕商承祚：〈戰國楚帛書述略〉，《文物》第九期，1964年9月，頁14。
〔註385〕袁珂：《山海經校注》，（台北：里仁書局，民國93年），頁468。
〔註386〕袁珂：《山海經校注》，（台北：里仁書局，民國93年），頁465。
〔註387〕袁珂：《山海經校注》，（台北：里仁書局，民國93年），頁466。

〔註388〕且文獻典籍中屢見相似文句，如《尚書‧大誥》云：「王若曰：猷」。

〔註389〕故「帝曰繇」即帝俊說啊！

【2】

出　處	乙9.32／敬	乙9.33／之	乙9.34／哉
帛書字形			
復原字形			

《乙 9.32》由於斷裂，裝裱時字跡盡掩，僅存上部兩小筆，陳邦懷〈戰國楚帛書文字考證〉補「敬」字謂：

《尚書‧呂刑》：「王曰：嗚呼，敬之哉！」，《汲冢周書‧和寤解》、《五權解》：「王曰：嗚呼，敬之哉！」，語意及句法並與帛書同。〔註390〕

嘉凌案：《楚帛書》「敬」字作「敬」（乙10.4），兩字對照，《乙9.32》「　」似為上部「羊」角形之殘存，且「敬之哉」為周人習語，如儔兒鐘：「曰：於呼！敬哉」，與《楚帛書》語法俱合，故應可補「敬」字。「敬之哉！」，即帝俊期勉人民對神明崇敬。

【3】

出　處	乙10.1／毋	乙10.2／弗	乙10.3／或	乙10.4／敬
帛書字形				
復原字形				

〔註388〕〔清〕郝懿行：《爾雅義疏》，（台北：藝文印書館，民國76年），頁64。

〔註389〕〔清〕阮元校勘：《尚書》，十三經注疏本，（台北：藝文印書館，民國78年），頁190。

〔註390〕陳邦懷：〈戰國楚帛書文字考證〉《古文字研究》第五輯，（北京：中華書局，1981年），頁238。

陳邦懷〈戰國楚帛書文字考證〉認爲「毋弗或敬」是「毋或弗敬」之倒，謂：

> 「毋弗或敬」，當作「毋或弗敬」，此與《禮記・曲禮》：「毋不敬」
> 語意相同，帛書誤倒。帛書上句云：「敬之哉」，此句云「毋或弗敬」，
> 以肯定與否定兩種形式申言敬之重要也。〔註391〕

李零《長沙子彈庫楚帛書研究》認爲「或」訓「有」，讀「無不有敬」；〔註392〕劉信芳釋「毋弗或敬」，謂：

> 「毋弗」，雙重否定，《國語・楚語下》：「其誰敢不齊肅恭敬，致力
> 於神民。」〔註393〕

嘉凌案：前段文句言「帝曰：絲，敬之哉！」，故「毋弗或敬」爲再次宣告祀神不可以有不誠敬之心、不誠敬之事，諸家學者說法大致可從。

【4】

出　　處	乙 10.5／隹	乙 10.6／天	乙 10.7／乍	乙 10.8／福
帛書字形	隹	天	乍	福
復原字形	隹	天	乍	福

嘉凌案：「作福」一詞習見於文獻典籍，如《尚書・盤庚》云：「作福作災，余亦不敢動用非德。」，〔註394〕故「隹（惟）天乍（作）福」，即上天施福於人民。

〔註391〕陳邦懷：〈戰國楚帛書文字考證〉《古文字研究》第五輯，（北京：中華書局，1981 年），頁 238。

〔註392〕李零：《長沙子彈庫楚帛書研究》，（北京：中華書局，1985 年），頁 61。

〔註393〕劉信芳：《子彈庫楚墓出土文獻研究》，（台北：藝文印書館，民國 91 年），頁 88。

〔註394〕〔清〕阮元校勘：《尚書》，十三經注疏本，（台北：藝文印書館，民國 78 年），頁 129。

【4】

出　處	乙10.9／神	乙10.10／則	乙10.11／各	乙10.12／之
帛書字形				
復原字形				

1. 乙10.10／則

　　《楚帛書》「」字，下方及右部均殘，嚴一萍〈楚繒書新考〉釋「則」，〔註395〕諸家學者從之。

　　嘉凌案：下文「神則惠之」之「則」字作「」，與《楚帛書》「」字形左上同形，且「神□各之」與「神則惠之」相對，故《楚帛書》「」字釋「則」可從。

2. 乙10.11／各

　　《楚帛書》「」字，嚴一萍〈楚繒書新考〉釋「各」，讀「格」，謂：

　　　　《釋詁》：「格，至也」。〔註396〕

　　劉信芳《子彈庫楚墓出土文獻研究》謂：

　　　　格，致福也。〔註397〕

嘉凌案：由於前段文句爲「隹（惟）天乍（作）福」，故「各」可讀爲「格」，爲「至」之意，如《爾雅‧釋詁》：「格，至也」；《釋言》：「格，來也」，〔註398〕故「神則各之」，即神於是將福降至。

【5】

出　處	乙10.13／隹	乙10.14／天	乙10.15／乍	乙10.16／宩
帛書字形				

〔註395〕嚴一萍：〈楚繒書新考〉（下），《中國文字》第28冊，1968年3月，頁27。
〔註396〕嚴一萍：〈楚繒書新考〉（下），《中國文字》第28冊，1968年3月，頁27。
〔註397〕劉信芳：《子彈庫楚墓出土文獻研究》，（台北：藝文印書館，民國91年），頁90。
〔註398〕王力：《王力古漢語字典》，（北京：中華書局，2000年），頁481。

復原字形				

嘉凌案：《楚帛書》「天」字上部較模糊，然仍可清楚見到「宀」形，故為「宎」字無疑。「隹（惟）天作宎（妖）」與上文「隹（惟）天作福」相對，指上天產生災禍妖亂，施禍於人民。

【6】

出　　處	乙 10.17／神	乙 10.18／則	乙 10.19／惠	乙 10.20／之
帛書字形				
復原字形				

《楚帛書》「惠」字，諸家釋「惠」，唯嚴一萍〈楚繒書新考〉釋「毄」，謂：

> 繒書作惠省殳。說文：「毄，相擊中也」。天作宎，神擊之，天神一致，相承為義，若解釋為「惠」，則神意與天意相背，恐非此段文字之原意矣。〔註399〕

嘉凌案：《楚簡》「惠」字作惠（天星觀卜筮簡），字形從「心」從「重」，楚簡「心」字亦可作心（包山簡 2.221），於偏旁亦屢見，如「志」字作志（包山簡 2.119），〔註400〕故《楚帛書》「惠」字為「惠」字無疑。《說文》：「惠，仁也」，《尚書・皋陶謨》：「安民則惠，黎民懷之」，偽孔《傳》：「惠，愛也」，〔註401〕故「神則惠之」應指神嘉惠施仁於人民，可見上天不管是作福或作妖，神都會施恩惠於人民。

〔註399〕嚴一萍：〈楚繒書新考〉（下），《中國文字》第 28 冊，1968 年 3 月，頁 27。
〔註400〕滕壬生：《楚系簡帛文字編》，（武漢：湖北教育出版社，1995 年），頁 328；張光裕主編，袁師國華合編：《包山楚簡文字編》，（台北：藝文印書館，民國 81 年），頁 154、155。
〔註401〕王力：《王力古漢語字典》，（北京：中華書局，2000 年），頁 320。

□敬隹（惟）備【1】，天像是惻（惻）【2】，成隹（惟）天▢（功）【3】，下民之伐（式）【4】，敬之母（毋）弋（忒）【5】 ▭

【1】

出　　處	乙 10.21／□	乙 10.22／敬	乙 10.23／隹	乙 10.24／備
帛書字形				
電腦字形				
復原字形				

1. 乙 10.21／□

　　《楚帛書》「 」字殘泐，商承祚〈戰國楚帛書述略〉釋「各」；〔註402〕李零《長沙子彈庫楚帛書研究》釋「欽」，謂：

　　　　依稀可辨是一從金旁之字，應爲「欽」字。〔註403〕

嘉凌案：楚簡「各」字作 （包山簡 2.140），與《楚帛書》「 」字完全不同，故釋「各」非是。而帛書「欽」字作 （乙 11.20），與帛書「 」字相較，「金」旁殘形似乎太大，並不是偏旁，故應非「欽」字。

　　檢閱《楚帛書》「民」字作「 」（乙篇 5.26），字形、筆法與殘字略爲形近，然仍有別，故字體存疑待考。

2. 乙 10.24／備

　　《楚帛書》「 」字，朱德熙〈長沙帛書考釋（五篇）〉始釋「備」，謂：

　　　　敬當讀爲儆戒之儆，與備字文義正相協，（《後漢書・東平憲王蒼傳》
　　　　注：「儆，備也」）此外，備字和下句側字都是之部字，兩句正好協

〔註402〕商承祚：〈戰國楚帛書述略〉，《文物》第九期，1964 年 9 月，頁 14。
〔註403〕李零：《長沙子彈庫楚帛書研究》，（北京：中華書局，1985 年），頁 61。

韻。〔註404〕

劉信芳《子彈庫楚墓出土文獻研究》謂：

> 《廣雅・釋詁》：「備，具也」，《方言》卷十二：「備，咸也」，《國語・
> 楚語下》：「神，以精明臨民者也，故求備物，不求豐大」，爲雲祀神
> 之禮，備品物即可，無需特別豐盛。〔註405〕

嘉凌案：楚簡「備」字於屢見，其所从「葡」字作 （望山 1.54），「矢」形變與「羊」形相似，下部盛器處變爲左右兩撇筆，帛書「」字即爲此類；或下部與「用」形相似作 （曾侯簡 137），此形目前僅見於《曾侯簡》；或下部訛爲「人」形加「止」形作 （郭店簡・語叢一・簡 94），〔註406〕此類字形僅見於《郭店簡》。故帛書「」字釋「備」可從，因此「□敬隹（惟）備」，大約是指人民對百神的崇敬應完備。

【2】

出　　處	乙10.25／天	乙10.26／像	乙10.27／是	乙10.28／惻
帛書字形				
復原字形				

《楚帛書》「」字，商承祚〈戰國楚帛書述略〉釋「惻」讀「測」，謂：

> 《易・繫辭》：「陰陽不測之謂神」，這兩句是，各人要永遠敬事上天，
> 不可褻瀆神靈，否則災難降臨，令人莫測。〔註407〕

〔註404〕朱德熙：〈長沙帛書考釋（五篇）〉《朱德熙古文字論集》，（北京：中華書局，1995 年），頁 204～205。

〔註405〕劉信芳：《子彈庫楚墓出土文獻研究》，（台北：藝文印書館，民國 91 年），頁 90。

〔註406〕張光裕、袁師國華：《望山楚簡校錄》，（台北：藝文印書館，民國 93 年），頁 61；張光裕、黃錫全、滕壬生主編：《曾侯乙墓竹簡文字編》，（台北：藝文印書館，民國 86 年），頁 21；張光裕主編，袁師國華合編：《郭店楚簡研究・第一卷・文字編》，（台北：藝文印書館，民國 88 年），頁 66。

〔註407〕商承祚：〈戰國楚帛書述略〉，《文物》第九期，1964 年 9 月，頁 14。

嚴一萍〈楚繒書新考〉釋「惻」，謂：

> 人能永遠虔敬上天，上天就有惻隱之像，痛惜下民，減少災難〔註408〕

李學勤《簡帛佚籍與學術史》釋「惻」，讀「則」。〔註409〕

嘉凌案：同篇 5.27「人」字作 ，與「」字之「人」旁點畫情形相同，疑爲書手書寫習慣。「」字釋「惻」，依文意可讀爲「則」，「天象是則」即人民學習效法天所顯示的像。

【3】

出　　　處	乙 10.29／成	乙 10.30／隹	乙 10.31／天	乙 10.32／工
帛書字形				
復原字形				

1. 乙 10.29／成

《楚帛書》「」字，嚴一萍〈楚繒書新考〉釋「成」；〔註410〕李零《長沙子彈庫楚帛書研究》認爲從「干」聲，讀「咸」；〔註411〕饒宗頤〈楚帛書新證〉釋「戰」，謂：

> 從戊干聲，當釋戰，干與乾同音，《廣韻・二十五寒》引《字樣》云：「乾本音虔」，疑此讀「虔惟天□」。〔註412〕

嘉凌案：「成」字甲文作 （《前》5.10.5）、（《續》6.13.7）；金文作 （成王鼎）；〔註413〕楚簡文字作 （包山簡 2.147），甲、金文之「戈」形旁之「｜」形加橫筆變爲「十」形；或「十」形變爲「千」形作 （包山簡 2.91）；或

〔註408〕嚴一萍：〈楚繒書新考〉（下），《中國文字》第 28 冊，1968 年 3 月，頁 28。

〔註409〕李學勤：《簡帛佚籍與學術史》，（南昌：江西教育出版社，2001 年）頁 38。

〔註410〕嚴一萍：〈楚繒書新考〉（下），《中國文字》第 28 冊，1968 年 3 月，頁 28。

〔註411〕李零：《長沙子彈庫楚帛書研究》，（北京：中華書局，1985 年），頁 61。

〔註412〕饒宗頤：〈楚帛書新證〉《楚地出土文獻三種研究》，（北京：中華書局，1993 年），頁 263。

〔註413〕中國社會科學院考古研究所：《甲骨文編》，（北京：中華書局，1965 年），頁 550；容庚編：《金文編》，（北京：中華書局，1985 年），頁 965。

「十」形上加橫筆作 （曾侯簡 151），〔註414〕此類字形與《楚帛書》「成」字全同，故釋「成」可從。

2. 乙10.32／工

李零〈《長沙子彈庫戰國楚帛書研究》補正〉讀此句「成惟天下」。〔註415〕

嘉凌案：李零先生未見「下」字上方有一明顯短橫筆，由於《乙10.32》之二橫筆相距甚遠，且下方橫筆與「下」字重疊，故依殘存筆畫，疑可釋爲「工」，楚簡未見單獨「工」字，於偏旁作 攻（楚帛書丙篇 11.1.8 攻字所從），或中央豎筆變爲「人」形作 攻（天星觀卜筮簡攻字所從），或於「工」字上部加橫筆爲飾作 攻（天星觀卜筮簡攻字所從），〔註416〕因此疑《乙10.32》爲中間豎筆淡失，故補此句爲「成隹（惟）天工（功）」，即成功都是上天的功勞偉蹟。

【4】

出　處	乙10.33／下	乙10.34／民	乙11.1／之	乙11.2／伐
帛書字形				
復原字形				

1. 乙10.33／下

《楚帛書》「下」字，嚴一萍〈楚繪書新考〉釋「下」。〔註417〕饒宗頤〈楚帛書新證〉釋「下」，謂：

〔註414〕張光裕主編，袁師國華合編：《包山楚簡文字編》，（台北：藝文印書館，民國81年），頁105；張光裕、黃錫全、滕壬生主編：《曾侯乙墓竹簡文字編》，（台北：藝文印書館，民國86年），頁55。

〔註415〕李零：〈《長沙子彈庫戰國楚帛書研究》補正〉《古文字研究》20輯，（北京：中華書局，2000年），頁167。

〔註416〕張光裕主編，袁師國華合編：《包山楚簡文字編》，（台北：藝文印書館，民國81年），172頁；滕壬生：《楚系簡帛文字編》，（武漢：湖北教育出版社，1995年），頁273。

〔註417〕嚴一萍：〈楚繪書新考〉（下），《中國文字》第28冊，1968年3月，頁28。

下民一詞，見《呂刑》：「皇帝清問下民」，《呂覽・應同篇》：「天必
先見祥乎下民」。〔註418〕

嘉凌案：《楚帛書》「」字釋「下」可從，上方斜橫筆應爲上一殘字之下方
筆畫。

2. 乙 11.2／代

《楚帛書》「」字，嚴一萍〈楚繒書新考〉釋「袚」；〔註419〕饒宗頤
〈楚帛書新證〉釋「衹」，謂：

字从示弋，字書未見，弋即弋，亦借作翼，《書・多士》：「敢弋殷
命」，《釋文》馬本作「翼」，鄭玄訓翼爲敬，與弋同音字有廙，敬
也（《廣韻・二十四職》）以弋、異、翼互通例之；衹殆即禩字，《說
文》則以禩爲祀之或體。此處弋、惻等協韻，宜讀爲翼。〔註420〕

李學勤《簡帛佚籍與學術史》釋「衹」，讀「式」；〔註421〕李家浩〈戰國
邸布考〉舉楚帛書作爲「戈」與「弋」相混的例子，釋從「弋」，讀爲「代」。
〔註422〕

嘉凌案：綜合各家說法，帛書「」字有「犮」、「戈」、「弋」三種說
法。楚簡「犮」字作（曾侯簡 170），〔註423〕與《楚帛書》「」字完全
不同，故知釋「袚」不可從。楚簡「戈」字作（包山簡 2.261），〔註424〕
與《楚帛書》「」字有別於下方之長撇筆，故釋從「戈」非是。楚簡「弋」
字作（上博一・緇衣・簡 2），〔註425〕下方爲短橫筆，與《楚帛書》「」

〔註418〕饒宗頤：〈楚帛書新證〉《楚地出土文獻三種研究》，（北京：中華書局，1993
年），頁 265。

〔註419〕嚴一萍：〈楚繒書新考〉（下），《中國文字》第 28 冊，1968 年 3 月，頁 29。

〔註420〕饒宗頤：〈楚帛書新證〉《楚地出土文獻三種研究》，（北京：中華書局，1993
年），頁 265。

〔註421〕李學勤：《簡帛佚籍與學術史》，（南昌：江西教育出版社，2001 年）頁 38。

〔註422〕李家浩：〈戰國邸布考〉，《著名中年語言學家自選集・李家浩卷》，（合肥：安
徽教育出版社，2002 年），頁 160～166。

〔註423〕張光裕、黃錫全、滕壬生主編釋「犬」：《曾侯乙墓竹簡文字編》，（台北：藝
文印書館，民國 86 年），頁 82；滕壬生釋「犬」：《楚系簡帛文字編》，（武漢：
湖北教育出社，1995 年），頁 766。嘉凌案：依字形應爲「犮」。

〔註424〕張光裕主編，袁師國華合編：《包山楚簡文字編》，（台北：藝文印書館，民國
81 年），頁 164。

〔註425〕馬承源主編：《上海博物館藏戰國楚竹書》（一），（上海：古籍出版社，2001），
頁 46。

字所從全同；「弋」字或爲飾點作 ↑（郭店簡・緇衣・簡 13），或省略橫筆飾點作 ↑（郭店簡・魯穆公問子思・簡 2），﹝註426﹞或省上端斜筆作 ▓（信陽簡 2.015），﹝註427﹞故帛書「▓」字應從「弋」。

　　而左部偏旁，諸家學者均認爲從「示」：然楚簡「示」字作 示（天星觀遣策），﹝註428﹞下方即使於偏旁時仍均爲三豎筆，而帛書「▓」字兩豎筆「平均」位於「兩橫筆」之下，與「示」字平均分作「三豎筆」有別，且帛書「神」字殘文作「▓」，其「示」旁亦爲明顯之「三豎筆」，與帛書「▓」字所從有別，故應非從「示」。檢閱楚簡文字，僅發現楚簡「亓」（亓）（包山簡 2.7）字與《楚帛書》「▓」字左旁字形略爲相似，然「亓」字兩豎筆均向兩旁斜作，與「▓」字亦略有別，故將左半部字形存疑待考。

　　而與「左半部」相同之字形亦見於帛書〈乙篇〉，作「▓」（乙 12.26），諸家學者均釋此字爲「祀」，然左部字形豎筆稍有彎曲，但仍舊爲兩豎筆，與「示」形的三豎筆明顯有別，且同爲〈乙篇〉之「祀」字作「▓」（乙 11.23），不僅左部豎筆數不同，且右部亦筆法有別，故「▓」是否爲「祀」字，仍有待商榷。由於帛書未見「示」形作兩豎筆，故或疑爲書手特有「示」字筆法，但基於愼重，仍將左半部字形列爲存疑。

　　由於「▓」字從「弋」，因此可讀爲「式」，爲榜樣之意，如《說文》：「式，法也」；《詩・大雅・下武》：「下土之式」，《毛傳》：「式，法也」，﹝註429﹞故「下民之▓（式）」，指上天是下方人民的榜樣楷模。

【5】

出處	乙 11.3／敬	乙 11.4／之	乙 11.5／毋	乙 11.6／弋	分段符號
帛書字形					
復原字形					

﹝註426﹞張光裕主編：《郭店楚簡研究・第一卷・文字編》，（台北：藝文印書館，民國 88 年），頁 176、175。

﹝註427﹞河南省文物研究所：《信陽楚墓》，（北京：文物出版社，1986 年），圖版 123。

﹝註428﹞滕壬生：《楚系簡帛文字編》，（武漢：湖北教育出版社，1995 年），頁 20。

﹝註429﹞王力：《王力古漢語字典》，（北京：中華書局，2000 年），頁 284。

　　《楚帛書》「⬚」字，嚴一萍〈楚繒書新考〉釋「犮」；〔註430〕商承祚〈戰國楚帛書述略〉釋「戈」，讀「忒」；〔註431〕李家浩〈戰國𨙸布考〉釋「弋」。〔註432〕

　　嘉凌案：《楚帛書》「⬚」字詳論見〈甲篇〉之一「四神相弋（代）」，故字形應釋「弋」，讀「忒」，爲「差誤」之意，如《易經‧豫》：「天地以順動，故日月不過，而四時不忒」；《詩經‧魯頌‧閟宮》：「春秋匪懈，享祀不忒」。〔註433〕「敬之毋弋（忒）」指人民敬神須謹愼，不可產生差忒。

第三節　《楚帛書》乙篇之三

壹、釋　文

民勿用记（起）□百神，山川溝（漫）浴（谷），不欽前行，民祀不脂（莊），帝㬢（將）繇（咎）以亂□□之行，【乙十一】民則又（有）殻（穀），亡（無）又（有）相壘（擾），不見陵□，是則鼠（癙）至，民人弗智（知）歲，則無𣎜祭，□則遻（役）民，少又（有）□□，土事【乙十二】勿從，凶□。【乙十三】

貳、校　注

民勿用□记（起）□百神【1】，山川溝（漫）浴（谷）【2】，不欽前行【3】，民祀不脂（莊）【4】，帝㬢（將）繇（咎）以亂□之行【5】

【1】

出處	乙11.7／民	乙11.8／勿	乙11.9／用	乙11.10／记	乙11.11／□	乙11.12／百	乙11.13／神
帛書字形	⬚	⬚	⬚	⬚	⬚	⬚	⬚

〔註430〕嚴一萍：〈楚繒書新考〉（下）《中國文字》第28冊，1968年3月，頁29。

〔註431〕商承祚：〈戰國楚帛書述略〉《文物》第九期，1964年9月，頁14。

〔註432〕李家浩：〈戰國𨙸布考〉，《著名中年語言學家自選集‧李家浩卷》，（合肥：安徽教育出版社，2002年），頁160～166。

〔註433〕王力：《王力古漢語字典》（北京：中華書局，2000年），頁303。

復原字形	中	少	申	迎	後	百	祧

《乙 11.10》、《乙 11.11》兩字，諸家學者均僅釋从「辶」旁，劉信芳《子彈庫楚墓出土文獻研究》疑第一殘字爲「起」，第二殘字似是「遏」字，謂：

> 《說文》：「起，能立也」，古人祭祀必立神位，若鬼神作祟，則徙其位而另立。包山簡 250：「命攻解於漸木立，其徙其処而樹之」是其證，帛書認爲「百神」乃天帝所安排，下民遇有災禍，不必起徙百神之位。〔註434〕

嘉凌案：楚簡「起」字作 （包山簡 2.164），與《乙 11.10》上半相同，故劉信芳先生補字可從；而楚簡「遏」字作 （包山簡 2.259），下部「少」形與帛書「迎」字相似，劉信芳先生之說可參。〔註435〕據此，「民勿用起□百神」，大約是說明人民未對百神行某事。

【2】

出　　處	乙 11.14／山	乙 11.15／川	乙 11.16／潃	乙 11.17／浴
帛書字形	山	川	潃	浴
復原字形	山	川	潃	浴

嚴一萍〈楚繒書新考〉釋此句「百神山川潃浴」，謂：

> 此言山川潃浴，是說百神之飛渡山川也。〔註436〕

饒宗頤〈楚帛書新證〉釋「山川潃浴」，讀「山川萬谷」，謂：

〔註434〕劉信芳：《子彈庫楚墓出土文獻研究》，（台北：藝文印書館，民國 91 年），頁 93。

〔註435〕張光裕主編，袁師國華合編：《包山楚簡文字編》，（台北：藝文印書館，民國 81 年），頁 368、379。

〔註436〕嚴一萍：〈楚繒書新考〉（下），《中國文字》第 28 冊，1968 年 3 月，頁 30。

馬王堆《老子・德經》「浴得一盈」、「上德如浴」均假浴爲谷，阜陽詩簡「出自幽谷」作「幼浴」，可證「山川萬浴」即以浴爲谷。〔註437〕

劉信芳《子彈庫楚墓出土文獻研究》釋「山川漹浴」，讀「山川漫谷」，謂：

「漫谷」泛指河谷，與前「山川四海」乃錯綜爲文。〔註438〕

嘉凌案：由於前段文句言人民未對百神行某事，因此「山川漹（漫）浴（谷）」，應是指於是產生山川漫谷的災禍。

【3】

出　　處	乙 11.18／不	乙 11.19／欽	乙 11.20／前	乙 11.21／行
帛書字形				
復原字形				

《乙 11.20》殘泐，饒宗頤〈楚帛書新證〉認爲可補「之」字。〔註439〕

嘉凌案：《乙 11.20》下方明顯尚有筆畫，故釋「之」不可從。檢閱楚簡字形，此字應釋爲「前」，楚簡「前」字作 （包山簡 2.122），〔註440〕與《楚帛書》「 」上方均同，下半部「舟」形雖殘失，然明顯有一左起筆之跡，故應釋爲「前」字。《爾雅・釋詁》：「欽，敬也」，〔註441〕故「不欽前行」即「不敬前行」，指人民先前對天不誠敬的行爲。

〔註437〕饒宗頤：〈楚帛書新證〉《楚地出土文獻三種研究》，（北京：中華書局，1993年），頁 265。

〔註438〕劉信芳：《子彈庫楚墓出土文獻研究》，（台北：藝文印書館，民國 91 年），頁 94。

〔註439〕饒宗頤：〈楚帛書新證〉《楚地出土文獻三種研究》，（北京：中華書局，1993年），頁 265。

〔註440〕張光裕主編，袁師國華合編：《包山楚簡文字編》，（台北：藝文印書館，民國 81 年），頁 65。

〔註441〕〔清〕郝懿行：《爾雅義疏》，（台北：藝文印書館，民國 76 年），頁 187。

【4】

出　　處	乙 11.22／民	乙 11.23／祀	乙 11.24／不	乙 11.25／脂
帛書字形	（字形）	（字形）	（字形）	（字形）
復原字形	（字形）	（字形）	（字形）	（字形）

　　《楚帛書》「（字）」字，商承祚〈戰國楚帛書述略〉釋「莊」；〔註442〕李零《長沙子彈庫楚帛書研究》釋「脂」，讀「歆」，謂：

　　　　《左傳》昭公元年：「神怒民叛，何以能久？……神怒，不歆舊祀；民叛，不即其事。祀事不從，又何以年？」定公五年：「死者若有知也，可以歆舊祀」，歆字的用法與此相同。《說文》：「歆，神食氣也」。〔註443〕

　　劉信芳《子彈庫楚墓出土文獻研究》釋「脂」，讀「莊」，謂：

　　　　郭店簡《五行》36：「遠而莊之，敬也」，是莊乃禮之所以備，「民祀不莊」謂淫祀也，《禮記・曲禮下》：「非其所祭而祭之，名曰淫祭，淫祀無福」，《漢書・地理志》論楚地之俗：「信巫鬼，重淫祀」。〔註444〕

嘉凌案：《楚帛書》「（字）」字從「爿」從「言」，可讀爲「莊」，故「民祀不脂（莊）」即人民對神明祭祀不莊敬慎重。

【5】

出　　處	乙 11.26／帝	乙 11.27／酒	乙 11.28／繇	乙 11.29／以
帛書字形	（字形）	（字形）	（字形）	（字形）

〔註442〕商承祚：〈戰國楚帛書述略〉，《文物》第九期，1964 年 9 月，頁 14。
〔註443〕李零：《長沙子彈庫楚帛書研究》，（北京：中華書局，1985 年），頁 63。
〔註444〕劉信芳：《子彈庫楚墓出土文獻研究》，（台北：藝文印書館，民國 91 年），頁 94。

復原字形				

出　　處	乙 11.30／亂	乙 11.31／□	乙 11.32／之	乙 11.33／行
帛書字形				
復原字形				

1. 乙 11.28／繇

《楚帛書》「繇」字，饒宗頤〈楚帛書新證〉謂：

> 繇爲動詞，繇讀爲猷。猷，圖也。《說文》：「繇，隨從也」，亦作由。〔註445〕

李零《長沙子彈庫楚帛書研究》承饒宗頤先生之說，謂：

> 同由，用也。《論語‧泰伯》：「民可使由之」，注：「由，用也」。〔註446〕

2. 乙 11.31／□

《乙 11.31》字，李零《長沙子彈庫楚帛書研究》據辭例認爲是「逆」字之殘。〔註447〕

嘉凌案：細審《乙 11.31》，似乎有「止」形之殘留，因此可能爲「逆」字下方之殘筆，故李零先生之說可參，然由於從「止」之字甚多，故確切字形待考。

由於前段文句言人民祭祀不莊敬，因此季師旭昇認爲「繇」字依文意可讀「咎」，〔註448〕爲災禍之意，如《書‧大禹謨》：「天降之咎」；《左傳‧莊公

〔註445〕饒宗頤：〈楚帛書新證〉《楚地出土文獻三種研究》，（北京：中華書局，1993年），頁 265。
〔註446〕李零：《長沙子彈庫楚帛書研究》，（北京：中華書局，1985 年），頁 63。
〔註447〕李零：《長沙子彈庫楚帛書研究》，（北京：中華書局，1985 年），頁 63。
〔註448〕感謝季師旭昇寶貴意見。

二十一年》:「鄭伯效尤,其亦將有咎」,﹝註449﹞故「帝將繇(咎)以亂□之行」,即帝俊將會使災禍降至,擾亂某種事物的常態運行。

民則又(有)穀(穀)【1】,亡(無)又(有)相蠹(擾)【2】,不見陵□【3】,是則鼠(癙)至【4】,民人弗智(知)歲【5】,則無穀祭【6】,□則遑(役)民【7】,少又(有)□【8】,土事勿從,凶□【9】

【1】

出　　處	乙 12.1／民	乙 12.2／則	乙 12.3／又	乙 12.4／穀
帛書字形				
復原字形				

《楚帛書》「」字,商承祚〈戰國楚帛書述略〉釋「穀」,謂:

> 有穀,爲有穀,穀多釋作善。《詩有駜》:「君子有穀」,《禮‧曲禮》(下):「于內自稱曰不穀」。﹝註450﹞

嚴一萍〈楚繪書新考〉釋「穀」,謂:

> 《說文》:「穀,乳也」,乳謂生子。徐鍇引《春秋左傳》曰:「楚人謂乳爲穀」,繪書有穀當指生子言。﹝註451﹞

李零《長沙子彈庫楚帛書研究》釋「穀」,讀「穀」,謂:

> 穀可通穀,穀可訓養,《詩‧小雅‧甫田》:「以穀我士女」,鄭玄箋:「我當以養士女也」,又可訓生,《爾雅‧釋言》:「穀,生也」,《詩‧王風‧大車》:「穀則同室,死則異穴」;又可訓祿,《詩‧小雅‧正月》:「佌佌彼有屋,蔌蔌方有穀」,鄭玄箋:「穀,祿也」,數義轉相通,這裡應指養生之資。﹝註452﹞

嘉凌案:「穀」可讀「穀」,爲「善」之意,諸家學者已證,由於後段文句爲「亡(無)又(有)相擾」,因此「則」,於此應表示轉折的連接詞,爲「如

﹝註449﹞王力:《王力古漢語字典》,(北京:中華書局,2000 年),頁 113。
﹝註450﹞商承祚:〈戰國楚帛書述略〉,《文物》第九期,1964 年 9 月,頁 14〜15。
﹝註451﹞嚴一萍:〈楚繪書新考〉(下),《中國文字》第 28 冊,1968 年 3 月,頁 31。
﹝註452﹞李零:《長沙子彈庫楚帛書研究》,(北京:中華書局,1985 年),頁 63。

果」之意，如《左傳・昭公三年》：「寡人願事君朝夕不倦，將奉質幣以無失，則國家多難，是以不獲」，〔註453〕故「民則有穀（穀）」即若人民有好的作爲，就不會有擾民的事情發生。

【2】

出　處	乙12.5／亡	乙12.6／又	乙12.7／相	乙12.8／臺
帛書字形				
復原字形				

《楚帛書》「臺」字，商承祚〈戰國楚帛書述略〉釋「憂」，讀「擾」，謂：

> 民人應順天善行，不可違逆相擾。這個善字指民人敬天之事，不是「善政」的善。〔註454〕

嚴一萍〈楚繒書新考〉釋「憂」，讀「憂」；〔註455〕饒宗頤〈楚帛書新證〉讀「憂」爲「擾」，謂：

> 《史記・曆書》：「九黎亂德，神民雜擾」，自九黎亂德以來，祭祀失序，神民相擾雜。重黎乃序天地，使神居上而民在下，神、民異業。敬而不瀆，故有「下民」之稱。〔註456〕

嘉凌案：「亡（無）又（有）相臺（擾）」指沒有擾民之事發生。

【3】

出　處	乙12.9／不	乙12.10／見	乙12.11／陵	乙12.12／□
帛書字形				

〔註453〕王力：《王力古漢語字典》，（北京：中華書局，2000年），頁72。
〔註454〕商承祚：〈戰國楚帛書述略〉，《文物》第九期，1964年9月，頁15。
〔註455〕嚴一萍：〈楚繒書新考〉（下），《中國文字》第28冊，1968年3月，頁31。
〔註456〕饒宗頤：〈楚帛書新證〉《楚地出土文獻三種研究》，（北京：中華書局，1993年），頁266。

復原字形				

1. 乙 12.11／陵

《楚帛書》「」字殘泐，嚴一萍〈楚繒書新考〉釋「陵」。〔註457〕李零《長沙子彈庫楚帛書研究》從之，謂：

> 侵陵、陵犯，下字殘，應爲攘奪欺虐一類意思。〔註458〕

嘉凌案：楚簡「陵」字作 （包山簡 2.13），〔註459〕上部訛變或聲化爲「來」形，下端變爲「土」形，帛書「」字下部「土」形雖殘泐，然釋「陵」可從。

2. 乙 12.12／□

《楚帛書》「」字有斷裂，饒宗頤〈楚帛書新證〉釋「西」，謂：

> 西，《說文》或體从木妻作棲，陵西即陵棲，猶言陵遲、陵夷，不於此爲發聲詞，如不迪、不顯之例，言一見陵夷，則災荒至矣。《漢書》顏註：「陵夷，頹替也」，《御覽》卷八八○咎部七有地坼、地陷、地凶。陵夷即此類也。〔註460〕

劉信芳《子彈庫楚墓出土文獻研究》讀「不見陵西」爲「丕顯陵西」，謂：

> 丕顯，顯也，丕爲發語詞……陵西，讀爲陵夷、陵遲，按此謂禮儀之頹替也。〔註461〕

嘉凌案：楚簡「西」字作 （包山簡 2.153），〔註462〕帛書「」字上端明顯有一倒鉤曲筆，然其上方橫筆與「西」字仍有別，故是否爲「西」字

〔註457〕嚴一萍：〈楚繒書新考〉（下），《中國文字》第 28 冊，1968 年 3 月，頁 31。

〔註458〕李零：《長沙子彈庫楚帛書研究》，（北京：中華書局，1985 年），頁 63。

〔註459〕張光裕主編，袁師國華合編：《包山楚簡文字編》，（台北：藝文印書館，民國 81 年），頁 429。

〔註460〕饒宗頤：〈楚帛書新證〉《楚地出土文獻三種研究》，（北京：中華書局，1993 年），頁 266。

〔註461〕劉信芳：《子彈庫楚墓出土文獻研究》，（台北：藝文印書館，民國 91 年），頁 97。

〔註462〕張光裕主編，袁師國華合編：《包山楚簡文字編》，（台北：藝文印書館，民國 81 年），頁 337。

仍有待商榷。由於前段文句爲敘述「無有相擾」的景況，因此季師旭昇認爲
「不見陵□」大約是指某種好的狀態，〔註463〕應可從。

【4】

出 處	乙12.13／是	乙12.14／則	乙12.15／鼠	乙12.16／至
帛書字形				
復原字形				

嘉凌案：「是則鼠（瘋）至」，但是憂禍仍是降至。

【5】

出 處	乙12.17／民	乙12.18／人	乙12.19／弗	乙12.20／智	乙12.21／歲
帛書字形					
復原字形					

饒宗頤〈楚帛書新證〉讀「民人弗智歲」爲「民人弗知歲」，謂：

民人者，《齊鎛》：「與爰之民人都鄙」，《王孫鐘》：「穌潥民人」，爲
春秋以來習語，亦作「人民」，《齊侯壺》：「其人民都邑」……右辭
西、至、歲、祭、遂協韻，此文強調歲祭。〔註464〕

劉信芳《子彈庫楚墓出土文獻研究》連下句讀「民人弗知，歲則有綃祭」。
〔註465〕

〔註463〕感謝季師旭昇寶貴意見。
〔註464〕饒宗頤：〈楚帛書新證〉《楚地出土文獻三種研究》，（北京：中華書局，1993
年），頁266。
〔註465〕劉信芳：《子彈庫楚墓出土文獻研究》，（台北：藝文印書館，民國91年），頁

嘉凌案：由於帛書〈乙篇〉爲討論曆法時日的重要性，且因「歲」字（古音心紐月部）與後文「祭」字（古音精紐月部）協韻，〔註466〕故取饒宗頤先生之斷句，因此「民人弗智歲」即人民不知依歲時曆法行事。

【2】

出　　處	乙12.22／則	乙12.23／無	乙12.24／綯	乙12.25／祭
帛書字形				
復原字形				

《楚帛書》「綯」字，嚴一萍〈楚繒書新考〉疑是「綈」字。〔註467〕李學勤《簡帛佚籍與學術史》釋「綯」，讀「祐」：〔註468〕饒宗頤〈楚帛書新證〉釋「綯」，讀「改」或「懈」，謂：

> 從糸從有，似以有爲聲符，綯，《廣韻・十五海》訓爲「解繩」，與「改」同音。此言民若無知於歲，則祀事須勿改勿懈。綯可讀爲改或懈。〔註469〕

李零《長沙子彈庫楚帛書研究》釋「綯」，讀「收」。〔註470〕何琳儀〈長沙帛書通釋〉認爲從「七」，釋「綯」，謂：

> 疑即「七證」或「七緯」的專用字，因其指日月、五星，故以「月」爲形符。〔註471〕

劉信芳《子彈庫楚墓出土文獻研究》釋「綯」，謂：

> 細審放大照片，此兩小點中間留有空白，故而是「綯」字無誤。帛書甲篇「宵」及包山簡「宵」，其下均從「夕」，然亦多有從「月」

93。

〔註466〕郭錫良：《漢字古音手冊》，（北京：北京大學出版社，1986年），頁148、72。

〔註467〕嚴一萍：〈楚繒書新考〉（下），《中國文字》第28冊，1968年3月，頁31。

〔註468〕李學勤：《簡帛佚籍與學術史》，（南昌：江西教育出版社，2001年），頁38。

〔註469〕饒宗頤：〈楚帛書新證〉《楚地出土文獻三種研究》，（北京：中華書局，1993年），頁266。

〔註470〕李零：《長沙子彈庫楚帛書研究》，（北京：中華書局，1985年），頁63。

〔註471〕何琳儀：〈長沙帛書通釋〉，《江漢考古》第一期，1986年1月，頁57。

　　之例，可參《金文編》「肖」、「宵」，知從夕從月無別也。由此可定
「綃」上字必是「舞」字之假借。「舞綃」者，持綃而舞也。〔註472〕
嘉凌案：綜合上述，「糸」旁無疑，唯左旁諸家學者意見不同，計有「每」、「有」、
「肖」、「肖」四種說法。

　　楚簡「每」字作【字形】（郭店簡・語叢一・簡34），〔註473〕與《楚帛書》「【字形】」
字所從明顯有別，故知釋「緣」不可從。楚簡「有」字作【字形】（包山簡2.123），
從「又」從「肉」，「又」形彎曲，且「肉」形作【字形】（包山簡2.255），與《楚
帛書》「【字形】」字之「月」形（如包山簡2.12作【字形】）筆法有別，故字形並非
從「有」。楚簡「肖」字於偏旁作【字形】（包山簡2.176），「少」形爲兩分開之筆
畫，帛書「【字形】」字明顯爲橫筆，並未有分斷，故字形非從「肖」。楚簡「七」
字作【字形】（包山簡2.110），〔註474〕故帛書「【字形】」字可隸作「綅」，由於此
字並未見於文獻典籍，故確切字義待考。因此「則無綅祭」，大約是指由於人
民不知歲時，因此未行「綅祭」之事。

【3】

出　　處	乙12.26／囗	乙12.27／則	乙12.28／逷	乙12.29／民
帛書字形	【字形】	【字形】	【字形】	【字形】
復原字形	【字形】	【字形】	【字形】	【字形】

1. 乙12.26／囗

　　《楚帛書》「【字形】」字，饒宗頤〈楚帛書新證〉釋「祀」；〔註475〕李零〈《長

〔註472〕劉信芳：《子彈庫楚墓出土文獻研究》，（台北：藝文印書館，民國91年），頁
　　　　96。
〔註473〕張光裕主編，袁師國華合編：《郭店楚簡研究・第一卷・文字編》，（台北：藝
　　　　文印書館，民國88年），頁264。
〔註474〕張光裕主編，袁師國華合編：《包山楚簡文字編》，（台北：藝文印書館，民國
　　　　81年），頁203、317、200、127、。
〔註475〕饒宗頤：〈楚帛書新證〉《楚地出土文獻三種研究》，（北京：中華書局，1993
　　　　年），頁266。

沙子彈庫戰國楚帛書研究》補正〉經目驗帛書，謂非「祀」字；〔註476〕劉信芳《子彈庫楚墓出土文獻研究》釋「齊」，謂：

> 按其字形與包山簡「齊」字相校，最爲相近，因改隸作「齊」，此讀爲「齋」。〔註477〕

嘉凌案：楚簡「齊」字作 ![字形]（包山簡2.7），〔註478〕與《楚帛書》「![字形]」相距甚遠，故釋「齊」不可從。而同爲〈乙篇〉之「祀」字作「![字形]」（乙11.23），或「巳」旁變異與「卩」旁相似作「![字形]」（丙5.3.1），然以此二字與帛書「![字形]」字形相較，除左部偏旁明顯有別外，右旁之筆法亦略有不同，而楚簡「巳」字或作 ![字形]（包山簡2.207）、![字形]（包山簡2.25），均與帛書「![字形]」字右半部字體下方之豎筆明顯不同。

　　而左部偏旁，諸家學者均認爲从「示」。嘉凌案：楚簡「示」字作 ![字形]（天星觀遣策），〔註479〕下端均爲三豎筆，即使爲殘文，如帛書「神」字殘文作「![字形]」，其「示」旁仍舊爲明顯之「三豎筆」，而與左旁相同之「兩豎筆」字形亦見於帛書「![字形]」字（乙11.2），故李零先生目驗非「祀」字之說可從，字形列存疑待考。

2. 乙12.28／遵

　　《楚帛書》「![字形]」字，曾憲通《長沙楚帛書文字編》釋「述」字，讀「遂」；〔註480〕李零〈《長沙子彈庫戰國楚帛書研究》補正〉據目驗釋「返」，〔註481〕劉信芳《子彈庫楚墓出土文獻研究》承李零先生之說，謂：

> 返者，謂行祭齊之禮，則「五位復建」，除凶咎也。〔註482〕

〔註476〕李零：〈《長沙子彈庫戰國楚帛書研究》補正〉《古文字研究》20輯，（北京：中華書局，2000年），頁169。

〔註477〕劉信芳：《子彈庫楚墓出土文獻研究》，（台北：藝文印書館，民國91年），頁96。

〔註478〕張光裕主編，袁師國華合編：《包山楚簡文字編》，（台北：藝文印書館，民國81年），頁462。

〔註479〕滕壬生：《楚系簡帛文字編》，（武漢：湖北教育出版社，1995年），頁20。

〔註480〕曾憲通：《長沙楚帛書文字編》，（北京：中華書局，1993年），頁40。

〔註481〕李零：〈《長沙子彈庫戰國楚帛書研究》補正〉《古文字研究》20輯，（北京：中華書局，2000年），頁169。

〔註482〕劉信芳：《子彈庫楚墓出土文獻研究》，（台北：藝文印書館，民國91年），頁97。

李零〈《長沙子彈庫戰國楚帛書研究》補正〉認爲「民」字應上讀爲「□則返民」，〔註483〕饒宗頤〈楚帛書新證〉認爲「民」字下讀爲「民少又（有）□」〔註484〕

嘉凌案：楚簡「述」字作「（字形）」（望山卜筮簡1），〔註485〕而帛書「（字形）」字下方明顯爲一橫筆，與「述」之兩豎筆有別，故釋「述」非是。而楚簡「反」字作「（字形）」（包山簡2.88），〔註486〕《乙12.28》「（字形）」字「又」形下方明顯有一橫筆，故字形應从「寸」，而从「寸」之字，又可寫爲从「又」，如楚簡「守」字作「（字形）」（郭店簡・老子甲・簡12），或可作「（字形）」（郭店簡・老子甲・簡13）。〔註487〕

而「又」形上方橫筆殘泐不明，因此李零先生目驗可能爲「返」字。然由於上方筆畫不明，故亦有「遻」字之可能，《郭店・五行・簡45》：「耳目鼻口手足六者，心之（字形）（遻）〔註488〕也」，《上博二・容成氏・簡3》亦有此字，讀「役」，〔註489〕據此，上部橫筆爲「一」橫筆或「三」橫筆，即爲釋讀此字之關鍵。由於前段文句言人民未行某祭祀，因此文句應接上天對人民施行某災禍之事，故讀「役民」，〔註490〕較符合文意，「役」有驅使之意，如《荀子・正名》：「夫是之謂以己爲物役矣」，〔註491〕因此「役民」指驅使人民、勞役人民。又由於押韻關係，因此斷爲「□則遻（役）民」，即由於人民未行某祭祀，故上天役使人民。

〔註483〕李零：〈《長沙子彈庫戰國楚帛書研究》補正〉《古文字研究》20輯，（北京：中華書局，2000年），頁169。

〔註484〕饒宗頤：〈楚帛書新證〉《楚地出土文獻三種研究》，（北京：中華書局，1993年），頁266。

〔註485〕張光裕、袁師國華：《望山楚簡校錄》，（台北：藝文印書館，民國93年），頁98。

〔註486〕張光裕主編，袁師國華合編：《包山楚簡文字編》，（台北：藝文印書館，民國81年），頁77。

〔註487〕張光裕主編，袁師國華合編：《郭店楚簡研究・第一卷・文字編》，（台北：藝文印書館，民國88年），頁156。

〔註488〕字形說明見袁師國華：〈《郭店楚墓竹簡・五行》「遻」字考釋〉，《中國文字》新26期，頁169～176。

〔註489〕季師旭昇主編、陳美蘭、蘇建洲、陳嘉凌：《上海博物館藏戰國楚竹書（二）》讀本，（台北：萬卷樓，民國92年），頁117。

〔註490〕感謝季師寶貴意見。

〔註491〕王力：《王力古漢語字典》，（北京：中華書局，2000年），頁294。

【4】

出　處	乙 12.30／少	乙 12.31／又	乙 12.32／□　乙 12.33／□
帛書字形			
復原字形			

　　嘉凌案：《楚帛書》「　」字下方殘泐，故補此句為「少又（有）□」，然由於帛書多四字一句，疑缺字為合文，句義待考。

【5】

出處	乙 12.34／土	乙 13.1／事	乙 13.2／勿	乙 13.3／從	乙 13.4／凶	分段符號
帛書字形						
復原字形						

　　《楚帛書》「土事」，嚴一萍〈楚繒書新考〉釋「土事」，讀「土」為「社」；〔註492〕饒宗頤〈楚帛書新證〉謂：

　　　　《呂覽·音律》：「黃鐘之月，土事無作，慎無發蓋」，秦簡《日書》
　　　　屢見土事。（八一八）土良日云：「土良日，癸巳，乙巳，甲戌。凡
　　　　有土事，必果」，（七六七反）「土忌日，戊己及癸酉，癸未，庚申，

<hr>

〔註492〕嚴一萍：〈楚繒書新考〉（下），《中國文字》第 28 冊，1968 年 3 月，頁 32。

丁未。凡有土事，弗果居」，（七六七反）又土忌云：「十二月乙，不可爲土攻（功）」，（八三三）「春三月寅，夏巳，秋三月申，冬三月亥，不可興土攻（功），必死。申，不可興土攻」，《淮南子・時則》：「仲冬之月，有司曰：土事無作」，此土事即所謂興土動工則凶。安徽阜陽漢簡日書：「日、辰、星皆大凶，不可祭祀，作土事，起眾，益地」（《文物》一九八三・二）。〔註493〕

李零《長沙子彈庫楚帛書研究》謂：

《禮記・月令》：「（仲冬之月）土事毋作」是說冬十一月不宜土，土指農事。又《漢書・天文志》：「塡星所居，國吉。未當居而居之，若已去而復還居之，國得土，不乃得女子。當居不居，既已居之，又東西去之，國失土，不乃失女，不，有土事若女之憂」，則是指土地得失。〔註494〕

嘉凌案：「土事」一詞屢見秦簡，饒宗頤先生已證，由於「從」、「凶」協韻，故此句應讀爲「土事勿從，凶」，即不可興工動土，否則會有凶咎產生。

〔註493〕饒宗頤：〈楚帛書新證〉《楚地出土文獻三種研究》，（北京：中華書局，1993年），頁267。

〔註494〕李零：《長沙子彈庫楚帛書研究》，（北京：中華書局，1985年），頁63～64。

第四章　《楚帛書》丙篇文字考釋

第一節　《楚帛書》丙篇之一〔春〕

壹、釋　文

曰取（陬）。云則至，不可以□殺，壬子、丙子凶，乍（作）
□北征，衝（率）有咎，武于□其敵□。

取（陬）于下

曰女（如）。可以出帀（師），籔（築）邑，不可以家（嫁）
女，取臣妾不火寻（得），不成□。

女（如）北（必）武

曰秉（病）……妻畜生分女□……

秉（病）司春

貳、校　注

曰取（陬）【1】。云（雲）則至【2】，不可以□殺【3】，壬子、丙子凶【4】，

乍（作）□北征【5】，衛（率）有咎【6】，武于□其敞□【7】

取（陬）于下【8】

【1】

出　　處	丙 1.1.1／曰	丙 1.1.2／取
帛書字形		
復原字形		

　　李學勤〈補論戰國題銘的一些問題〉首先推測帛書〈丙篇〉十二段邊文中的第一行「曰」字下與書寫於神祇圖旁之三字之首字為十二個月神名，也就是《爾雅・釋天》中十二月月名，〔註1〕並以對照表說明：

	帛書	《釋天》
正月	取	陬（娵）
二月	女	如
三月	秉	窝（窝）
四月	余	余（舒）
五月	欲	皋（高）
六月	虘	且
七月	倉	相
八月	臧	壯
九月	玄	玄
十月	昜	陽
十一月	姑	辜
十二月	荃	涂（荼）

　　其後，諸家學者據此展開研究，商承祚〈戰國楚帛書述略〉列「事司春」為起始；〔註2〕嚴一萍〈楚繒書新考〉以「取于下」為起始，謂《楚帛書》「」

────────────────

〔註1〕李學勤：〈補論戰國題銘的一些問題〉，《文物》第七期，1960年7月。

〔註2〕商承祚：〈戰國楚帛書述略〉，《文物》第九期，1964年9月，頁17。

字，謂：

> 取讀聚，與陬同。《爾雅·釋天》陬爲正月。案郭注：「《離騷》云攝
> 提貞於孟陬」，郝氏《義疏》曰：「陬者，虞喜以爲陬訾，是也。按
> 陬訾星名，即營室東壁正月，日在營室，日月會陬訾，故以孟陬爲
> 名。《說文·敘》云：孟陬之月。《漢書·劉向傳》云：攝提失方孟
> 陬無紀。《史記·曆書》月名畢聚，聚與陬同」，繒書以取爲孟春之
> 月，與《爾雅》同。〔註3〕

李零〈《長沙子彈庫戰國楚帛書研究》補正〉謂：

> 章題第一字是月名兼神名，第二、三字不是神名，而與各章内容有
> 關，第一種是表示月神職司，如「秉司春」、「虞司夏」、「玄司秋」、
> 「荼司冬」；一種是隱括原文内容，如下章涉及「出師」，題目作「如
> 此武」，第四章講「取女」，題目作「余取女」，三字仍應連讀。「取
> 于下」，疑即攝提之義。〔註4〕

劉信芳《子彈庫楚墓出土文獻研究》認爲一般先讀「取于下」，再讀「日
取」未妥，故以湯炳正先生意見，謂：

> 一般帛書論著均將「秉司春」署於「曰秉」之前，依帛書的行文行
> 款，湯炳正先生的意見是正確的。「曰秉」可看作「三月曰秉」之省，
> 因帛書已由神祇圖的位置標明了月次，故有省略。〔註5〕

嘉凌案：李學勤先生釋《楚帛書》十二月神與《爾雅》十二月名相同，其說
甚是，已爲學界定論。據此，《楚帛書》「取于下」爲一月月名無疑，故商承
祚先生以「事司春」爲首月不可從。細審《楚帛書》行款，皆由外至內、由
右而左方式書寫，並由三部分所構成，一爲說明本月宜忌之文字，「曰」下第
二字爲該月名，文末有段落結束符號；二爲該月之神祇圖；三書寫於神祇圖
旁，由每章內容中取三字，第一字與內文月名相同，因此既是月名也是神名，
第二、三字與各章內容有關，故李零先生之說可從。而《楚帛書》行款書寫

〔註3〕嚴一萍：〈楚繒書新考〉（中），《中國文字》27冊，1968年，頁17。

〔註4〕李零：〈《長沙子彈庫戰國楚帛書研究》補正〉《古文字研究》第二十輯，（北
　　　京：中華書局，2000年3月），頁173。

〔註5〕湯炳正先生曰：「秉司春」之前，當依丙篇原文，先列三月「曰秉」句，則
　　　「秉司春」的「秉」字才生根，餘如正月「曰取」，二月「曰女」，……類推，
　　　劉信芳：《子彈庫楚墓出土文獻研究》，（台北：藝文印書館，民國91年），
　　　頁130。

方式皆爲由右而左，如下：

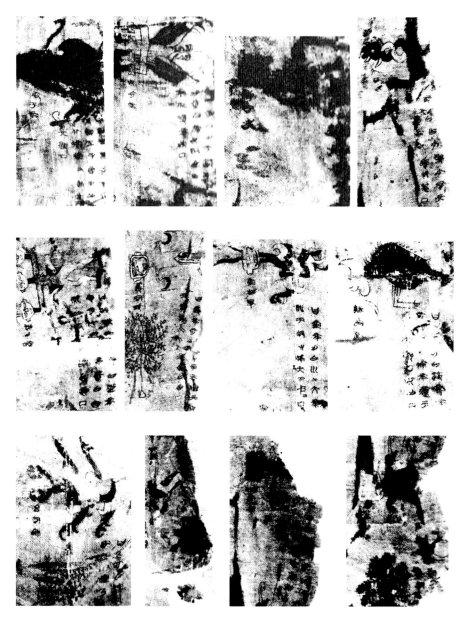

　　因此本論文釋讀順序以行款形式爲則，取劉信芳先生釋讀順序。故「日取」，即一月稱爲取，爲《爾雅》陬月。

【2】

出　　處	丙1.1.3／云	丙1.1.4／則	丙1.1.5／至
帛書字形			
復原字形			

　　《楚帛書》「乙」字，嚴一萍〈楚繒書新考〉以鄂君啓節「𢎻」字所從，釋「巳」。〔註6〕饒宗頤〈楚帛書新證〉釋「乙」，謂：

> 《說文》：「乙，玄鳥也，魯、齊謂之乙，取其鳴自呼。象形，𠃉或從鳥」，漢象牙七星盤十二神有大乙（《雙劍誃古器物圖錄》二‧三九），它書作太一，乃借乙（𠃉）爲乙。……《禮記‧月令》：「仲春之月，玄鳥至」，今帛書言取（正月）而𠃉至，相差一月，殆由古時所傳〈月令〉有異本。〔註7〕

　　何琳儀〈長沙帛書通釋〉釋「巳」讀「範」，謂：

> 中山王圓壺 𦩵（艴）、《古璽彙編》𣏟（枇）0054、𨏍（䡅）1825、𦩚（郒）2169、𦩚（即肥，古姓氏，肥從巳聲，《說文》從卩，殊誤，吳振武《古璽彙編釋文訂補及分類修訂》亦釋肥，見香港古文字研討會論文集）3272、𨏍（䡅）等字所從之「巳」與帛書「乙」均爲一字，……帛書「巳」讀如「範」。《說文》「範，軷也，從車范省聲（當云巳聲）」，「軷，出將有事於道，必先告其神」，帛書「巳」爲祖道之祭。〔註8〕

　　李學勤《簡帛佚籍與學術史》釋「巳」讀「犯」，謂：

> 犯據《說文》意思是侵，帛書是說如舉兵侵伐，能達到目的地，但不可殺戮。〔註9〕

〔註6〕嚴一萍：〈楚繒書新考〉（中），《中國文字》27冊，1968年，頁17。

〔註7〕饒宗頤：〈楚帛書新證〉《楚地出土文獻三種研究》，（北京：中華書局，1993年），頁268。

〔註8〕何琳儀：〈長沙帛書通釋〉，《江漢考古》第二期，1986年2月，頁83。

〔註9〕李學勤：《簡帛佚籍與學術史》，（南昌：江西教育出版社，2001年），頁58。

朱德熙〈長沙帛書考釋（五篇）〉釋爲「云」，﹝註10﹞無說明。

嘉凌案：據前賢學者意見，《楚帛書》「乙」字有「乞」、「巴」、「云」三種說法。「乞」字楚簡未見；楚簡「巴」字未見單字，於偏旁有兩型：一爲前端填實塗黑之形，如：靯（包山簡 2.93 靯字所从）、髢（郭店簡・語叢三・簡 45 塑字所从）、肥（包山簡 2.202 肥字所从）；﹝註11﹞二爲前端虛空之形，如：靯（包山簡 2.21 靯字所从）、外（天星觀卜筮簡肥字所从），﹝註12﹞細審「巴」前端填實字形，其下方筆畫爲轉折或豎直，與末端爲彎曲筆法的《楚帛書》「乙」字形並不相同，故亦非「巴」字。

楚簡「云」字作 乙（《郭店簡・緇衣・簡 35》）、乙（《上博三・恆先・簡 4》）、乙、山（上博七・君人者何必安哉甲乙，簡 9），﹝註13﹞均與《楚帛書》「乙」字同形，故釋「云」無誤，於此處可讀爲「雲」。

《說文》：「雲，山川气也。从雨，云象雲回轉形，凡雲之屬皆从雲。云，古文省雨。」﹝註14﹞雲本是自然現象，但經過陰陽五行及讖緯之學影響，意義開始玄化，由於「天人感應」學說，古人相信天上的雲氣能預示吉凶，古人運用雲氣占候在春秋時代已有文獻記載，如《國語・晉語》載有晉獻公在西元前六六一年之前一次田獵中，見「翟柤之氛」，因而攻伐翟柤的故事，﹝註15﹞而這些雲氣大多是由天子或猛將所造成，如《史記・高祖本紀》：

呂后與人俱求，常得之，高祖怪問之，呂后曰：「季所居，上常有雲

﹝註10﹞ 朱德熙：〈長沙帛書考釋（五篇）〉《朱德熙古文字論集》，（北京：中華書局，1995 年），頁 207。

﹝註11﹞ 張光裕主編，袁師國華合編：《郭店楚簡研究・第一卷・文字編》，（台北：藝文印書館，民國 88 年），頁 261；張光裕主編，袁師國華合編：《包山楚簡文字編》，（台北：藝文印書館，民國 81 年），頁 362、318。

﹝註12﹞ 張光裕主編，袁師國華合編：《包山楚簡文字編》，（台北：藝文印書館，民國 81 年），頁 362；滕壬生：《楚系簡帛文字編》，（武漢：湖北教育出版社，1995 年），頁 346。

﹝註13﹞ 張光裕主編，袁師國華合編：《郭店楚簡研究・第一卷・文字編》，（台北：藝文印書館，民國 88 年），頁 16；馬承源：《上海博物館藏戰國楚竹書》（三），（上海：古籍出版社，2003 年），頁 292；馬承源：《上海博物館藏戰國楚竹書》（七），（上海：古籍出版社，2008 年），頁 61、73。

﹝註14﹞ 〔東漢〕許慎撰・〔清〕段玉裁注：《說文解字注》，（台北：黎明文化事業股份有限公司，民國 63 年），頁 580。

﹝註15﹞ 左丘明：《國語》，（上海：古籍出版社，1978 年），卷七，頁 266～267。

氣，故從往，常得季」。〔註16〕

　　而長沙馬王堆三號漢墓帛書中的《天文氣象雜占》〔註17〕中除記錄了當時「雲占」的情況，並以圖像作為說明，如：

楚雲如日而白	圖形為日
趙雲	圖形為一牛
中山雲	圖形為一牛
燕雲	圖形為一株大樹
秦雲	圖形為一女子

其中有許多關於雲的占辭，多與戰爭有關，如「不出五日，大戰，主人勝」，「氣雲所出作，必有大亂，兵也」，「雲白，來戰，多貴人死」，而後世唐代李淳風《乙巳占》第九卷更詳列「將軍氣象、軍勝氣象、軍敗氣象、城勝氣象、屠城氣象、伏兵氣象、暴兵氣象、戰陣氣象、圖謀氣象、吉凶氣象、九土異氣象」〔註18〕等內容，因在戰爭的時候，眾多的士兵也因他們的情緒而顯示出不同的雲氣，因此占候雲氣的書籍多與行軍攻戰有關，可見雲氣與軍事的重要關係，故《楚帛書》丙篇以「云（雲）」至，呈現出戰爭的某種狀態。

　　而敦煌殘卷中有《占雲氣書》一殘卷，其中之《觀雲章》有文句謂：

　　　丙丁日，有雲黑，不可攻

　　　庚辛日，赤雲，不可攻

　　　戊己日，青雲，不可攻

　　　壬癸日，有黃雲，不可攻〔註19〕

與帛書「云（雲）則至，不可以□殺」，文義相符，文句相似，由於帛書〈丙篇〉內容為說明每月之月忌，因此「云（雲）則至，不可以□殺」，應為古人觀測天象的經驗，即若有某種云氣之象於本月至，則不可進行殺伐之事，否則會有凶咎災厄產生。

〔註16〕〔日〕瀧川龜太郎：《史記會注考證》，（台北：萬卷樓，1993年），頁163。

〔註17〕釋文發表於《中國文物》第一期，《文物》1979年1月；顧鐵符：〈馬王堆帛書《天文氣象雜占》內容簡述〉《文物》第二期，1978年2月，頁1～4。

〔註18〕〔唐〕李淳風：《乙巳占》歸安：陸氏，清光緒己卯年。

〔註19〕何丙郁、何冠彪合著：《敦煌殘卷占雲氣書研究》，（台北：藝文印書館，民國74年），頁64～66。

【3】

出　　處	丙1.1.6／不	丙1.1.7／可	丙1.1.8／以	丙1.2.1／□	丙1.2.2／殺
帛書字形					
復原字形					

《楚帛書》「殺」字，李零《長沙子彈庫楚帛書研究》釋「殺」，謂：

> 殺，與《說文》殺字的古文**㣇**、**杀**，特別是《侯馬盟書》的殺字（**殺**）非常相像，這裡釋為殺。我國古代月令之書皆以春正月為養生之時，忌諱獵殺動物，帛書這句話可能是同樣意思。〔註20〕

何琳儀〈長沙帛書通釋〉釋「穀」，謂：

> 從禾與從木往往互作，……然則**殺**與三體石經《僖公》「叡」作「**杀**」實為一字，《說文》「叡，楚人謂卜吉凶曰叡」。〔註21〕

嘉凌案：楚簡未見「叡」，其偏旁「祟」字作**祟**（包山簡2.236），〔註22〕與《楚帛書》「**殺**」之左旁完全不同，故應非從「祟」字。楚簡「殺」字作**殺**（包山簡2.83），右半從「攴」，左半偏旁與《楚帛書》「**殺**」字同形；或下端加橫筆作**殺**（包山簡2.121）；或下端變化與「火」形相似作**殺**（郭店簡・性字命出・簡30）；或字體分離作**殺**（包山簡2.136）。〔註23〕細審《楚帛書》「**殺**」字右部從「殳」，而楚簡「攴」、「殳」常互作，如「政」字亦從「殳」作**政**（郭店簡・語叢一・簡67）、「教」字亦從「殳」作**教**（郭店簡・語叢一・簡61 教學合文），〔註24〕故《楚帛書》「**殺**」字應釋為「殺」，然從「殳」之殺字，目前

〔註20〕李零：《長沙子彈庫楚帛書研究》，（北京：中華書局，1985年），頁74。

〔註21〕何琳儀：〈長沙帛書通釋〉，《江漢考古》第二期，1986年2月，頁83。

〔註22〕張新俊：〈釋新蔡竹簡中的"祟"（祟）〉，簡帛網，2006年5月3日；袁師國華：《《新蔡葛陵楚墓竹簡》文字考釋〉《康樂集——曾憲通教授七十壽慶論文集》，（廣州：中山大學出版社，2006年），頁128。

〔註23〕張光裕主編，袁師國華合編：《包山楚簡文字編》，（台北：藝文印書館，民國81年），頁228；張光裕主編，袁師國華合編：《郭店楚簡研究・第一卷・文字編》，（台北：藝文印書館，民國88年），頁274。

〔註24〕張光裕主編，袁師國華合編：《郭店楚簡研究・第一卷・文字編》，（台北：藝

僅見於《楚帛書》。

　　《丙1.2.1》字形殘作「」，諸家未釋，細審字形似上為「臼」形下為「人」形之殘，故疑為「毀」字，如《郭店簡・成之聞之・簡10》「毀」字作「」，「毀」與下文「殺」字同義。由於下段文句有「北征」一詞，且本篇內容又與戰爭相關，故「不可以□殺」應指不可以為戰爭殺伐，而非指獵殺動物之事。

【4】

出處	丙1.2.3／壬	丙1.2.4／子	丙1.2.5／丙	丙1.2.6／子	丙1.2.7／凶
帛書字形					
復原字形					

　　嘉凌案：《淮南子・天文》曰：「壬子干丙子，雹」、「丙子干壬子，星墜」，[註25]此可為帛書所言「凶」之注腳，因此「壬子丙子凶」即正月時若逢壬子、丙子日時則為凶日；抑或與前段文句相關，即於壬子、丙子日不利於爭伐，若行爭戰則會有凶咎產生。

【5】

出　　處	丙1.2.8／乍	丙1.3.1／□	丙1.3.2／北	丙1.3.3／征
帛書字形				
復原字形				

　　文印書館，民國88年），頁221、418。

〔註25〕〔漢〕劉安：《淮南子》，台北：臺灣中華書局，1965年，頁16。

1. 丙1.2.8／乍

《楚帛書》「 」字，饒宗頤〈楚帛書新證〉釋「乍」讀「作」，連下句「率又咎」，謂：

> 正月出師不宜北方。此古兵陰陽家言。《荀子·儒效篇》楊倞註引《尸子》云：「武王伐紂，魚辛諫曰：歲在北方，不宜北征，武王不從」，以太歲在北方，故不宜北征。……故是月北征，不利主帥，以太歲當衝故也。〔註26〕

嘉凌案：楚系簡帛文字「乍」字作 （楚帛書乙7.29）；或中間筆畫貫穿作 （郭店簡·忠信之道·簡6）、 （包山簡2.225复字所从）；或中間橫筆收束作 （郭店簡·緇衣·簡2）；或中間橫筆簡省作 （包山簡2.207复字所从），字形與楚簡「亡」字相似；或橫筆簡省作 （ ）（信陽簡1.01怎字所从），〔註27〕帛書「 」字即與此形相同，故可釋為「乍」，讀「作」。

2. 丙1.3.1／□

《丙1.3.1》字，嚴一萍〈楚繒書新考〉釋「出」。〔註28〕

嘉凌案：楚簡「出」字作 （包山簡2.197）；或作 （包山簡2.18）；或兩邊筆畫對稱作 （包山簡2.201），〔註29〕然據放大之字形，《丙1.3.1》之「 」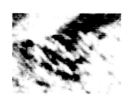形上方明顯有筆畫，故與「出」字筆畫略有別，故釋「出」不可從。

細審《丙1.3.1》之「 」形左方筆畫似乎有斷裂，因此疑另有筆畫，由於楚簡中「止」形與「彳」形多並出，故疑《丙1.3.1》為从「辵」之殘字，待考。「作□北征」，大約指進行北征之事。

〔註26〕饒宗頤：〈楚帛書新證〉《楚地出土文獻三種研究》，（北京：中華書局，1993年），頁269。

〔註27〕張光裕主編，袁師國華合編：《郭店楚簡研究·第一卷·文字編》，（台北：藝文印書館，民國88年），頁27；張光裕主編，袁師國華合編：《包山楚簡文字編》，（台北：藝文印書館，民國81年），頁77；河南省文物研究所：《信陽楚墓》，（北京：文物出版社，1986年），圖版113。

〔註28〕嚴一萍：〈楚繒書新考〉（中），《中國文字》27冊，1968年，頁18。

〔註29〕張光裕主編，袁師國華合編：《包山楚簡文字編》，（台北：藝文印書館，民國81年），頁64。

【6】

出　　處	丙 1.3.4／衛	丙 1.3.5／又	丙 1.3.6／咎
帛書字形			
復原字形			

　　《楚帛書》「衛」字，嚴一萍〈楚繒書新考〉釋「率」；〔註30〕饒宗頤〈楚帛書新證〉釋「率」，讀「帥」，認爲是將帥之意；〔註31〕何琳儀〈長沙帛書通釋〉釋「率」，認爲是語首助詞，無義。〔註32〕

　　嘉凌案：《楚帛書》「衛」字履見於楚簡，如（包山簡2.74），故釋爲「衛」字無疑；或簡省中間「幺」形作（上博一‧緇衣‧簡17）。〔註33〕《說文》：「衛，將衛也」，段玉裁注：「將，如鳥將雛之將，衛，今之率字」，〔註34〕故「衛」即「率」，於此應爲「率領」之意。「衛（率）又（有）咎」即率領出征殺伐，會有凶咎產生，與上文「北征」文義相符。

【7】

出處	丙 1.3.7／武	丙 1.3.8／于	丙 1.4.1／□	丙 1.4.2／元	丙 1.4.3／敓	分段符號
帛書字形						

〔註30〕嚴一萍：〈楚繒書新考〉（中），《中國文字》27 冊，1968 年，頁 18。

〔註31〕饒宗頤：〈楚帛書新證〉《楚地出土文獻三種研究》，（北京：中華書局，1993 年），頁 269。

〔註32〕何琳儀：〈長沙帛書通釋〉，《江漢考古》第二期，1986 年 2 月，頁 84。

〔註33〕張光裕主編，袁師國華合編：《包山楚簡文字編》，（台北：藝文印書館，民國 81 年），頁 224；馬承源：《上海博物館藏戰國楚竹書》（一），（上海：古籍出版社，2003 年），頁 61。

〔註34〕〔漢〕許慎撰‧〔清〕段玉裁注：《說文解字注》，（台北：黎明文化事業股份有限公司，民國 63 年），頁 79。

復原字形						

　　《楚帛書》「」字，朱德熙〈長沙帛書考釋（五篇）〉釋「歊」，文義未說明；〔註35〕何琳儀〈長沙帛書通釋〉原以爲从「簟」之初文，疑「撢」之異文，〔註36〕後〈長沙帛書通釋校補〉從朱德熙先生釋，認爲是「揭」之異文。〔註37〕

　　嘉凌案：《楚帛書》「」字形又見於《郭店簡》：

　　　　《緇衣‧簡40》：句（苟）又（有）車，必見其。

　　　　《語叢四‧簡10》：車之塋酺，不見江沽（湖）之水。佁（匹）

　　　　婦禺（愚）夫，不智（知）其向（鄉）之小人、君子。

　　《緇衣》注101云：

　　　　從朱德熙先生釋（《長沙帛書考釋》，《古文字研究》第十九輯），歊，

　　　　于此讀作「弼」，字亦通作「茀」，《詩‧衛風‧碩人》「翟茀以朝」，

　　　　傳「茀，蔽也」，即車蔽。裘按：今本此字作「軝」，「歊」从「曷」

　　　　聲，疑可讀作「蓋」，指「車蓋」。〔註38〕

　　《語叢四》注8云：

　　　　歊，從朱德熙先生釋，讀作「弼」，字亦通作「茀」，茀，車蔽。裘

　　　　按：「車歊」疑當讀爲「車蓋」，參看《緇衣》注101。〔註39〕

　　陳高志〈郭店楚墓竹簡緇衣篇部分文字隸定檢討〉讀「軤」；〔註40〕劉曉東〈郭店楚簡緇衣初探〉讀「轚（鐈）」；〔註41〕白於藍〈釋〉認爲「」字，从「丙」「呂」聲，讀作「禦」，謂：

　　　　唐蘭先生認爲「丙」字本象簟形，李孝定先生進而指出「丙」本即

〔註35〕朱德熙：〈長沙帛書考釋（五篇）〉《朱德熙古文字論集》，（北京：中華書局，1995年），頁207～208。

〔註36〕何琳儀：〈長沙帛書通釋〉，《江漢考古》第二期，1986年2月，頁84。

〔註37〕何琳儀：〈長沙帛書通釋校補〉，《江漢考古》第四期，1989年4月，頁52。

〔註38〕荊門市博物館編著：《郭店楚墓竹簡》，（北京：文物出版社，1998年），頁136。

〔註39〕荊門市博物館編著：《郭店楚墓竹簡》，（北京：文物出版社，1998年），頁218。

〔註40〕陳高志：〈郭店楚墓竹簡緇衣篇部分文字隸定檢討〉《張以仁先生七秩壽慶論文集》，（台北：學生書局，1999年）。

〔註41〕劉曉東：〈郭店楚簡緇衣初探〉，《蘭州大學學報》第四期，2000年4月。

「簞」字古文，此正與車前之「禦」本是一種簞席相合。〔註42〕

李零《郭店楚簡校讀記（增訂本）》讀「轍」，〔註43〕劉信芳〈郭店簡《語叢》文字試解（七則）〉亦讀爲「車轍」，謂：

> 意爲苟有車，必見其馳行之轍也。〔註44〕

張富海《郭店楚簡〈緇衣〉篇研究》引《古文四聲韻·薛韻》所引古《老子》（䡅）和《義雲章》（䡅）之「轍」字右所從與此字形左旁形近，疑就應釋爲「敊」；〔註45〕而季師旭昇分析《郭店簡·語叢四·簡10》認爲：「車䡅之莖酶，不見江沽（湖）之水」之「車䡅」當釋爲「車轍」，謂：

> 上博一䡅字，亦當釋「轍」，「轍」（澄紐月部），今本《禮記·緇衣》作「軾」（審紐職部），二字上古聲均屬舌頭，職部月職旁轉雖不多見，但確有其例（《古音學發微》頁1058），是今本以音義俱近而改「轍」爲「軾」，又《上博三·周易》簡32「六晶（三），見車䡅」，徐在國以爲字亦當釋「轍」今本《周易》作「見輿曳」（喻紐月部），「轍」、「曳」二字音近可通（〈上博竹書（三）《周易》釋文補正〉）。
> 〔註46〕

嘉凌案：季師分析「敊」字於字形、音理，及文義上俱有證據，可從，故帛書「䡅」字應釋爲「敊」，而其左旁之「弜」形亦見於：

> 《上博一·緇衣·簡20》：句（苟）又（有）車，北（必）視（見）其䡅。
>
> 《上博三·周易·簡32》：六晶（三），見車䡅。〔註47〕
>
> 《包山簡2.88》：䁀䡅〔註48〕

〔註42〕 白于藍：〈釋敊〉《古文字研究》24輯，（北京：中華書局，2002年），頁357。
〔註43〕 李零：《郭店楚簡校讀記（增訂本）》，（北京：北京大學出版社，2002年），頁65。
〔註44〕 劉信芳：〈郭店簡《語叢》文字試解（七則）〉《簡帛研究2001》，（廣西：廣西師範大學出版社，2001年），頁205；又見〈郭店簡《緇衣》解詁〉《郭店楚簡國際學術研討會論文集》，（湖北：人民出版社，2000年），頁177。
〔註45〕 張富海：《郭店楚簡〈緇衣〉篇研究》，北京大學碩士論文，2002年，頁30。
〔註46〕 季師旭昇主編，陳霖慶、鄭玉姍、鄒濬智合撰：《上海博物館藏戰國楚竹書（一）》讀本，（台北：萬卷樓出版社，2004年），頁140。
〔註47〕 陳佩芬謂：「字待考，郭店簡作歈，今本作軾。」馬承源主編：《上海博物館藏戰國楚竹書》（一）（上海：古籍出版社，2001年），頁196；馬承源主編：《上海博物館藏戰國楚竹書》（三），（上海：古籍出版社，2003年），頁180。

《上博七‧凡物流形甲本‧簡18》：是謂少（小）（徹），奚謂少

（小）（徹）？〔註49〕

《上博一》與《郭店簡》之文句相同，故應爲添加「車」旁強調「車轍」之

意；《上博三‧周易》整理者釋「」爲「過」，徐在國〈上博三《周易》補

正〉釋爲「轍」，義爲「車迹」，〔註50〕據前文論述，釋「轍」可從；而《包

山簡2.88》「」字，文義爲人名，滕壬生《楚系簡帛文字編》釋從「夷」從

「曷」，〔註51〕現在看來，應該可以改釋爲從「夷」從「散」省爲是。故「武

于□亓散」，乃由於前段文句之「率有咎」，於是產生與不利征戰之某事，確

切句意待考。

【8】

出　　處	丙 1.5.1／取	丙 1.5.2／于	丙 1.5.3／下
帛書字形			
復原字形			

　　嘉凌案：「取于下」爲本章一月之章題，第一字爲月名及神名無疑，第二、

三字應與本章節月忌內容相關。由於本章爲勸阻人民不可以殺伐，行事須有

限度，否則會有凶咎，如《易經》「潛龍勿用」下注：「以上言之則不驕以下，

言之則不憂反覆，皆道也」，〔註52〕因此「取于下」應爲告誡一月時應持守下

位，蓄積根本，方能持盈保泰。

<hr>

〔註48〕滕壬生：《楚系簡帛文字編》，（武漢：湖北教育出版社，1995年），頁782，
　　　　文義爲人名。

〔註49〕曹錦炎謂：「散，讀爲徹，徹從散聲可以相通，《說文》「徹，通也」，……引
　　　　申爲通達、通曉。」馬承源主編：《上海博物館藏戰國楚竹書》（七），（上海：
　　　　古籍出版社，2008年），頁257。

〔註50〕徐在國：〈上博三《周易》補正〉，簡帛研究網站2004年4月24日。

〔註51〕滕壬生：《楚系簡帛文字編》，（武漢：湖北教育出版社，1995年），頁782。

〔註52〕〔清〕阮元校勘：《周易》，十三經注疏本，（台北：藝文印書館，民國78年），
　　　　頁12。

曰女（如）【1】。可以出帀（師）、籔（築）邑【2】，不可以家（嫁）女【3】，取臣妾不火尋（得）【4】，不成□【5】

女（如）北（必）武【6】

【1】

出　　處	丙 2.1.1／曰	丙 2.1.2／女
帛書字形		
復原字形		

《楚帛書》「」字，嚴一萍〈楚繒書新考〉釋「女」，謂：

> 《爾雅・釋天》：「二月爲如」，案《白虎通・嫁娶》、《大戴禮・本命篇》、及《玉篇》皆言：「女者，如也」，郝氏《爾雅義疏》曰：「如者，隨從之義；萬物相隨而出，如如然也」。〔註53〕

嘉凌案：「曰女」，即二月稱爲「女（如）」。

【2】

出處	丙 2.1.3／可	丙 2.1.4／以	丙 2.1.5／出	丙 2.1.6／帀	丙 2.1.7／籔	丙 2.1.8／邑
帛書字形						
復原字形						

嘉凌案：「可以出帀（師）籔（築）邑」，即二月時，可以出兵，亦可以建築都邑。

〔註53〕嚴一萍：〈楚繒書新考〉（中），《中國文字》二十七冊，1968 年，頁 19。

【3】

出處	丙 2.2.1／不	丙 2.2.2／可	丙 2.2.3／以	丙 2.2.4／家	丙 2.2.5／女
帛書字形	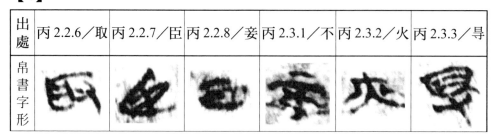				
復原字形					

《楚帛書》「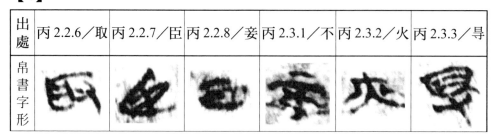」字,嚴一萍〈楚繒書新考〉釋「爲」,「爲女」讀「爲汝」;〔註54〕饒宗頤〈楚帛書新證〉釋「家」,「家女」讀「嫁女」。〔註55〕

嘉凌案:楚簡「爲」字作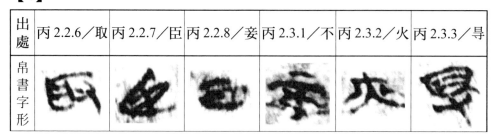(包山簡 2.5),或簡省下方橫筆作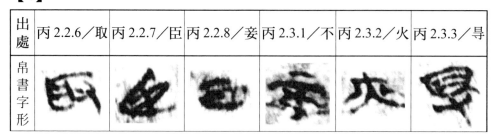(包山簡 2.16),〔註56〕與《楚帛書》「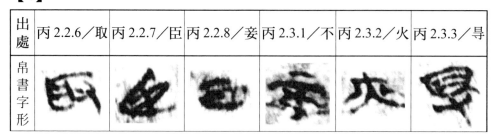」字明顯有別,故釋「爲」不可從。楚簡「家」字作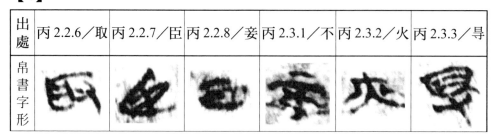(包山簡 2.218);或下加橫筆作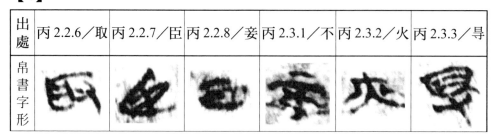(包山簡 2.226);或頭形略有變化作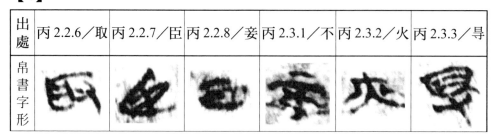(包山簡 2.236)、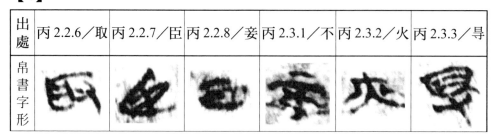(包山簡 2.202);或簡省「爪」形作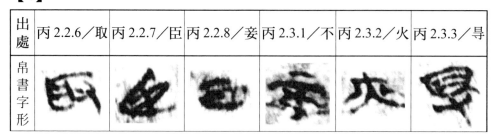(郭店簡·唐虞之道·簡 26),〔註57〕然此類字形較爲少見。

雖然帛書「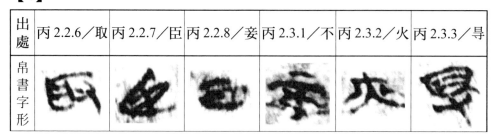」字下方「豕」形之筆法與其他楚簡稍有不同,然依字形應可釋爲「家」。「不可以嫁女」,即本月不可以嫁女。

【4】

出處	丙 2.2.6／取	丙 2.2.7／臣	丙 2.2.8／妾	丙 2.3.1／不	丙 2.3.2／火	丙 2.3.3／导
帛書字形						

〔註54〕嚴一萍:〈楚繒書新考〉,(中)《中國文字》二十七冊,1968 年,頁 20。

〔註55〕饒宗頤:〈楚帛書新證〉《楚地出土文獻三種研究》,(北京:中華書局,1993年),頁 270。

〔註56〕張光裕主編,袁師國華合編:《包山楚簡文字編》,(台北:藝文印書館,民國81 年),頁 239。

〔註57〕張光裕主編,袁師國華合編:《包山楚簡文字編》,(台北:藝文印書館,民國81 年),頁 240;張光裕主編,袁師國華合編:《郭店楚簡研究·第一卷·文字編》,(台北:藝文印書館,民國 88 年),頁 160。

復原字形					

1. 丙2.2.8／妾

《丙2.2.8》字，嚴一萍〈楚繒書新考〉疑是「妾」字，謂：

> 以下半所見似爲「女」字，上半當有剝落。疑是「妾」字。臣妾古人恆語，《書・費誓》：「馬牛其風，臣妾逋逃」，《傳》：「役人賤者，男曰臣，女曰妾」，臣妾又見下第二段第二節。〔註58〕

李學勤《簡帛佚籍與學術史》謂：

> 臣下一字，學者多以爲「妾」，但諦視照片，字似有折疊，有待進一步觀察。「夾」有輔佐之義，所以這裡說的或許是臣僚而不是臣妾。〔註59〕

嘉凌案：諸家學者多從嚴一萍先生之說，認爲此殘形爲「女」字之殘，連讀上方「臣」字，而釋爲「妾」，如饒宗頤〈楚帛書新證〉認爲：「摹字即作『女』形」。〔註60〕然楚簡「妾」字作 ![妾](包山簡2.173)，〔註61〕且《楚帛書》同篇亦有「妾」字作 ![妾]（丙5.3.8），細審《丙2.2.8》字，其殘形與「女」字筆法不類，明顯爲「立」形之上橫筆，故《丙 2.2.8》應爲「立」形之殘筆，經擠壓而稍有變形。

2. 丙2.3.2／火

《楚帛書》「![火]」字，嚴一萍〈楚繒書新考〉疑是「亦」字；〔註62〕饒宗頤〈楚帛書新證〉釋「火」，謂：

> 《左傳》梓慎言「鄭言不火」。《史記・天官書》云：「有主命不成」。

〔註58〕嚴一萍：〈楚繒書新考〉（中），《中國文字》二十七冊，1968年，頁20。

〔註59〕李學勤：《簡帛佚籍與學術史》，（南昌：江西教育出版社，2001年），頁58。

〔註60〕饒宗頤：〈楚帛書新證〉《楚地出土文獻三種研究》，（北京：中華書局，1993年），頁270。

〔註61〕張光裕主編，袁師國華合編：《包山楚簡文字編》，（台北：藝文印書館，民國81年），頁115。

〔註62〕嚴一萍：〈楚繒書新考〉（中），《中國文字》二十七冊，1968年，頁20。

「不火」、「不成」，語皆同此。〔註63〕

李零《長沙子彈庫楚帛書研究》釋「夾」，或釋「亦」（从夾所從兩人字為起筆帶頓挫的兩點），讀「兼」，謂：

今按此字形與中山王墓《兆域圖》銅版「闊閊（狹）」的閊字所從夾相同應釋為夾，夾，古音為談部字，這裡讀兼，謂可以出師、築邑，則不可嫁女、取臣妾，二事不可兼而得之。〔註64〕

嘉凌案：綜合學者意見，共有「夾」、「亦」、「火」三種說法，楚簡「夾」字作 （筆者摹字：夾）（信陽簡2.07），〔註65〕與《楚帛書》「火」字相較，「大」形下筆畫有別，釋「夾」非是。

楚簡「亦」字作 （信陽簡1.06），〔註66〕於偏旁或上橫筆作 （曾侯簡123鞅字所從），〔註67〕然均為左下一撇筆，右下兩撇筆，與帛書「火」有別，故非「亦」字。而楚簡「火」字於偏旁作 （信陽簡2.013綊字所從）；或於上方加橫筆作 （望山簡2.21綊字所從），筆法與帛書「火」字完全相同；或橫筆變為兩端撇筆作 （天星觀遣策簡灼字所從），〔註68〕然此類字形較為少見。

「不火尋（得）」之「火」，於此應是說明「尋（得）」的狀態，因此將「火」解釋為「火速」之意，故「取臣妾不火尋（得）」，即取得臣妾奴隸的行為不趕快進行，則「不成」。

〔註63〕 饒宗頤：〈楚帛書新證〉《楚地出土文獻三種研究》，（北京：中華書局，1993年），頁270。

〔註64〕 李零：《長沙子彈庫楚帛書研究》，（北京：中華書局，1985年），頁76。

〔註65〕 河南省文物研究所：《信陽楚墓》，（北京：文物出版社，1986年），圖版121。

〔註66〕 河南省文物研究所：《信陽楚墓》，（北京：文物出版社，1986年），圖版113；滕壬生：《楚系簡帛文字編》，（武漢：湖北教育出版社，1995年），頁1134列為存疑字；李零釋「亦」：〈讀《楚系簡帛文字編》〉《出土文獻研究》第五輯，（北京：文物出版社，1999年），頁155補遺第220條。嘉凌案，文例：久則 皆三代之子孫，依文例、字形釋「亦」可從。

〔註67〕 張光裕、滕壬生、黃錫全主編：《曾侯乙墓文字編》，（台北：藝文印書館，民國86年），頁162。

〔註68〕 河南省文物研究所：《信陽楚墓》，（北京：文物出版社，1986年），圖版123；張光裕、袁師國華：《望山楚簡校錄》，（台北：藝文印書館，民國93年），頁78；滕壬生：《楚系簡帛文字編》（武漢：湖北教育出版社，1995年），頁1006。

【5】

出　　處	丙 2.3.4／不	丙 2.3.5／成	分段符號
帛書字形			
復原字形			

　　《楚帛書》「▉」字，嚴一萍〈楚繒書新考〉釋「威」，認爲是推測語氣或又似亦釋「成」；〔註69〕李零《長沙子彈庫楚帛書研究》認爲是「感」的古字，讀「憾」。〔註70〕

　　曹錦炎〈楚帛書《月令》考釋〉釋「成」，謂：

　　　　成字與帛書城字所從略異，然金文城字作 ▉（居簋），可爲佐證。「不成」，當指「嫁女」之事而說，「不亦得」，乃就「臣妾」而言。〔註71〕

　　劉信芳《子彈庫楚墓出土文獻研究》釋「成」，謂：

　　　　此謂夫婦之禮，《詩・召南，鵲巢》：「之子于歸，百兩成之。」〔註72〕

嘉凌案：楚簡「威」字作▉（信陽簡 2.03），與《楚帛書》「▉」字明顯有別，故釋「威」不可從。楚簡「感」字未見，其所從「咸」字作▉（筆者摹字：咸）（信陽簡 1.054），〔註73〕與《楚帛書》「▉」字亦有別，故釋「感」非是。

　　楚簡「成」字作▉（包山簡 2.147）；或「十」形變爲「千」形作▉（包山簡 2.91）；或「十」形上加橫筆作▉（曾侯簡 151），〔註74〕此類字形與帛書「▉」字全同，故應釋爲「成」。「不成」，即取臣妾之事無法完成。

〔註69〕嚴一萍：〈楚繒書新考〉（中），《中國文字》二十七冊，1968 年，頁 20。

〔註70〕李零：《長沙子彈庫楚帛書研究》，（北京：中華書局，1985 年），頁 76。

〔註71〕曹錦炎：〈楚帛書《月令》考釋〉，《江漢考古》第一期，1985 年 1 月，頁 64。

〔註72〕劉信芳：《子彈庫楚墓出土文獻研究》，（台北：藝文印書館，民國 91 年），頁 103。

〔註73〕河南省文物研究所：《信陽楚墓》，（北京：文物出版社，1986 年），圖版 119、116。

〔註74〕張光裕主編，袁師國華合編：《包山楚簡文字編》，（台北：藝文印書館，民國 81 年），頁 105；張光裕、黃錫全、滕壬生主編：《曾侯乙墓竹簡文字編》，（台北：藝文印書館，民國 86 年），頁 55。

【6】

出　　處	丙 2.4.1／女	丙 2.4.2／北	丙 2.4.3／武
帛書字形			
復原字形			

　　《楚帛書》「䒑」字，嚴一萍〈楚繒書新考〉釋爲「此」；〔註75〕饒宗頤〈楚帛書新證〉疑似從「戈」「匕」聲；〔註76〕何琳儀〈長沙帛書通釋〉認爲從「才」「匕」聲，疑讀「材」；〔註77〕李零〈讀《楚系簡帛文字編》〉認爲從「才」「匕」聲，爲「必」字異體；〔註78〕劉信芳《子彈庫楚墓出土文獻研究》釋從「才」「匕」聲，讀爲「比」。〔註79〕

　　嘉凌案：《楚帛書》「䒑」字右半從「匕」，諸家學者均有共識，唯左半偏旁有「止」、「戈」、「才」三種意見。

　　楚簡「此」字作 䒑（包山簡2.139反），〔註80〕左半偏旁從「止」，與帛書「䒑」字明顯有別，故釋「此」不可從。楚簡「戈」字作 （包山簡2.261），〔註81〕右上有明顯撇筆，與帛書「䒑」字完全不同，釋從「戈」非是。

　　楚簡「才」字作 （包山簡2.8）、才（郭店簡・語叢二・簡12）；或於下端加橫筆作 半（包山簡2.13）；或省略一斜筆作 才（曾侯簡77），〔註82〕

〔註75〕嚴一萍：〈楚繒書新考〉（中），《中國文字》二十七冊，1968年，頁18。

〔註76〕饒宗頤：〈楚帛書新證〉《楚地出土文獻三種研究》，（北京：中華書局，1993年），頁269。

〔註77〕何琳儀：〈長沙帛書通釋〉，《江漢考古》第二期，1986年2月，頁84。

〔註78〕李零：〈讀《楚系簡帛文字編》〉《出土文獻研究》第五輯，（北京：文物出版社，1999年），頁159補遺第9條。

〔註79〕劉信芳：《子彈庫楚墓出土文獻研究》，（台北：藝文印書館，民國91年），頁104。

〔註80〕張光裕主編，袁師國華合編：《包山楚簡文字編》，（台北：藝文印書館，民國81年），頁221。

〔註81〕張光裕主編，袁師國華合編：《包山楚簡文字編》，（台北：藝文印書館，民國81年），頁164。

〔註82〕張光裕主編，袁師國華合編：《包山楚簡文字編》，（台北：藝文印書館，民國

《楚帛書》「」字所从應爲 （包山簡 2.8）之簡省筆畫者，故帛書「」字應从「才」从「匕」。

而「」字屢見於楚簡，有讀爲「必」者，〔註83〕如：

《郭店簡・唐虞之道・簡3》：（必）正其身，然後正世

《郭店簡・唐虞之道・簡28》：聖者不在上，天下（必）壞

《郭店簡・語叢三・簡60》：賓客之用幣也，非徵，納貨也，禮（必）廉

《上博一・緇衣・簡20-21》：苟有車，（必）見其轍，苟有衣，（必）見……（必）見其成〔註84〕

或讀爲「比」、「粃」者，〔註85〕如：

《郭店簡・忠信之道・簡16》：至信如時，（比）至而不結

《郭店簡・語叢三・簡16》：……所不行，益。（粃）行，損

嘉凌案：細審本章節主旨，女（如）月可以「出師」、「築邑」之事，不可「嫁娶」，故「北」字或可讀「必」，「女（如）北（必）武」指本月可以從事武力征伐，故以此爲章題。

81 年），頁 102；張光裕主編，袁師國華合編：《郭店楚簡研究・第一卷・文字編》，（台北：藝文印書館，民國 88 年），頁 218；張光裕、滕壬生、黃錫全主編：《曾侯乙墓文字編》，（台北：藝文印書館，民國 86 年），頁 58。

〔註83〕張光裕主編，袁師國華合編：《郭店楚簡研究・第一卷・文字編》，（台北：藝文印書館，民國 88 年），頁 89；劉釗謂：北字從「才」「匕」聲，字又見於楚青銅器驫鐘，應即《說文》訓爲「相次也」的「屰」字，「匕」字古音在幫紐脂部，「必」在幫紐質部，於音可通，所以從「匕」聲的「北」可讀爲「必」，「必正其身，然後正世」，就是《禮記・大學》「身修而後家齊，家齊而後國治，國治而後天下平」的儒家「修齊治平」之道。《郭店楚簡校釋》，（福建：人民出版社，2003 年），頁 151。

〔註84〕馬承源主編：《上海博物館藏戰國楚竹書》（一），（上海：古籍出版社，2001 年），頁 195～196。

〔註85〕張光裕主編，袁師國華合編：《郭店楚簡研究・第一卷・文字編》，（台北：藝文印書館，民國 88 年），頁 89；劉釗謂：《說文》：屰，相次也。「北」在簡文中正用爲「相次」之義。「北至」即「比至」，乃「順序而至」之意。《廣韻・質韻》：「比，比次」，「結」義爲「凝結」、「聚集」。簡文此句說最高的信如同時節，一個接一個按序到來而不集聚。《郭店楚簡校釋》，（福建：人民出版社，2003 年），頁 162～163。劉釗謂：「北」讀作「粃」。《劉子・薦賢》：「才苟適治，不問世冑；智苟能謀，奚妨粃行」，王叔岷曰：「粃即秕字，《說文》：「秕，惡米也」。粃行，猶惡行」，簡文謂有所不行，有益。惡行，損。《郭店楚簡校釋》，（福建：人民出版社，2003 年），頁 214。

曰秉（病）……妻畜生分女□……【1】

秉（病）司春【2】

【1】

出　　處	丙 3.1.1／曰	丙 3.1.2／秉
帛書字形		
復原字形		

　　嘉凌案：此章甚爲殘泐，據「秉司春」及各月文例可補「曰秉」兩字。「曰秉」即此月稱爲秉（病）月。

【2】

出處	丙 3.2.1／妻	丙 3.2.2／畜	丙 3.2.3／生	丙 3.2.4／分	丙 3.2.5／女	丙 3.2.6／□
帛書字形						
復原字形						

1. 丙 3.2.1／妻

　　嚴一萍〈楚繒書新考〉認爲《楚帛書》「（字形）」字前尚有缺字，承上句讀「曰秉不可以□□□妻畜生分」，並認爲「分」下缺字依各段字數推測，至少當在二十字以上；〔註86〕李零《長沙子彈庫楚帛書研究》謂《楚帛書》「（字形）」字前約缺二字。〔註87〕

〔註86〕嚴一萍：〈楚繒書新考〉（中），《中國文字》27 冊，1968 年，頁 21。
〔註87〕李零：《長沙子彈庫楚帛書研究》，（北京：中華書局，1985 年），頁 76。

　　《楚帛書》「」字，商承祚〈戰國楚帛書述略〉釋「女」；〔註88〕饒宗頤〈楚帛書新證〉釋「妻」，謂：

　　　　秦簡《日書·稷辰》：「正月二月子秀」，「秀是胃重光。利野戰……

　　　　利見人及畜畜生。可取婦家（嫁）女」。〔註89〕

　　劉信芳《子彈庫楚墓出土文獻研究》釋「妻」，謂：

　　　　秦簡《日書》761：「畜（蓄）畜生」，851：「聚畜生」，「蓄」、「聚」

　　　　音近義通，「妻畜生」即「聚畜生」之類也，《說文》：「聚，會也」，

　　　　《呂氏春秋·季春紀》：「是月也，乃合纍牛騰馬，游牝于牧」，高誘

　　　　《注》：「纍牛，父牛也。騰馬，父馬也，皆將群游，從牝于牧之野，

　　　　風合之」，知「妻畜生」即「合纍牛騰馬」。〔註90〕

嘉凌案：由於帛書此處極爲模糊，故帛書「」字前缺字字數難以判定。然由於「」字上部明顯有字體，故商承祚先生釋「女」不可從。

　　由於「」字上部變形，因此檢閱楚簡中下部从「女」之字，計有（包山簡2.27 嬰字）；（）（望山簡2.9 妥字）；（包山簡2.173 姜字）；（包山簡2.164 婁字）；（郭店簡·五行·簡16 婁字）；（秦家嘴簡99.3妻字）、（包山簡2.91 妻字）〔註91〕等六字，而細審帛書「」字上方字體扭曲變形，然上部字體中間明顯有一豎筆，據此應爲「妻」字之變形，釋「妻」可從。

2. 丙3.2.4／分

　　《楚帛書》「」字，商承祚〈戰國楚帛書述略〉釋「炎」；〔註92〕嚴一萍〈楚繪書新考〉釋「分」。〔註93〕

〔註88〕商承祚：〈戰國楚帛書述略〉，《文物》第九期，1964年9月，頁17。

〔註89〕饒宗頤：〈楚帛書新證〉《楚地出土文獻三種研究》，（北京：中華書局，1993年），頁270～271。

〔註90〕劉信芳：《子彈庫楚墓出土文獻研究》，（台北：藝文印書館，民國91年），頁105。

〔註91〕張光裕主編，袁師國華合編：《包山楚簡文字編》，（台北：藝文印書館，民國81年），頁354、115、116、114；張光裕、袁師國華：《望山楚簡校錄》，（台北：藝文印書館，民國93年），頁33；滕壬生：《楚系簡帛文字編》，（武漢：湖北教育出版社，1995年），頁861；張光裕主編，袁師國華合編：《郭店楚簡研究·第一卷·文字編》，（台北：藝文印書館，民國88年），頁118。

〔註92〕商承祚：〈戰國楚帛書述略〉，《文物》第九期，1964年9月，頁17。

〔註93〕嚴一萍：〈楚繪書新考〉（中），《中國文字》27冊，1968年，頁21。

嘉凌案：帛書「炎」作 ![字形](甲 6.1)；於偏旁或簡省橫筆作 ![字形](筆者摹字：

![字形])（信陽簡 2.027 鈗字所从），〔註 94〕字形與帛書「![字形]」字完全不同，故

釋「炎」不可從。楚簡「分」字作 ![字形]（包山簡 2.47），〔註 95〕與帛書「![字形]」

字全同，故字形應釋爲「分」。

3. 丙 3.2.5／女

《楚帛書》「![字形]」字形殘，饒宗頤〈楚帛書新證〉釋「女」。〔註 96〕

嘉凌案：楚簡「女」字作 ![字形]（包山簡 2.83），〔註 97〕兩字筆法及筆畫相

似，釋「女」可從。故此句爲「……妻畜生分女□……」，然由於前後文字殘

泐，句義不明，待考。

【3】

出　　處	丙 3.3.1／秉	丙 3.3.2／司	丙 3.3.3／春
帛書字形			
復原字形			

《楚帛書》「![字形]」字，商承祚〈戰國楚帛書述略〉釋「事」，認爲是此季

節之神名；〔註 98〕嚴一萍〈楚繒書新考〉釋「秉」，謂：

> 《廣韻》引《爾雅》作：「三月爲寎」，《玉篇》：「寎，穴也。筆永切」，
>
> 《說文》：「寎，臥驚病也」，故郝氏《爾雅義疏》曰：「然則寎者丙
>
> 也。三月陽氣盛，物炳炳然也」，蓋古人稱三月爲「丙」聲之月，故
>
> 繒書以秉爲之。〔註 99〕

〔註 94〕河南省文物研究所：《信陽楚墓》，（北京：文物出版社，1986 年），圖版 128。

〔註 95〕張光裕主編，袁師國華合編：《包山楚簡文字編》，（台北：藝文印書館，民國
　　　81 年），頁 64。

〔註 96〕饒宗頤：〈楚帛書新證〉《楚地出土文獻三種研究》，（北京：中華書局，1993
　　　年），頁 270。

〔註 97〕張光裕主編，袁師國華合編：《包山楚簡文字編》，（台北：藝文印書館，民國
　　　81 年），頁 114。

〔註 98〕商承祚：〈戰國楚帛書述略〉《文物》第九期，1964 年 9 月，頁 17。

〔註 99〕嚴一萍：〈楚繒書新考〉（中），《中國文字》27 冊，1968 年，頁 20。

饒宗頤〈楚帛書新證〉釋「秉」，謂：

> 帛書于四隅四時所主之月名，例曰某司某，與《漢書・魏相傳》相
> 同，「東方之神太皞，秉震執規以司春」，而此云「秉司春」，句例正
> 同。〔註100〕

嘉凌案：楚簡「事」字作（包山簡 2.188）；或字體中間加橫筆作（曾
侯簡 199）；或於旁加撇筆作（包山簡 2.197）；〔註101〕帛書「事」字作
（丙 10.1.6），上端分叉之形變化，與帛書「」字完全不同，故釋「事」
非是。

楚簡「秉」字作（曾侯簡 3），〔註102〕與帛書「」字完全相同，
故字形應釋為「秉」。「秉司春」，即三月稱為「秉」，其職司為主掌春天。

第二節　《楚帛書》丙篇之二（夏）

壹、釋　文

回余（舒），不可以乍（作）大事。少旱，其□，□龍其
□，取（娶）女為邦笑（笑）□。

余（舒）取（娶）女

曰歔（皋），鳶衛（率）□导（得），以匿不見。月才（在）
□□，不可以㝬（享）祀，凶。取□□為臣妾□。

歔（皋）出（徂）暑

〔註100〕饒宗頤：〈楚帛書新證〉《楚地出土文獻三種研究》，（北京：中華書局，1993
　　　　年），頁 270。
〔註101〕張光裕主編，袁師國華合編：《包山楚簡文字編》，（台北：藝文印書館，民國
　　　　81 年），頁 30；張光裕、滕壬生、黃錫全主編：《曾侯乙墓文字編》，（台北：
　　　　藝文印書館，民國 86 年），頁 17。
〔註102〕張光裕、滕壬生、黃錫全主編：《曾侯乙墓文字編》，（台北：藝文印書館，民
　　　　國 86 年），頁 92。

曰虞（且）。不可出帀（師），水帀（師）不兪（襲），亓
（其）兪（襲）亓（其）返（覆）。至于＝□□□，不可
以㝬（享）□。

虞（且）司夏

貳、校　注

曰余（舒）【1】，不可以乍（作）大事【2】。少旱，其□【3】□龍其□【4】，
取（娶）女為邦笑（笑）□【5】

余（舒）取（娶）女【6】

【1】

出　　處	丙 4.1.1／曰	丙 4.1.2／余
帛書字形		
復原字形		

嘉凌案：此處甚殘，《丙 4.1.2》字僅存左撇筆較為清晰，據「余取女」及
前述各月份文例，可補「曰余」兩字，故《丙 4.1.2》字應為「余」字之殘，「余」
之通讀，詳見文後「余取女」一條，。「曰余」即此月稱為余（舒）月。

【3】

出處	丙 4.1.3／不	丙 4.1.4／可	丙 4.1.5／以	丙 4.1.6／乍	丙 4.1.7／大	丙 4.1.8／事
帛書字形						

復原字形	

嚴一萍〈楚繒書新考〉據辭例補第二字爲「可」，釋「不可以作大事」，謂：

> 古所謂大事，皆指非常有之事，如喪祭、兵戎、土功等。《禮・月令・季夏》之月：「毋舉大事」，注：「大事，興徭役以有爲」，〈仲秋之月〉：「凡舉大事」，注：「事謂興土功，合諸侯舉兵眾也」，《淮南・時則訓》：「毋作大事，以妨農功」，高注：「大事戎旅征伐之事，故害農民之功也」，又《公羊・文二年傳》：「大事于大廟」，注以爲「大祫」，則指祭祀。繒書所稱大事，相當孟夏之月。《呂氏春秋》於是月曰：「無起土功，無發大眾，無伐大樹」，又曰：「無大田獵」，當可爲繒書作注解。〔註103〕

李零《長沙子彈庫楚帛書研究》謂：

> 「不可」二字是在一塊碎帛片上，裝裱時被錯植在第二行上端，並且方向是橫過來的。……大事，《禮記・月令》：「毋作大事，以妨農之事」，鄭玄注：「大事，兵役之屬」。〔註104〕

嘉凌案：據辭例，《丙 4.1.4》字可補「可」字。據諸家學者意見，「大事」應指關於國家之大事，故「不可以乍（作）大事」，即不可以進行關於國家的重大要事。

【4】

出　　處	丙4.1.9／少	丙4.1.10／旱	丙4.1.11／兀	丙4.2.1／□
帛書字形				
復原字形				

〔註103〕嚴一萍：〈楚繒書新考〉（中），《中國文字》27 冊，1968 年，頁 22～23。
〔註104〕李零：《長沙子彈庫楚帛書研究》，（北京：中華書局，1985 年），頁 76。

1. 丙 4.1.10／旱

《楚帛書》「旱」字，商承祚〈戰國楚帛書述略〉釋「杲」，謂：

> 《詩・伯兮》：「杲杲出日」，《廣雅・釋訓》：「杲杲，白也」，此「少杲」當如《楚辭・遠游》：「陽杲杲其光兮」的意思。〔註105〕

滕壬生《楚系簡帛文字編》除釋為「杲」外，並將字體摹為「木」形作「杲」；〔註106〕曹錦炎〈楚帛書《月令》篇考釋〉讀「杲」為「昊」，連上字認為是傳說人物「少昊」，曾憲通〈楚帛書神話系統試說〉亦贊成其說，謂：

> 少昊，金天氏。在「余」月中，少昊應屬於西方，秋季之帝，然其神為蓐收，不是句龍，此條當另有來歷。〔註107〕

朱德熙〈長沙帛書考釋（五篇）〉則釋「旱」，〔註108〕但無說明。

嘉凌案：《楚帛書》「檀」字作「檀」（甲4.15），其右旁下部所从與《楚帛書》「旱」（筆者摹字：旱）字同形，故字形並非从「木」，字形應釋為「旱」，故《楚系簡帛文字編》之「杲」字形應重新描摹為是。由於此段甚殘且模糊難辨，且〈丙篇〉言每月忌宜行為，均未見敘述人物名稱，應非指神話傳說人物「少昊」。由於本月為初夏時日，因此「少旱」，可能指略有缺雨的現象，「亓（其）□」待考。

【5】

出　　處	丙 4.2.2／□	丙 4.2.3／龍	丙 4.2.4／亓	丙 4.2.5／□
帛書字形				
復原字形				

〔註105〕商承祚：〈戰國楚帛書述略〉，《文物》第九期，1964 年 9 月，頁 17。

〔註106〕滕壬生：《楚系簡帛文字編》，（武漢：湖北教育出版社，1995 年），頁 444。

〔註107〕曹錦炎：〈楚帛書《月令》篇考釋〉，《江漢考古》第一期，1985 年 1 月；曾憲通：〈楚帛書神話系統試說〉《新古典新義》，（台北：學生書局，2001 年），頁 42。

〔註108〕朱德熙：〈長沙帛書考釋（五篇）〉《朱德熙古文字論集》，（北京：中華書局，1995 年），頁 206。

　　嚴一萍〈楚繒書新考〉釋第一、二字為「句龍」，認為是古帝名。〔註 109〕
饒宗頤〈楚帛書新證〉釋「□（下从又）龍」，謂：

> 惜龍上一字殘缺莫明，或釋句龍，於字不近。龍，古指蒼龍，兼以
> 代表太歲。《墨子・貴義篇》：「殺五色龍」，說者謂即移徙家之禁龍
> 術。〔註 110〕

　　曾憲通〈楚帛書神話系統試說〉同意釋為「句龍」，謂：

> 句龍即后土，又叫社神，為共工之子。《漢書・郊祀志》：「自共工氏
> 霸九州，其子曰句龍，能平水土，死為社祀」，帛文下半的大意是，
> 由於少昊和句龍的緣故，四月娶女為國人熟知之大忌，若犯忌則難
> 免為國人所譏。〔註 111〕

嘉凌案：《楚帛書》此處墨跡難辨，《丙 4.2.2》字僅識下方之「又」形，故是
否可通讀為「句」，則仍有待商榷，而《丙 4.2.3》字，諸家均釋為「龍」，依
殘存墨跡，可從，然學者將《丙 4.2.2》與《丙 4.2.3》並釋為「句龍」，並無
根據。故「□龍丌（其）□」，疑指略有缺雨現象，於是向上天求雨祭祀，如
《左傳・桓公五年》：「龍見則雩」下，《正義》曰：

> 天官東方之星，盡為蒼龍之宿，見謂合昏見也，雩之言遠也，為百
> 穀祈膏雨遠者。〔註 112〕

據典籍可知四月龍星見時，為百穀祈求甘雨而舉行雩祭，這是雩祭的正禮，
而另一種則是入秋後，若遇乾旱，又再舉行雩祭，以求降雨，如《左傳・襄
公五年》：「秋大雩」，〔註 113〕故「□龍丌（其）□」或與祈雨之祭祀相關，待
考。

〔註 109〕嚴一萍：〈楚繒書新考〉（中），《中國文字》27 冊，1968 年，頁 23。
〔註 110〕饒宗頤：〈楚帛書新證〉《楚地出土文獻三種研究》，（北京：中華書局，1993
　　　　　年），頁 271。
〔註 111〕曾憲通：〈楚帛書神話系統試說〉《新古典新義》，（台北：學生書局，2001 年），
　　　　　頁 43。
〔註 112〕〔清〕阮元校勘：《左傳》，十三經注疏本，（台北：藝文印書館，民國 78 年），
　　　　　頁 108。
〔註 113〕〔清〕阮元校勘：《左傳》，十三經注疏本，（台北：藝文印書館，民國 78 年），
　　　　　頁 514。

【6】

出處	丙4.2.6／取	丙4.2.7／女	丙4.2.8／為	丙4.2.9／邦	丙4.2.10／笑	分段符號
帛書字形						
復原字形						

《楚帛書》「笑」字，嚴一萍〈楚繒書新考〉疑是「光」字；〔註114〕朱德熙〈長沙帛書考釋（五篇）〉釋「莽」字異體，讀「墓」，謂：

> 從字形看，這個字應該釋作笑，秦漢簡帛文字笑字都从艸从犬，……可是笑無法通讀帛書文字，我們認爲帛書此字是莽字的異體，从艸與从茻相通，……莽字《廣韻》有「莫補切」一讀，先秦時也常與魚部字協韻，例如離騷……根據這一點，根據這一點，我們認爲帛書莽字當讀爲「墓」，「邦墓」見於《周禮·墓大夫》：「掌凡邦墓之地域之圖。令國民族葬而掌其禁令，正其位，掌其度數，使皆有私地域。凡爭墓地者，聽其獄訟，帥其屬而巡墓屬，居其中之室而守之」。〔註115〕

饒宗頤〈楚帛書新證〉釋「莽」，讀「茂」，謂：

> 取女爲邦笑（茂）者，四月余月，宜於娶女。〔註116〕

曾憲通〈楚帛書文字新訂〉釋「笑」，謂：

> 郭店楚簡《老子》乙組云：「下士昏（聞）道，大笑之：弗大笑，不足以爲道」，二「笑」字皆从艸从犬，與楚帛書所見相同，而馬王堆帛書乙本及傳世諸本此處均作「笑」，可證帛書此文確爲「笑」字。
>
> 《文字編》前謂帛文「爲邦笑」乃戰國恆語，僅舉《韓策》爲證，以「爲天下笑」與「爲邦笑」同意。今檢諸子書，知「爲邦笑」雖

〔註114〕嚴一萍：〈楚繒書新考〉（中），《中國文字》27 冊，1968 年，頁 23。

〔註115〕朱德熙：〈長沙帛書考釋（五篇）〉，《朱德熙古文字論集》，（北京：中華書局，1995 年），頁 207。

〔註116〕饒宗頤：〈楚帛書新證〉《楚地出土文獻三種研究》，（北京：中華書局，1993 年），頁 271。

非戰國恆語，而被動式「爲……笑」之證頗多，試補述之。《莊子·徐無鬼》：「吾恐其爲天下笑」，又《盜跖》：「然卒爲笑」，《荀子·強國》：「必爲天下大笑」，《韓非子·十過》：「則滅高名爲人笑之始也」，又：「爲天下笑」，又《外儲說右下》：「故身死爲戮，而爲天下笑」，又《難勢》：「使臧獲御之則爲人笑」，……有了大量的傳世文獻相印證，知帛文「爲邦笑」當可論定。〔註117〕

嘉凌案：據學者意見，有「光」、「莽」、「笑」三種說法：楚簡「光」字作 （包山簡 2.207）；或上加橫筆作 （包山簡 2.277），〔註118〕字形與帛書「」完全不同，故釋「光」不可從。「莽」字於甲、金、楚簡均未見。而帛書「」字形楚簡中常見，字義均讀爲「笑」：

《老子乙·簡9、10》：下士昏（聞）道，大 （笑）之；弗大 （笑），
　　不足以爲道
《性自命出·簡22》： （笑）禮之淺澤也。
《性自命出·簡24》：聞 （笑）聖（聲），則先蠢（鮮）女（如）
　　也斯喜

故帛書「」字从「艸」从「犬」，釋爲「笑」。據前段文句疑指進行關乎國家的重大求雨之事，故推「取（娶）女爲邦笑」指若在此月娶女，則會被國家中的邦人貴族所笑。

【7】

出　　處	丙 4.3.1／余	丙 4.3.2／取	丙 4.3.3／女
帛書字形			
復原字形			

《楚帛書》「」字，商承祚〈戰國楚帛書述略〉釋「介」；〔註119〕嚴

〔註117〕曾憲通：〈楚帛書文字新訂〉《古文字與古文獻叢考》，（廣州：中山大學出版社，2005年），頁53～54。
〔註118〕張光裕主編，袁師國華合編：《包山楚簡文字編》，（台北：藝文印書館，民國81年），頁54。
〔註119〕商承祚：〈戰國楚帛書述略〉，《文物》第九期，1964年9月，頁17。

一萍〈楚繒書新考〉釋「余」，謂：

> 以繒書此十二段文字第一字之與《爾雅》有相當關連言，釋余當不誤。
> 《爾雅‧釋天》：四月爲「余」。郝氏《義疏》曰：「余者，釋文餘、舒二音，孫作舒。《詩‧小明‧正義》引李巡曰：「四月萬物皆生枝葉，故曰余。余，舒也。」孫炎曰：「物之枝葉敷舒，是李孫義同。孫本作舒爲異。日月其除，鄭玄四月爲除，是鄭讀除爲余」。〔註120〕

嘉凌案：楚簡「介」字作 （信陽簡 2.013），〔註121〕《楚帛書》「」字雖然右上筆殘泐，然中間橫筆清楚可見，故釋「介」不可從。

楚簡「余」字作 （包山簡 2.149）；或下端加撇筆作 （郭店簡‧成之聞之‧簡 33）；或爲中間豎筆未貫穿之形作 （郭店簡‧成之聞之‧簡 36）、（包山簡 2.154 舍字所从），〔註122〕故帛書「」字與「余」字形近，應是字體殘泐或簡省所致，故補右筆爲「」，且由《爾雅》：「四月曰余」可知，字形應釋爲「余」。

「余取（娶）女」爲本月章題，指在本月可進行嫁娶之事。故篇章中言「少旱其□，□龍其□，取（娶）女爲邦笑」，缺文部分可能是說明娶女的禁忌，若爲，則爲邦笑。

曰欱（皋）【1】，鳶衛（率）□导（得）【2】，以匿不見【3】。月才（在）□□【4】，不可以亯（享）祀，凶【5】。取□□為臣妾▭【6】

欱（皋）出（祖）暑【7】

【1】

出　　處	丙 5.1.1／曰	丙 5.1.2／欱
帛書字形		

〔註120〕嚴一萍：〈楚繒書新考〉（中），《中國文字》27 冊，1968 年，頁 22。

〔註121〕河南省文物研究所：《信陽楚墓》，（北京：文物出版社，1986 年），圖版 123。

〔註122〕張光裕主編，袁師國華合編：《包山楚簡文字編》，（台北：藝文印書館，民國 81 年），頁 45、325；張光裕主編，袁師國華合編：《郭店楚簡研究‧第一卷‧文字編》，（台北：藝文印書館，民國 88 年），頁 59。

復原字形		

《楚帛書》「」字，嚴一萍〈楚繒書新考〉釋「敢」，謂：

> 如以之當《爾雅》五月之皋，則敢皋一聲之轉，尤爲相近。〔註123〕

饒宗頤〈楚帛書新證〉釋「歔」，謂：

> 五月月名，《爾雅》作皋，釋文作高，而帛書作歔，歔从欠旮聲，實即旮字。《說文・口部》：「旮，高氣也，从口九聲，巨鳩切」，帛書增益欠旁，欠亦氣也。旮與高、皋音同通假。〔註124〕

嘉凌案：楚簡「敢」字作（包山簡2.224），或從「又」作（包山簡2.38），〔註125〕與《楚帛書》「」字完全不同，故釋「敢」不可從。《楚帛書》「」字屢見於楚簡中，如包山簡2.186、2.146、2.184、2.189作，〔註126〕然均爲人名之意，且越王句踐劍「句」字亦作此形（《文物》1973.06圖版），由於「皋」、「旮」古音俱爲見紐幽部，〔註127〕兩字同音，故帛書「」釋「歔」讀「皋」，爲五月之意。「曰歔（皋）」即本月稱爲皋月。

【2】

出　處	丙5.1.3／鳶	丙5.1.4／衛	丙5.1.5／□	丙5.1.6／導
帛書字形				
復原字形				

〔註123〕嚴一萍：〈楚繒書新考〉（中），《中國文字》27冊，1968年，頁23。

〔註124〕饒宗頤：〈楚帛書新證〉《楚地出土文獻三種研究》，（北京：中華書局，1993年），頁271～272。

〔註125〕張光裕主編，袁師國華合編：《包山楚簡文字編》，（台北：藝文印書館，民國81年），頁178。

〔註126〕滕壬生：《楚系簡帛文字編》，（武漢：湖北教育出版社，1995年），頁109。

〔註127〕郭錫良：《漢字古音手冊》，（北京：北京大學出版社，1986年），頁150、180。

《楚帛書》「䞓」字，嚴一萍〈楚繒書新考〉釋「貣」，讀「忒」；〔註128〕李學勤《簡帛佚籍與學術史》釋「賊」；〔註129〕李零《長沙子彈庫楚帛書研究》釋「戝」，讀「盜」，謂：

> 從戈像从戈象首倒懸，這裡讀爲盜，盜帥□得以匿，疑謂盜帥不得藏匿。〔註130〕

曾憲通《長沙楚帛書文字編》釋「戝」，即「鳶」，謂：

> 鳶字《說文》失收，據字書所載，當屬鷙殺之鳥，帛文「鳶率」謂善擊殺之帥，義亦通。〔註131〕

饒宗頤〈楚帛書新證〉從曾憲通先生之說，釋「戝」讀「禍帥」；劉信芳《子彈庫楚墓出土文獻研究》亦從曾先生考釋，然讀「鳶率」爲「蟋蟀」，謂：

> 《詩·豳風·七月》：「五月斯螽動股，六月莎雞振羽，七月在野，八月在宇，九月在戶，十月蟋蟀入我牀下」，鄭〈箋〉：「自七月在野至十月入我床下，皆謂蟋蟀也」，《呂氏春秋·季夏紀》：「蟋蟀居宇」，與帛書所記有近一月之差，由於帛書丙篇多物候記載，「鳶率」即「蟋蟀」應無疑問。〔註132〕

嘉凌案：《楚帛書》「䞓」字，右旁諸家均釋爲「戈」，唯左旁有「貝」、「県」、「鳥」三種意見。

楚簡「貝」字作 （天星觀遣策簡）；或下部訛爲火形作 （包山簡2.274）；或於偏旁省略下端筆畫作 （包山簡2.92得字所從）；或兩筆均省略作 （曾侯簡56敗字所從），〔註133〕然未見與《楚帛書》「䞓」字作「目」形旁加三筆畫者，故知釋「貝」不可從。楚簡「県」字見於偏旁作 （包山

〔註128〕嚴一萍：〈楚繒書新考〉（中），《中國文字》27冊，1968年，頁24。

〔註129〕李學勤：《簡帛佚籍與學術史》，（南昌：江西教育出版社，2001年），頁57。

〔註130〕李零：《長沙子彈庫楚帛書研究》，（北京：中華書局，1985年），頁77。

〔註131〕曾憲通：《長沙楚帛書文字編》，（北京：中華書局，1993年），頁101～102。

〔註132〕饒宗頤：〈楚帛書新證〉《楚地出土文獻三種研究》，（北京：中華書局，1993年），頁272；劉信芳：《子彈庫楚墓出土文獻研究》，（台北：藝文印書館，民國91年），頁110。

〔註133〕張光裕主編，袁師國華合編：《包山楚簡文字編》，（台北：藝文印書館，民國81年），頁351、153；滕壬生：《楚系簡帛文字編》（武漢：湖北教育出版社，1995年），頁515；張光裕、滕壬生、黃錫全主編：《曾侯乙墓文字編》，（台北：藝文印書館，民國86年），頁60。

簡 2.227 縣字所从），〔註134〕與帛書「」字明顯有別，故釋「県」非是。

　　而楚簡「鳥」字作（郭店簡・老子甲・簡 33），上部爲目形，下爲鳥羽之形；於偏旁或「目」形下方橫筆省略，「鳥羽」之筆畫有作左或作右之形者，如（包山簡 2.95 鳴字所从）、（包山簡 2.194 鳴字所从）；〔註135〕或「鳥羽」爲三筆作（上博一・孔子詩論・簡 21 鳩字所从）。〔註136〕據此，帛書「」字左半从「鳥」，右半从「戈」無疑，故字形應釋爲「鳶」。

　　「鳶」於此應爲「鳶鳥」之意，如《詩經・小雅・四月》：「匪鶉匪鳶，翰飛戾天」，又《大雅・旱麓》：「鳶飛戾天，魚躍于淵」，〔註137〕而《禮記・月令》更記載「鳶鳥」於季夏之月「鷹鳥學習腐草爲螢」，下注曰：

　　　　《夏小正》曰六月鷹始摯，螢飛蟲，螢火也。〔註138〕

可見鳶鳥在夏天時學習攫鳥，具有相當旺盛的活動力。而《說文》：「衛，將衛也」，段玉裁《注》：「將，如鳥將雛之將，衛，今之率字」〔註139〕，故「衛」即「率」，爲「全部、大都、一律」之意，如《史記・老子韓非列傳》：「故其著書十萬餘言，大抵率寓言也」，《資治通鑑・晉紀》：「吳王飲群臣酒，不問能否，率以七升爲限。」〔註140〕

　　雖然「鳶衛（率）□尋（得）」中有缺文，但據帛書〈丙篇〉文義，「得」字前多爲否定詞，如二月「不火尋（得）」、七月「倉（相）莫尋（得）」，因此此句缺字應該也是「不」、「莫」之類的文意，故「鳶衛（率）□尋（得）」，疑指「鳶衛（率）不得」之意，故「鳶衛（率）□尋（得）」可能指無法得到鳶鳥，因此疑下段文句言「以匿不見」，乃由於鳶鳥行動力敏捷，如同藏匿消

〔註134〕張光裕主編，袁師國華合編：《包山楚簡文字編》，（台北：藝文印書館，民國81 年），頁 449。

〔註135〕張光裕主編，袁師國華合編：《郭店楚簡研究・第一卷・文字編》，（台北：藝文印書館，民國 88 年），頁；張光裕主編，袁師國華合編：《包山楚簡文字編》，（台北：藝文印書館，民國 81 年），頁 480、488。嘉凌案：、二字，《包山楚簡文字編》列爲待考字，依字形應从「口」从「鳥」無疑。

〔註136〕馬承源主編：《上海博物館藏戰國楚竹書》（一），（上海：古籍出版社，2003 年），頁 33。

〔註137〕王力：《王力古漢語字典》，（北京：中華書局，2000 年），頁 1731～1732、707。

〔註138〕〔清〕阮元校勘：《禮記》，十三經注疏本，（台北：藝文印書館，民國 78 年），頁 318。

〔註139〕〔漢〕許愼撰，〔清〕段玉裁注：《說文解字注》，（台北：黎明文化事業股份有限公司，民國 63 年），頁 79。

〔註140〕王力：《王力古漢語字典》，（北京：中華書局，2000 年），頁 707。

失般，故莫得之。

【3】

出　　處	丙 5.1.7／以	丙 5.1.8／匿	丙 5.1.9／不	丙 5.2.1／見
帛書字形				
復原字形				

饒宗頤先生〈楚帛書新證〉謂：

> 此段言以匿不見月，當指側匿，故不可以享祭祀。《釋名・釋天》：
> 「慝，態也，有姦態也」，慝與眚、妖並列，正指天象之災異。〔註141〕

李零先生《長沙子彈庫楚帛書研究》連上句，釋此句為「盜帥□得以匿」，疑謂盜帥不得藏匿。〔註142〕

嘉凌案：「以匿不見」應指鳶鳥藏匿不見，詳見前文論述。

【4】

出　　處	丙 5.2.2／月	丙 5.2.3／才	丙 5.2.4／□	丙 5.2.5／□
帛書字形				
復原字形				

《楚帛書》「月才」後二字殘泐，李零《長沙子彈庫楚帛書研究》認為此二殘字也許為「星名」。〔註143〕

嘉凌案：《丙 5.2.4》字僅存上部，中間似有兩橫筆，殘形與《丙 5.1.6》「得」

〔註141〕饒宗頤：〈楚帛書新證〉《楚地出土文獻三種研究》，（北京：中華書局，1993年），頁 272。

〔註142〕李零：《長沙子彈庫楚帛書研究》，（北京：中華書局，1985年），頁 77。

〔註143〕李零：《長沙子彈庫楚帛書研究》，（北京：中華書局，1985年），頁 77。

字（☒）之上牛相似，疑可釋爲「尋（得）」。典籍中有關於「月」在某位置發生不好事情的記載，如《詩經・小雅・漸漸之石》：「月離于畢，俾滂沱矣」下注：

> 月離陰星則雨。〔註144〕

《漢書・天文志》云：

> 月去中道，移而西入畢，則多雨。……故星傳曰：「月南勿牽牛南戒，
> 民間疾疫；月北入太微，出坐北，若犯坐，則下人謀上」。

又云：

> 月有九行者……，若月失節度而妄行，出陽道則旱風，出陰道則陰
> 雨。〔註145〕

可見，月的位置與自然及人事的災害關係相當密切，故疑「月才（在）□□」一句，爲月在某位置時，不可以進行祭祀，若進行則會有凶咎產生。

【5】

出處	丙5.2.6／不	丙5.2.7／可	丙5.2.8／以	丙5.2.9／官	丙5.3.1／祀	丙5.3.2／凶
帛書字形						
復原字形						

嘉凌案：《楚帛書》「祀」字，諸家學者均釋爲「祀」，依字形可從，然曾憲通《長沙楚帛書文字編》摹字作「祀」，〔註146〕右旁「巳」形爲中間填實之形，而滕壬生《楚系簡帛文字編》摹字作「祀」，〔註147〕細審帛書「祀」字，「巳」旁筆畫雖相近，然中間並未填實，其筆法與楚簡「卩」形相近，且

〔註144〕〔清〕阮元校勘：《詩經》，十三經注疏本，（台北：藝文印書館，民國78年），頁525。

〔註145〕〔漢〕班固：《漢書》，（台北：鼎文書局，1981年），頁1295。

〔註146〕曾憲通：《長沙楚帛書文字編》（北京：中華書局，1993年），頁33。

〔註147〕滕壬生：《楚系簡帛文字編》，（武漢：湖北教育出版社，1995年），頁22。

亦與滕壬生先生摹字之筆法稍有別，故於此對兩文字編字形予以校訂。「不可以亯（享）祀，即不可以祭祀神明，否則會有凶咎產生。

【6】

出處	丙5.3.3／取	丙5.3.4／□	丙5.3.5／□	丙5.3.6／為	丙5.3.7／臣	丙5.3.8／妾	分段符號
帛書字形							
復原字形							

《丙 5.3.3》字，嚴一萍〈楚繪書新考〉釋「取」，並釋《丙 5.3.6》字爲「爲」。〔註148〕

嘉凌案：《楚帛書》此處字形殘泐，然據殘存筆畫，《丙 5.3.3》字釋「取」、《丙 5.3.6》字釋「爲」均可從。「取□□爲臣妾」，大約指取得某某爲臣妾奴隸，缺字待考。

【7】

出　　處	丙5.4.1／欥	丙5.4.2／出	丙5.4.3／暑
帛書字形			
復原字形			

1. 丙5.4.2／出

《丙 5.4.2》字，商承祚〈戰國楚帛書述略〉釋「者」；〔註149〕饒宗頤〈楚帛書新證〉釋「出」。〔註150〕

〔註148〕嚴一萍：〈楚繪書新考〉（中），《中國文字》27 冊，1968 年，頁 25。
〔註149〕商承祚：〈戰國楚帛書述略〉，《文物》第九期，1964 年 9 月，頁 17。
〔註150〕饒宗頤：〈楚帛書新證〉《楚地出土文獻三種研究》，（北京：中華書局，1993

嘉凌案：楚簡「者」字作（包山簡 2.27）；或於「口」形下端加横筆作（包山簡 2.227）；或下部與「皿」形相似作（包山簡 146）；或下部為「土」形作（上博一・孔子詩論・簡 1）；或上部變化與「丰」形相似作（郭店簡・唐虞之道・簡 28）；或作（郭店簡・五行・簡 19），〔註 151〕字形較為特別。然《丙 5.4.2》「」，明顯下方無筆畫，故釋「者」不可從，據殘字可補為「」，故字形應釋為「出」。

2. 丙 5.4.3／暑

《楚帛書》「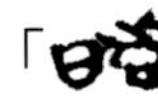」字，饒宗頤〈楚帛書新證〉釋「暑」，謂：

> 依月令，仲夏之月，其神祝融，則欱月所代表之神，應是祝融。……从日从者，即暑字，《説文》:「暑，且明也」(從段註，各本作旦明)，暑即曙字，暑亦取昭明義。《廣韻・十姥》:「暑，詰朝欲明」。〔註 152〕

李零《長沙子彈庫楚帛書研究》釋「暑」，謂：

> 出暑，《説文》「暑，旦明也」，恐非此義，疑當讀為「出暑」。〔註 153〕

嘉凌案：依《丙篇》書寫文例，月名與內容相應，故「欱」指五月月名，「出暑」應與本章內容相關，故疑「出」讀「徂」，為開始之意，如《詩經・小雅・四月》:「四月維夏，六月徂暑」，鄭《箋》:「徂，猶始也，四月立夏矣，至六月乃始盛暑」，朱熹《集傳》:「徂，往也」，與鄭箋異。〔註 154〕然不論《詩經》「徂」字釋「始」或「往」，文句與帛書相類似，故「欱（皐）出（徂）暑」，應指五月開始盛暑。

曰䖒（且）【1】。不可出帀（師）【2】，水帀（師）不䢦（襲）【4】，其䢦（襲）其邉（覆）【5】。至于＝□□□【6】，不可以亯（享）▭【7】

䖒（且）司夏【8】

年），頁 272。

〔註 151〕張光裕主編，袁師國華合編：《包山楚簡文字編》，（台北：藝文印書館，民國 81 年），頁 315；馬承源主編：《上海博物館藏戰國楚竹書》（一），（上海：古籍出版社，2003 年），頁 13；張光裕主編，袁師國華合編：《郭店楚簡研究・第一卷・文字編》，（台北：藝文印書館，民國 88 年），頁 330、332。

〔註 152〕饒宗頤：〈楚帛書新證〉《楚地出土文獻三種研究》，（北京：中華書局，1993 年），頁 272。

〔註 153〕李零：《長沙子彈庫楚帛書研究》，（北京：中華書局，1985 年），頁 77。

〔註 154〕王力：《王力古漢語字典》，（北京：中華書局，2000 年），頁 295。

【1】

出　　　處	丙 6.1.1／日	丙 6.1.2／虘
帛書字形		
復原字形		

《楚帛書》「」字，嚴一萍〈楚繒書新考〉釋「虘」，謂：

> 《爾雅》釋天：「六月爲且」，案《汗簡》且作，是《爾雅》之且
> 與繒書之虘爲一字，郝氏《義疏》曰：「且者，次且行不進也。六月
> 陰漸起欲遂上，畏陽猶次且也。」其義與繒書之「虘司夏」者不相
> 涉。〔註155〕

李零《長沙子彈庫楚帛書研究》釋「虘」，讀「狙」，謂：

> 所附神象作獼猴形，兩臂長而柔軟，並有尾在身後可見，疑月名虘應
> 讀爲狙，《說文》：「狙，玃屬」，「玃，母猴」，……與此圖形正相符合，
> 由此考慮，似帛書其他月名與圖形均有類似的對應關係。〔註156〕

嘉凌案：《楚帛書》「」字屢見於楚簡，如包山簡、望山簡、天星觀簡，〔註157〕
多爲「且」之意使用，且《爾雅》「六月」稱「且」，故「日虘」，即六月稱爲虘
（且）月。

【2】

出　　　處	丙 6.1.3／不	丙 6.1.4／可	丙 6.1.5／出	丙 6.1.6／帀
帛書字形				

〔註155〕嚴一萍：〈楚繒書新考〉（中），《中國文字》27 冊，1968 年，頁 26。
〔註156〕李零：《長沙子彈庫楚帛書研究》，（北京：中華書局，1985 年），頁 77～78。
〔註157〕張光裕主編，袁師國華合編：《包山楚簡文字編》，（台北：藝文印書館，民國
　　　　81 年），頁 81；張光裕、袁師國華：《望山楚簡校錄》，（台北：藝文印書館，
　　　　民國 93 年），頁 24；滕壬生：《楚系簡帛文字編》，（武漢：湖北教育出版社，
　　　　1995 年），頁 247。

復原字形				

　　嚴一萍〈楚繒書新考〉釋此句爲「不可出師」；〔註158〕饒宗頤〈楚帛書新證〉多出一字，釋「不可以出師」。〔註159〕

　　嘉凌案：細審《楚帛書》，見右圖，「可」字下並無斷缺，帛書紋路甚明，並緊接「出」字，故本句從嚴一萍先生考釋，「不可出師」即不可以行出兵爭戰之事。

【3】

出　　處	丙6.1.7／水	丙6.1.8／帀	丙6.1.9／不	丙6.1.10／囧
帛書字形				
復原字形				

1. 丙6.1.7／水

　　《楚帛書》「」字，嚴一萍〈楚繒書新考〉釋「出」；〔註160〕饒宗頤〈楚帛書新證〉釋「水」，謂：

　　　　宜於水字斷句，謂逢水於師不利，水謂「行水」，秦簡有之。〔註161〕

　　李零《長沙子彈庫楚帛書研究》釋「水」，與下「師」字連讀，謂：

　　　　楚地多水，宜用水師。這一章大約是說六月不可出師，特別是水師，

〔註158〕嚴一萍：〈楚繒書新考〉（中），《中國文字》27冊，1968年，頁26。

〔註159〕饒宗頤：〈楚帛書新證〉《楚地出土文獻三種研究》，（北京：中華書局，1993年），頁272。

〔註160〕嚴一萍：〈楚繒書新考〉（中），《中國文字》27冊，1968年，頁26。

〔註161〕饒宗頤：〈楚帛書新證〉《楚地出土文獻三種研究》，（北京：中華書局，1993年），頁272。

出師則不利。〔註162〕

嘉凌案：《楚帛書》「」字，明顯爲「水」字，與楚簡「出」字（包山簡18、包山簡216）〔註163〕完全不同。

2. 丙6.1.10／齒

《丙6.1.10》字，右半形殘，嚴一萍〈楚繒書新考〉疑是「遄」字，〔註164〕諸家學者均從之。

嘉凌案：楚簡「遄」字作（筆者摹字：）（包山簡2.238），〔註165〕《楚帛書》亦有「遄」字作（甲5.17），然細審帛書「」字上部未有筆畫，且中間筆法似相交成「幺」形，與「遄」字明顯有別。季師旭昇認爲此字似可隸作「齒」，與金文「𨽍」字左旁所從相同，謂：

> 西周中晚期晉侯𫗦盨有銘云「甚（湛）樂于邊𨽍」，馬承源讀「𨽍」爲「隰」（《晉侯𫗦盨》），學者都同意。據此，𨽍字所從的㸚似即當視爲㴜（溼）省聲。金文有「追𨽍」一詞，見𢼸簋（周中，𨽍作）、敔簋（周晚，𨽍作），依文例當讀追襲（裘錫圭〈關於晉侯銅器銘文的幾個問題〉、陳美蘭〈金文札記二則——追𨽍、淖淖列列〉），襲（似入切，邪／緝）與㴜（音同溼）聲近韻同，説可從。〔註166〕

季師說解可從，故本句讀「水師不齒（襲）」，即水師不能侵襲，由前段文句可知，本月不宜行任何軍事行動。

【4】

出　　處	丙6.1.11／亓	丙6.1.12／齒	丙6.2.1／亓	丙6.2.2／遄
帛書字形				

〔註162〕李零：《長沙子彈庫楚帛書研究》，（北京：中華書局，1985年），頁78。

〔註163〕張光裕主編，袁師國華合編：《包山楚簡文字編》，（台北：藝文印書館，民國81年），頁64。

〔註164〕嚴一萍：〈楚繒書新考〉（中），《中國文字》27冊，1968年，頁26。

〔註165〕滕壬生：《楚系簡帛文字編》，（武漢：湖北教育出版社，1995年），頁154。

〔註166〕季師旭昇：《說文新證》（下），（台北：藝文印書館，民國93年），頁144。

復原字形				

《丙 6.1.12》字，嚴一萍〈楚繪書新考〉疑爲「敗」字；〔註167〕饒宗頤〈楚帛書新證〉釋左半從「昏」，〔註168〕並無說明。而《丙 6.2.2》字，嚴一萍〈楚繪書新考〉釋「復」，〔註169〕諸家學者均從之。

　　嘉凌案：楚簡「敗」字作（曾侯簡 56），或簡省左上「目」形作（曾侯簡 61），〔註170〕細審帛書「」字左下部從「口」，左上半部不明，似乎有兩左右相對之筆畫，與「敗」字明顯有別，故釋「敗」不可從；季師旭昇認爲此字與上文「箇」似乎爲同字，〔註171〕依殘形及文意可從。

　　帛書「」字從「辶」無疑，然右上半字體模糊，細審字形，右半字體中間有一長橫筆，下方有一長撇筆，與帛書「復」（甲 5.17）相較，字形可從。疑本句讀「亓（其）箇（襲）亓（其）復（覆）」，即前段文句所述之水師若侵襲敵方，則會敗覆。

【5】

出　　處	丙 6.2.3／至于	丙 6.2.4／□	丙 6.2.5／□	丙 6.2.6／□
帛書字形				
復原字形				

　　《楚帛書》「」字斜作，李零《長沙子彈庫楚帛書研究》謂：

〔註167〕嚴一萍：〈楚繪書新考〉（中），《中國文字》27 冊，1968 年，頁 26。

〔註168〕饒宗頤：〈楚帛書新證〉《楚地出土文獻三種研究》，（北京：中華書局，1993 年），頁 272。

〔註169〕嚴一萍：〈楚繪書新考〉（中），《中國文字》27 冊，1968 年，頁 26。

〔註170〕張光裕、滕壬生、黃錫全主編：《曾侯乙墓文字編》，（台北：藝文印書館，民國 86 年），頁 60。

〔註171〕感謝季師旭昇寶貴意見。

「其□□」三字因帛書幅畫走形，作斜行，必須側過來看。〔註172〕

《丙6.2.5》字，饒宗頤〈楚帛書新證〉釋「下」。〔註173〕

嘉凌案：帛書此處紋路混亂，字形均略為斜作，帛書「亓」字均作「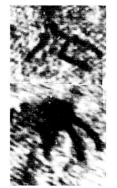」（丙1.4.2），下方兩撇筆彎曲，而帛書「」字下方兩筆，則一筆為筆直，一筆為方折，與帛書書寫筆法也別，因此考慮可能是書手「特有」或因帛書「走形」所造成的「亓」筆法，由於下字不明，無法以文句推知，因此為求慎重，存疑待考。

而楚簡「下」字作（包山簡2.220）；或於上部加橫畫飾筆作（包山簡2.182），〔註174〕然《丙6.2.5》「」字形，右方第二橫筆緊接於第一橫筆下，且與第三豎筆長度相當，與「下」字二橫畫平行，豎筆較長之筆法有別，其筆法與「大」、「而」、「天」等字較為相似，由於左上方字體墨跡模糊，故確切字體待考。「至于亓（其）□□」句義待考。

【7】

出處	丙6.2.7／不	丙6.2.8／可	丙6.2.9／以	丙6.2.10／亯	分段符號
帛書字形					
復原字形					

嘉凌案：此句讀「不可以亯（享）」，即不可以進行享祀之事，應是指前段文句「至于」之下所殘缺二字之事。

〔註172〕李零：《長沙子彈庫楚帛書研究》，（北京：中華書局，1985年），頁78。

〔註173〕饒宗頤：〈楚帛書新證〉《楚地出土文獻三種研究》，（北京：中華書局，1993年），頁272。

〔註174〕張光裕主編，袁師國華合編：《包山楚簡文字編》，（台北：藝文印書館，民國81年），頁4。

【8】

出　　處	丙 6.3.1／虘	丙 6.3.2／司	丙 6.3.3／夏
帛書字形			
復原字形			

嘉凌案：「虘司夏」爲本月章題，即六月掌管夏天，也是本月月神之職司。

第三節　　《楚帛書》丙篇之三（秋）

壹、釋　文

曰倉（相）。不可以川 岊 （往），大不訓（順）于邦。又（有）梟寈（妖）于上下=□。

倉（相） 莫 导（得）

曰臧（壯）。□可以簸（築）室，不可以 乍 （作），□腜不逗（覆），其邦 又 （有）大亂，取（娶）女凶□。

臧（壯）□□

曰幺（玄）。□可以 簸 （築） 室 ……吁 且 □遑（徙）乃咎……

幺（玄）司秋

貳、校　注

曰倉（相）【1】。不可以川 岊 【2】，大不訓（順）于邦【3】。又（有）梟寈

（妖）于上下＝□【4】

倉（相）莫导（得）【5】

【1】

出　　處	丙 7.1.1／日	丙 7.1.2／倉
帛書字形		
復原字形		

　　《楚帛書》「倉」字，商承祚〈戰國楚帛書述略〉據《說文》「倉」之奇字及魏三體石經「倉」字形，釋「倉」；〔註175〕嚴一萍〈楚繒書新考〉釋「会」。〔註176〕

　　嘉凌案：楚簡「会」字作（包山簡 2.133）；或簡省「今」字中之豎筆作（包山簡 2.180），〔註177〕字形與帛書「倉」字明顯不同，故釋「陰」非是。楚簡「倉」字屢見，於楚簡作（包山簡 2.181），〔註178〕與帛書「倉」字完全同形，故釋「倉」無疑。《爾雅》七月稱「相」，「倉」古音清母陽部，「相」曉母陽部，〔註179〕兩字韻部相同，發音部位相近，故「倉」、「相」可通假。因此「日倉」，即本月稱爲倉（相）月。

【2】

出　　處	丙 7.1.3／不	丙 7.1.4／可	丙 7.1.5／以	丙 7.1.6／川	丙 7.1.7／坓
帛書字形					

〔註175〕商承祚：〈戰國楚帛書述略〉，《文物》第九期，1964 年 9 月，頁 18。

〔註176〕嚴一萍：〈楚繒書新考〉（中），《中國文字》27 冊，1968 年，頁 27。

〔註177〕張光裕主編，袁師國華合編：《包山楚簡文字編》，（台北：藝文印書館，民國 81 年），頁 46。

〔註178〕張光裕主編，袁師國華合編：《包山楚簡文字編》，（台北：藝文印書館，民國 81 年），頁 49。

〔註179〕郭錫良：《漢字古音手冊》，（北京：北京大學出版社，1986 年），頁 252、258。

復原字形					

　　嘉凌案：《楚帛書》「▨」字下部殘泐，僅存上部「止」形，諸家均未釋，檢閱楚簡相似字形，計有「之」（▨包山簡 2.2、▨包山簡 2.15）、「止」（▨天星觀卜筮簡）、「出」（▨包山簡 2.18、▨包山簡 2.58）、「憲」（▨包山簡 167、▨包山簡 194）、「垈」（▨包山簡 92）、「岜」（▨包山簡 2.230）、「涉」（▨楚帛書甲 3.15）〔註 180〕等可能，由於上一字為「川」，且文句為敘述不可行之事，故依文義疑可釋為「垈（往）」、「涉」、「岜（之）」等字，由於本章節末句為「倉、相、下」，若據協韻判定，則釋「垈（往）」較佳，因此補為「垈」字，並將此句讀為「不可以川往」，即不可以前往河川，而《睡虎地秦簡‧日書》有「可以穿井、行水、蓋屋、飲樂、外除」〔註 181〕的忌宜記錄，或與帛書此處相似，待考。

【3】

出　　處	丙 7.1.8／大	丙 7.1.9／不	丙 7.2.1／訓	丙 7.2.2／于	丙 7.2.3／邦
帛書字形					
復原字形					

　　《楚帛書》「▨」字，嚴一萍〈楚繒書新考〉釋「訓」，謂：

　　　　《說文》：「訓，說教也」，《詩‧抑》：「四方其訓之」，《傳》：「訓，

　　　　教」，《周禮‧敘官‧土訓》注云：「能訓土地善惡之勢」，又〈誦訓〉

　　　　注：「能訓說四方所誦習」，又〈訓方氏〉注：「訓，道也；主教道四

〔註 180〕張光裕主編，袁師國華合編：《包山楚簡文字編》，（台北：藝文印書館，民國 81 年），頁 10、64、221、222；滕壬生：《楚系簡帛文字編》，（武漢：湖北教育出版社，1995 年），頁 119。

〔註 181〕睡虎地秦墓竹簡小組編：《睡虎地秦墓竹簡》，（北京：文物出版社，1990 年），簡 21。

方之民」，凡此皆「訓于邦」之事。〔註182〕

　　饒宗頤〈楚帛書新證〉釋「訓」，讀「順」，謂：

　　　《廣雅‧釋詁》：「訓，順也」，「不順于邦」者，下言有梟，可證。

　　〔註183〕

嘉凌案：《包山簡》「訓」字作「」（2.193），〔註184〕字形與帛書「」字相同，故釋「訓」可從，由於後段文句言「又（有）梟実（妖）于上下」，故此處應是指不祥梟鳥造成惡災，故「訓」應讀「順」，「大不順于邦」，即國家有不順和之事產生。

【4】

出處	丙7.2.4／有	丙7.2.5／梟	丙7.2.6／実	丙7.2.7／于	丙7.2.8／上下＝	分段符號
帛書字形						
復原字形						

1. 丙7.2.5／梟

　　《楚帛書》「」字，饒宗頤〈楚帛書新證〉釋「梟」，謂：

　　　从木上从鳥甚顯，見於蔡侯鐘銘之鳥旁，下半从木省去右側一

　　　筆，……「有梟内于上下」，謂梟妖也。〔註185〕

　　李零《長沙子彈庫楚帛書研究》釋「県」，讀「盜」；〔註186〕劉信芳《子彈庫楚墓出土文獻研究》釋「梟」，讀「蜩」。〔註187〕

〔註182〕嚴一萍：〈楚繒書新考〉（中），《中國文字》27 冊，1968 年，頁 28。

〔註183〕饒宗頤：〈楚帛書新證〉《楚地出土文獻三種研究》，（北京：中華書局，1993 年），頁 273。

〔註184〕張光裕主編，袁師國華合編：《包山楚簡文字編》，（台北：藝文印書館，民國 81 年），頁 341。

〔註185〕饒宗頤：〈楚帛書新證〉《楚地出土文獻三種研究》，（北京：中華書局，1993 年），頁 273。

〔註186〕李零：《長沙子彈庫楚帛書研究》，（北京：中華書局，1985 年），頁 78。

〔註187〕劉信芳：《子彈庫楚墓出土文獻研究》，（台北：藝文印書館，民國 91 年），頁

　　嘉凌案：楚簡「県」字見於偏旁作 （包山簡 2.227 縣字所从），[註188] 與帛書「」字明顯有別，故釋「県」不可從；楚簡「鳥」字作 （郭店簡‧老子甲‧簡 33），上部爲目形，下爲鳥羽之形；於偏旁或「目」形下方橫筆省略，「鳥羽」之筆畫有作左或作右之形者，如 （包山簡 2.95 鳴字所从）、（包山簡 2.194 鳴字所从）；[註189] 或「鳥羽」爲三筆作 （上博一‧孔子詩論‧簡 21 鳩字所从）。[註190] 據此，帛書「」字，上部从「鳥」，下方「木」形右上筆畫簡省，與「鳥」字筆畫共筆，故字形應釋爲「梟」。

2. 丙 7.2.6／宊

　　《楚帛書》「」字，嚴一萍〈楚繒書新考〉釋「灾」，未有說明；[註191] 饒宗頤〈楚帛書新證〉釋「內」，讀「入」，謂：

> 內，入也。言有惡鳥之梟，入于上下，故于邦國大不順和。楚人忌梟，以爲不祥鳥，宋《歲時廣記》卷二三羹梟鳥條云：「漢史曰：五月五日作梟羹....」，《荊楚歲時記》云：「鵩大如鳩，惡聲，飛入人家，不祥」，羅願《爾雅翼》六釋鳥梟云：「土梟穴土以居，故曰土梟。而《荊楚歲時記》稱鴝鵒爲土梟，《西京雜記》：「長沙俗以鵩鳥至人家，主人死，（賈）誼作鵩鳥賦，齊死生、等榮辱，以遣憂累焉」，具見楚人以梟爲不祥鳥，由來已久。[註192]

　　其後，諸家學者均從饒宗頤先生考釋釋讀文句。

　　嘉凌案：《楚帛書》此字作：「」，上部从「宀」無疑，而「宀」形內字體，綜合學者說法，有「火」及「入」兩種意見，然以古文字字形證之，均不可從。

113～114。

〔註188〕張光裕主編，袁師國華合編：《包山楚簡文字編》，（台北：藝文印書館，民國81 年），頁 449。

〔註189〕張光裕主編，袁師國華合編：《郭店楚簡研究‧第一卷‧文字編》，（台北：藝文印書館，民國 88 年），頁；張光裕主編，袁師國華合編：《包山楚簡文字編》，（台北：藝文印書館，民國 81 年），頁 480、488。嘉凌案：梟、梟二字，《包山楚簡文字編》列爲待考字，依字形應从「口」从「鳥」無疑。

〔註190〕馬承源主編：《上海博物館藏戰國楚竹書》（一），（上海：古籍出版社，2003 年），頁 33。

〔註191〕嚴一萍：〈楚繒書新考〉（中），《中國文字》27 冊，1968 年，頁 28。

〔註192〕饒宗頤：〈楚帛書新證〉《楚地出土文獻三種研究》，（北京：中華書局，1993 年），頁 273。

「火」字甲文作 （甲1074）、（甲1259）；金文見於偏旁作 （麥鼎赤字所從），或作 （師克盨）；楚簡文字於偏旁作 （曾侯簡 26 燅字所從），或加橫筆作 （望山簡 2 遣策綾字所從），〔註193〕人形兩旁均有左右兩筆，與《楚帛書》「」字明顯有別，故知釋「灾」不可從。

而「內」字甲文作 （鐵13.2），或字體上下略爲分離作 （燕253）；金文作 （井侯簋）、（內𣄴爵），或於「入」形加點筆作 （子禾子釜），或點筆爲箭頭形作 （中山王兆域圖），〔註194〕字形較爲特別；楚簡「內」字字形承甲、金文，且均於「入」形上方加橫筆或點筆，然由於「內」字於楚簡眾多，不一一羅列，故依「入」形上方「橫筆」之筆法將字體分類並舉隅說明：

一、橫筆兩端筆法「平直」：

1. 橫筆水平：

《包山簡 2.7》：以 （入）其臣之溺典

2. 橫筆斜作：

《包山簡 2.18》：（內）之

3. 「宀」形右筆「下降」：

《上博一‧性情論‧簡31》：少杜 （納）之可也

4. 「宀」形筆法爲「冂」形，僅見於《上博一‧紂衣簡》：〔註195〕

《上博一‧紂衣‧簡20》：出 （入）自尔帀（師）雩

二、橫筆兩端筆法「上揚」：

《包山簡 2.150》：（內）之

三、橫筆兩端筆法「下降」：

《上博三‧仲弓‧簡20》：難以 （納）諫

〔註193〕中國社會科學院考古研究所：《甲骨文編》，（北京：中華書局，1965年），頁409；容庚編：《金文編》，（北京：中華書局，1985年），頁692；張光裕、滕壬生、黃錫全主編：《曾侯乙墓文字編》，（台北：藝文印書館，民國86年），頁81；張光裕、袁師國華：《望山楚簡校錄》，（台北：藝文印書館，民國93年），頁78。

〔註194〕中國社會科學院考古研究所：《甲骨文編》，（北京：中華書局，1965年），頁240；容庚編：《金文編》，（北京：中華書局，1985年），頁366。

〔註195〕如「宋」字作「」，「宀」形亦作此，爲書手特色。馬承源主編：《上海博物館藏戰國楚竹書》（一），（上海：古籍出版社，2001年），頁67。

四、橫筆「左」端筆法「上揚」：

《包山簡 2.226》：出 （內）寺王

五、橫筆「右」端筆法「下降」：

《上博五・鮑叔牙與隰朋之諫・簡 3》：毋 （入）錢器

六、橫筆為「點筆」：

1. 《郭店簡・緇衣・簡 39》：出 （入）自爾師于

2. 或「宀」形筆法圓轉對稱，字體特別：

《郭店簡・語叢一・簡 23》：或生於 （內），或生於外。

　　細審楚簡六型「內」字，不論橫筆筆法為何，「宀」形均為對稱之形。而《楚帛書》中亦見「內」字作 」（乙篇・2.33：內（入）月七日），〔註196〕為上述第三型橫筆作兩端下降者，而其「宀」形則與第六型的第二類相同，為包圍至「大」形下方之對稱筆畫，由於「」與「」字形同見於《楚帛書》，同一個書手，筆法應該相類似，然細審《楚帛書》「」字，「宀」形並未包圍至「大」形下方，左上方雖有汙點，但可明顯看出上方橫筆「右端」為上揚之形，與「」字明顯有別，且《楚帛書》「」字之「大」形左撇筆旁，有一明顯向右之勾筆，依「宀」形筆法，均對稱書寫於兩側，故可知此勾筆並非「宀」形左筆之殘跡，且帛書紋路正常，因此亦不可能為扭曲所造成之

〔註196〕饒宗頤先生釋「內」，讀「入」，謂：《秦簡・日書》如「入月一日二日，吉」，一類句式常見。(饒宗頤：〈楚帛書新證〉《楚地出土文獻三種研究》，(北京：中華書局，1993 年)，頁 256。)；曾憲通先生從之，謂：古內、入同字，帛文內即入字，按秦簡《日書》常見有「入某月某日」值某星宿，及「入月某日」行事宜忌的記載，如「入二月九日直心」(812 反)；「入正月七日……入十二月卅日，凡此日以歸死行亡」(862)；「入七月七日乙酉，十一月丁酉材(裁) 衣，終身衣絲」(777 反)；「入月七日及冬未春戌夏丑秋辰，是胃(謂) 四數，不可初穿門為户牖……」(753 反)。帛文內即入字，簡文「入月七日」云云，與帛文正同。(曾憲通：《長沙楚帛書文字編》(北京：中華書局，1993 年)，頁 15～16。)；劉信芳先生亦讀「入月」，然認為是被月所掩，謂：「內月」即「入月」，謂李星、歲星為月所掩，《史記・天官書》：「歲星入月，其野有逐相」，又「月蝕歲星，其宿地，饑若亡，熒惑也亂，填星也下犯上，太白也彊國以戰敗，辰星也女亂」，《正義》引孟康曰：「凡星入月，見月中，為星蝕月；月掩星，星滅，為月蝕星也」，《漢書・天文志》：「凡月蝕五星，其國皆亡，歲以飢，熒惑以亂」。(劉信芳：《子彈庫楚墓出土文獻研究》，(台北：藝文印書館，民國 91 年)，頁 61～62。) 嘉凌案：由於後段文句緊接日期，故從饒宗頤、曾憲通先生之釋讀。

殘筆，因此《楚帛書》「![字]」字並非「內」字，故知釋「內」不可從。

　　嘉凌案：檢閱楚簡文字，與「![字]」字相似之字形尚有「矢」及「宎」兩種可能。楚簡未見單獨之「矢」字，均見於於偏旁作![字]（包山簡 2.22 函字所從）、![字]（包山簡 2.207 疾字所從）、![字]（包山簡 2.123 疾字所從）、![字]（包山簡 2.3 族字所從）、![字]（郭店簡・老子甲・簡 6）等，〔註197〕其筆法與楚簡「內」字同形，由前文所述，字形筆法與《楚帛書》「![字]」字並不相合。

　　而依字形筆畫，《楚帛書》「![字]」字形應從「宀」從「夭」，釋「宎」。「夭」字甲文作![字]（《後》2.4.13），金文作![字]（亞毀爵），〔註198〕為人雙臂擺動之形；楚簡未見單獨之「夭」字，而「宎」字於《楚帛書》四見：

　　　　《楚帛書・乙 2.4》：卉木亡（無）尚（常）是胃（謂）![字]（妖）

　　　　《楚帛書・乙 5.23》：五![字]（妖）之行

　　　　《楚帛書・乙 6.5》：上![字]（妖）

　　　　《楚帛書・乙 10.16》：隹（惟）天作![字]（妖）

　　字形承甲、金文，均作右臂上揚，左臂下垂向內勾之形，且「宀」形兩撇筆均未至「大」形下方，與《楚帛書》「![字]」字筆法一致，雖然甲、金、楚簡等「夭」字之橫筆多為斜作，《楚帛書》「![字]」字之橫筆或許顯得太過平直，然較之於《楚帛書・乙 10.16》字形，若將略為傾斜之「![字]」字豎直，則其橫筆同樣非常平直，且平直之筆法亦見於其他楚簡文字中，如![字]（《上博二・子羔・簡 12》芺字所從），而古璽文字中則更多為平直筆法，如![字]（《古璽彙編》0911）、![字]（《古璽彙編》1965）、![字]（《古璽彙編》4016）、![字]（《古璽彙編》3126）〔註199〕等，故判定楚簡「夭」字的主要依據為橫筆的兩端是否為「右上」及「左下」，與橫筆之傾斜並無太大關聯。因此根據「宀」字左右對稱筆畫與「夭」字雙臂擺動之形可知，《楚帛書》「![字]」之「宀」形，其

〔註197〕張光裕主編，袁師國華合編：《包山楚簡文字編》，（台北：藝文印書館，民國81 年），頁 101、261、187；張光裕主編，袁師國華合編：《郭店楚簡研究・第一卷・文字編》，（台北：藝文印書館，民國 88 年），頁 194。

〔註198〕中國社會科學院考古研究所：《甲骨文編》，（北京：中華書局，1965 年），頁423；容庚編：《金文編》，（北京：中華書局，1985 年），頁 700。

〔註199〕馬承源主編：《上海博物館藏戰國楚竹書》（二），（上海：古籍出版社，2002年），頁 197；羅福頤主編：《古璽彙編》，（北京：文物出版社，1981 年），頁110、197、370、294。

左筆正確筆畫應作至左方墨團處爲是；而「大」形旁之勾筆就是「夭」形左臂下垂向內之形，由於左上半字體殘泐，因此左臂橫筆與下垂連結處之墨跡淡去，故《楚帛書》「」字應摹作「」，字形應釋爲「夨」。

「夨」字於《楚帛書》中均讀爲「妖」，故「又（有）梟于上下＝」一句中，可讀爲「又（有）梟夨（妖）于上下」，古人把生長異常、罕見、聲音形象可怕的鳥獸稱爲「妖」，「妖」中最典型的就是貓頭鷹，貓頭鷹古稱「梟」，又稱「鵩」、「鴞」，不僅長相不雅，叫聲亦不悅耳，自古被認爲是妖鳥，《周禮・秋官》有「哲蔟氏」，「掌覆夭（妖）鳥之巢，又畫符懸于巢上以驅之」；又有「庭氏」一職，「掌射國中之夭（妖）鳥」，鄭注：「夭鳥，惡鳴之鳥，若鴞鵩」，國家設專職射妖鳥、覆妖鳥，可見古人對這類鳥是十分畏懼。

《說文》：「梟，不孝鳥也」，楚人更認爲「梟」爲不祥鳥，前文已將饒宗頤先生對「梟」字意見詳述，而「妖」字於此，有名詞及動詞兩種可能：一若「妖」爲名詞，劉熙《釋名・釋天》云：「妖，殀也，殀，害物也」，即以梟鳥爲妖物，故稱「梟妖」；又《左傳・宣公十五年》：「天反時爲災，地反物爲妖，民反德爲亂，亂則妖災生」，《韓詩外傳》卷三：「妖者禍之先，祥者福之先」，〔註200〕或以梟鳥之不祥借指災厄，故稱「梟妖」，據此，「又（有）梟夨（妖）于上下」，可解釋爲有梟鳥這種不祥的妖咎出現在上下四處；二若「妖」爲動詞，則「妖」有「妖亂」之意，「又（有）梟夨（妖）于上下」，可解釋爲有梟鳥在上下四處妖亂。故前一句言「大不順于邦」，國家有不順和之事產生，即由於梟鳥妖兆出現所致。

【5】

出　　處	丙 7.3.1／倉	丙 7.3.2／莫	丙 7.3.3／导
帛書字形			
復原字形			

〔註200〕宗福邦、陳世鐃、蕭海波：《故訓匯纂》，（北京：商務印書館，2003 年），頁512。

《丙 7.3.2》字，嚴一萍〈楚繒書新考〉釋「莫」，認爲即「暮」字。〔註201〕

嘉凌案：《丙 7.3.2》字，下半部殘泐，然釋「莫」可從。「倉」爲七月月名，爲秋天之首，「莫得」應與內容相涉，由於本章均言不順、梟妖等凶厄之事，因此疑「莫得」指莫得祥和，故「倉莫导（得）」即七月爲多事之秋，國家社會無法得到祥和安定。

曰臧（壯）【1】。□可以箙（築）室【2】，不可以乍（作）【3】，□腺不遉（覆）【4】，其邦又（有）大亂，取（娶）女凶□【5】

臧（壯）□□【6】

【1】

出　　處	丙 8.1.1／曰	丙 8.1.2／臧
帛書字形		
復原字形		

嚴一萍〈楚繒書新考〉「曰」字後補「臧」字，認爲是「藏匿」之意，謂：

> 《爾雅·釋天》：「八月爲壯」，郝氏《義疏》曰：「壯者大也。八月陰大盛，易之大壯，言陽大盛也」，與繒書名藏字之義不相同也。〔註202〕

李零〈《長沙子彈庫戰國楚帛書研究》補正〉目驗帛書，認爲確是「臧」字。〔註203〕

嘉凌案：此處筆畫殘缺較甚，參見右圖，本月章題爲「臧□□」，雖其後二字不明，然由於「壯」爲《爾雅》八月月名，

〔註201〕嚴一萍：〈楚繒書新考〉（中），《中國文字》27 冊，1968 年，頁 27。
〔註202〕嚴一萍：〈楚繒書新考〉（中），《中國文字》27 冊，1968 年，頁 29。
〔註203〕李零：〈《長沙子彈庫戰國楚帛書研究》補正〉《古文字研究》第二十輯，（北京：中華書局，2000 年 3 月），頁 175。

且「臧」、「壯」古音俱爲從母陽部字，〔註204〕據此可補「臧」字。「日臧」，即本月稱爲臧（壯）月。

【2】

出處	丙8.1.3／□	丙8.1.4／可	丙8.1.5／以	丙8.1.6／籔	丙8.1.7／室
帛書字形					
復原字形					

嚴一萍〈楚繒書新考〉據辭例，補《丙8.1.3》字爲「不」；〔註205〕劉信芳《子彈庫楚墓出土文獻研究》則缺釋，謂：

> 秦簡《日書》745：「盈日……可以筑宮室」，829：「凡營爲室日不可以筑室」，類似例多見。《呂氏春秋·仲秋紀》：「是月也，可以築城郭，建都邑，穿竇窖，修囷倉」，孟秋天氣多晴好，古人以土築室，須避雨季，此所以帛書謂此月「可以築室」，或謂「可」上闕文爲「不」字，尚未可信。〔註206〕

嘉凌案：由於「日」字下、「可」字上，筆畫殘泐不明，參見右圖，因此無法辨識是否均爲「臧」字筆畫殘跡，或爲另一字殘字之筆畫，且細審殘筆與「不」字有別，故劉信芳先生之說或可參，字形存疑待考。「□可以籔室」即□可以進行修築房屋之事，與二月「籔邑」建築都邑之事相較，兩者應有差別。

【3】

出　　處	丙8.1.8／不	丙8.2.1／可	丙8.2.2／以	丙8.2.3／乍
帛書字形				

〔註204〕郭錫良：《漢字古音手冊》，（北京：北京大學出版社，1986年），頁252。

〔註205〕嚴一萍：〈楚繒書新考〉（中），《中國文字》27冊，1968年，頁29。

〔註206〕劉信芳：《子彈庫楚墓出土文獻研究》，（台北：藝文印書館，民國91年），頁115。

復原字形				

嚴一萍〈楚繒書新考〉於「可」字下補「以□□」三字；
〔註207〕饒宗頤〈楚帛書新證〉於「可」字下補「以出帀（師）」；
〔註208〕李零〈《長沙子彈庫戰國楚帛書研究》補正〉目驗帛
書謂：

> 經目驗帛書，應作「可以乍（作），不腜不邅」，「作」
> 即睡虎地秦簡《日書》中的「作事」。〔註209〕

嘉凌案：「不可」二字下甚爲殘泐，然仍殘存模糊筆畫，李零
先生目驗或可從。「不可以作」，即不可以作事。

【4】

出　　處	丙 8.2.4／□	丙 8.2.5／腜	丙 8.2.6／不	丙 8.2.7／邅
帛書字形				
復原字形				

1. 丙 8.2.4／□

《丙 8.2.4》字，李零〈《長沙子彈庫戰國楚帛書研究》補正〉目驗帛書釋
「不」。〔註210〕

〔註207〕嚴一萍：〈楚繒書新考〉（中），《中國文字》27 冊，1968 年，頁 29。

〔註208〕饒宗頤：〈楚帛書新證〉《楚地出土文獻三種研究》，（北京：中華書局，1993
　　　　年），頁 274。

〔註209〕李零：〈《長沙子彈庫戰國楚帛書研究》補正〉《古文字研究》第二十輯，（北
　　　　京：中華書局，2000 年 3 月），頁 175。

〔註210〕李零：〈《長沙子彈庫戰國楚帛書研究》補正〉《古文字研究》第二十輯，（北

嘉凌案：細審《丙 8.2.4》字下方與同行文句《丙 8.2.6》「不」（）字相似，然上方似乎有一「口」形淡跡，故是否爲「不」字仍有待商榷。

2. 丙 8.2.5／腖

《楚帛書》「」字，朱德熙〈長沙帛書考釋（五篇）〉釋「腖」，讀「疫」謂：

> 腖就是膌字，《説文‧肉部》「膌，瘦也。从肉脊聲。腖，古文膌从疒从束，束亦聲」，《公羊‧莊公二十年》：「大災者何？大膌也。大膌者何？痬也。何休注：瘠，病也。齊人語也。痬者，民病疫也。……在臧（壯）這個月裡，不可以蓋房子，也不能出兵，如果出兵，軍隊要發生疫病，回不來。〔註211〕

劉信芳《子彈庫楚墓出土文獻研究》釋「㾱」，謂：

> 按字从「疒」，而非從「肉」作。字又見包山簡 168，用作人名。〔註212〕

嘉凌案：《楚帛書》「（筆者摹形：）」字右旁從「束」無疑，然左旁學者間有「肉」或「疒」之說法。

楚簡「肉」字作（包山簡 2.255），〔註213〕左右兩筆畫相交，僅相交處與帛書「」字略有別；楚簡「疒」字於偏旁作（包山簡 2.168 瘠字所从），上方為橫筆，左半作雙足彎筆之形，劉信芳先生言此字形與帛書「」字同形，然細審「」字，上方並無橫筆，兩字形實有別；「疒」形或重覆足桃之處作（包山簡 2.8 疤字所从）；或簡省上端橫筆作（包山簡 2.236 疾字所从）、（望山簡 1.13 座字所从），〔註214〕雖「疒」形有簡省橫筆者，

京：中華書局，2000 年 3 月），頁 175。

〔註211〕朱德熙：〈長沙帛書考釋（五篇）〉，《朱德熙古文字論集》，（北京：中華書局，1995 年），頁 207。

〔註212〕劉信芳：《子彈庫楚墓出土文獻研究》，（台北：藝文印書館，民國 91 年），頁 115。

〔註213〕張光裕主編，袁師國華合編：《包山楚簡文字編》，（台北：藝文印書館，民國 81 年），頁 317。

〔註214〕張光裕主編，袁師國華合編：《包山楚簡文字編》，（台北：藝文印書館，民國 81 年），頁 262、260、261；張光裕、袁師國華：《望山楚簡校錄》，（台北：

然均仍保留上端曲筆，或為雙足㭒之形，並未如帛書「」字之形者，故左半部應為「肉」形，兩筆相交處殘略，字形應釋為「脨」。由於「□脨不逿（覆）」有缺文，故確切句義待考。

【5】

出處	丙 8.2.8／亓	丙 8.3.1／邦	丙 8.3.2／[又]	丙 8.3.3／大	丙 8.3.4／亂
帛書字形		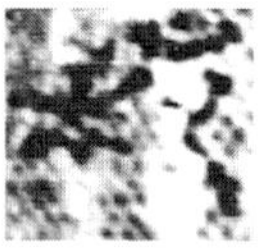	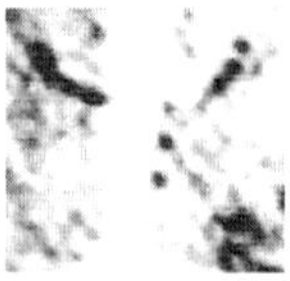	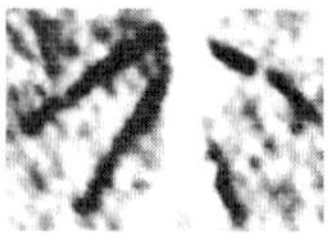	
復原字形					

出　處	丙 8.3.5／取	丙 8.3.6／女	丙 8.3.7／凶	分段符號
帛書字形			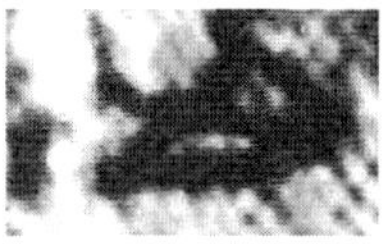	
復原字形				

嚴一萍〈楚繒書新考〉釋此句「其邦□大亂」；〔註 215〕饒宗頤〈楚帛書新證〉，讀此句與下一句為「其邦有大亂，取女凶」。〔註 216〕

嘉凌案：依殘字筆畫，《丙 8.3.2》補「又」字可從。「其邦有大亂，取女凶」，指國家有大亂發生，不宜進行嫁娶之事宜。據前後文意推測，可能由於「□脨不逿（覆）」之事所致。

藝文印書館，民國 93 年），頁 62。

〔註 215〕嚴一萍：〈楚繒書新考〉（中），《中國文字》27 冊，1968 年，頁 29。

〔註 216〕饒宗頤：〈楚帛書新證〉《楚地出土文獻三種研究》，（北京：中華書局，1993 年），頁 274。

【6】

出　　處	丙 8.4.1／臧	丙 8.4.2／□	丙 8.4.3／□
帛書字形			
復原字形			

　　《丙 8.4.2》字，商承祚〈戰國楚帛書述略〉釋「龍」；〔註217〕嚴一萍〈楚繒書新考〉釋「灾」，釋《丙 8.4.3》字爲「凸」，認爲是「禍」字，讀此句爲「臧灾禍」，謂：

　　　　災禍所藏非人可得知，繒書當是此義。〔註218〕

嘉凌案：楚簡「龍」字作 （包山簡 2.138），〔註219〕與《丙 8.4.2》字完全不同，故釋「龍」不可從。楚簡未見「灾」字，其「火」旁於偏旁作 （曾侯簡 26 燅字所從），或加橫筆作 （望山簡 2 遣策綜字所從），〔註220〕與《楚帛書》「」字亦完全不同，故釋「灾」亦非是。

　　細審帛書「」字，下方明顯爲「土」形，字形與「坐」之楷字形近。由於楚簡從「土」之字未有類似字形，且上方字體筆畫不明，故存疑待考。「臧□□」爲本月章題，由於本章均說明不可從事某事，否則有凶咎，因此缺文處文義可能與災禍有關，待考。

曰幺（玄）【1】。□可以畝（築）室【2】……吁□□遅（徙）乃咎【3】……幺（玄）司秋【4】

〔註217〕商承祚：〈戰國楚帛書述略〉，《文物》第九期，1964 年 9 月，頁 18。
〔註218〕嚴一萍：〈楚繒書新考〉（中），《中國文字》27 冊，1968 年，頁 28。
〔註219〕張光裕主編，袁師國華合編：《包山楚簡文字編》，（台北：藝文印書館，民國 81 年），頁 463。
〔註220〕中國社會科學院考古研究所：《甲骨文編》，（北京：中華書局，1965 年），頁 409；容庚編：《金文編》，（北京：中華書局，1985 年），頁 692；張光裕、滕壬生、黃錫全主編：《曾侯乙墓文字編》，（台北：藝文印書館，民國 86 年），頁 81；張光裕、袁師國華：《望山楚簡校錄》，（台北：藝文印書館，民國 93 年），頁 78。

【1】

出　　處	丙 9.1.1／曰	丙 9.1.2／玄
帛書字形		
復原字形		

《丙9.1.2》，商承祚〈戰國楚帛書述略〉釋「幺」，認爲即「玄」字；〔註221〕
嚴一萍〈楚繒書新考〉補「玄」，謂：

> 《爾雅‧釋天》：九月爲玄，郝氏《義疏》云：「玄者，懸也。陰遂
> 在上也。」《詩》何草不黃，《正義》引李巡曰：「九月萬物畢盡陰氣
> 侵寒其色皆黑。」孫炎曰：「物衰而色玄也。引《詩》何草不玄。」
> （按《詩》言春非秋也。《正義》已駁之。）郭引越語云：「至於玄
> 月」，韋昭《注》引《爾雅》謂：「魯哀十六年九月也。」〔註222〕

劉信芳《子彈庫楚墓出土文獻研究》釋「糸」。〔註223〕

嘉凌案：楚簡「糸」字見於偏旁作 （包山簡2.259組字所從）；或絲緒
之形簡省爲撇筆作 （包山簡2.270組字所從），〔註224〕《楚帛書》「」
字，依章題「司秋」及殘存筆畫可補爲「」，下端並無分岔三筆畫，故
知釋「糸」不可從。

季師旭昇分析「玄」字，謂：

> 甲、金文「玄」作「幺」，象一根絲線的樣子。一根絲線，狀極細微，
> 引申爲幽遠，再引申爲黑色，其後在上方加一橫筆，分化出「玄」
> 字。〔註225〕

〔註221〕商承祚：〈戰國楚帛書述略〉，《文物》第九期，1964年9月，頁18。

〔註222〕嚴一萍：〈楚繒書新考〉（中），《中國文字》27冊，1968年，頁30。

〔註223〕劉信芳：《子彈庫楚墓出土文獻研究》，（台北：藝文印書館，民國91年），頁117。

〔註224〕張光裕主編，袁師國華合編：《包山楚簡文字編》，（台北：藝文印書館，民國81年），頁293。

〔註225〕季師旭昇：《說文新證》（上），（台北：藝文印書館，民國91年），頁312。

　　季師分析字形可從，楚簡「玄」字多爲甲、金文「幺」之形作 ⅀（曾侯簡 79）；或中間爲塡實之形作 ⅄（郭店簡・老子甲・簡 8）；〔註 226〕或於上下兩端加橫筆作 ⅄、⅄（天星觀遣策簡），〔註 227〕據此，帛書「■」字應釋爲「玄」。「日玄」，即本月稱爲玄月。

【2】

出　　　處	丙 9.1.3／□	丙 9.1.4／可	丙 9.1.5／以	丙 9.1.6／籤	丙 9.1.7／室
帛書字形					
復原字形					

　　嚴一萍〈楚繪書新考〉據辭例，於「日」字下補「玄不可以」四字；〔註 228〕李零《長沙子彈庫楚帛書研究》釋「日玄，可以……」，認爲「玄」字下未有「不」字殘缺。〔註 229〕

　　嘉凌案：依右圖，《楚帛書》「日」、「玄」字旁有明顯折痕，「玄」字下似乎尙有其他殘字筆畫，帛書〈丙篇〉中，「日」某月後，多爲不可以爲某事，因此或可依辭例補「不」字，然由於未見明顯字形，故將《丙 9.1.3》列爲存疑字待考。「□可以籤室」亦見於八月，即□可以進行修築房屋之事。

〔註 226〕滕壬生：《楚系簡帛文字編》，（武漢：湖北教育出版社，1995 年），頁 52「串」字作 ⅄，文義爲人名。嘉凌案：楚簡「串」字於偏旁作 ■（包山簡 2.65 聯字所從），或簡省爲「中」形作 ■（包 2.72 聯字所從），依字形應爲玄字。

〔註 227〕張光裕、滕壬生、黃錫全主編：《曾侯乙墓文字編》，（台北：藝文印書館，民國 86 年），頁 84；張光裕主編，袁師國華合編：《郭店楚簡研究・第一卷・文字編》，（台北：藝文印書館，民國 88 年），頁 290；滕壬生：《楚系簡帛文字編》，（武漢：湖北教育出版社，1995 年），頁 329。

〔註 228〕嚴一萍：〈楚繪書新考〉（中），《中國文字》27 冊，1968 年，頁 31。

〔註 229〕李零：《長沙子彈庫楚帛書研究》，（北京：中華書局，1985 年），頁 79。

【3】

出處	丙 9.2.1／吁	丙 9.2.2／□	丙 9.2.3／□	丙 9.2.4／遅	丙 9.2.5／乃	丙 9.2.6／咎
帛書字形						
復原字形						

1. 丙 9.2.1／吁

　　《楚帛書》「吁」字，嚴一萍〈楚繒書新考〉以吳王光鑑有此字形而釋爲「可」字；〔註230〕李零《長沙子彈庫楚帛書研究》於形隸定，未說明；〔註231〕劉信芳《子彈庫楚墓出土文獻研究》釋「吁」，謂：

　　　　該字又見於郭店簡《語叢二》16：「忘生於吁」。然終不可以卒讀。
〔註232〕

嘉凌案：楚簡「可」字作「可」（包山簡 2.138 反），於偏旁或簡省上端橫作「苛」（包山簡 2.136 苛字所从），〔註233〕而帛書〈丙篇〉中言「可以」或「不可以」之「可」字均未作「吁」形，故應非爲「可」字，且「吁」字形亦見於《郭店簡・語叢二・簡 16》作「吁」，文例爲：

　　　　棳（譃）生於欲，半生於棳（譃），忘（妄）生於吁

　　張光裕《郭店楚簡研究》釋「吁」並認爲「半」與「吁」爲同字，〔註234〕劉釗《郭店楚簡校釋》謂：

　　　　半字見於《改併四聲篇海》和《龍龕手鑑》，同「吁」字，「吁」古
　　　　與「訏」通，《説文・言部》：「訏，詭譌也」，「忘」疑讀爲「妄」，

〔註230〕嚴一萍：〈楚繒書新考〉（中），《中國文字》27 冊，1968 年，頁 31。

〔註231〕李零：《長沙子彈庫楚帛書研究》，（北京：中華書局，1985 年），頁 79。

〔註232〕劉信芳：《子彈庫楚墓出土文獻研究》，（台北：藝文印書館，民國 91 年），頁 117。

〔註233〕張光裕主編，袁師國華合編：《包山楚簡文字編》，（台北：藝文印書館，民國 81 年），頁 85、326。

〔註234〕張光裕主編，袁師國華合編：《郭店楚簡研究・第一卷・文字編》，（台北：藝文印書館，民國 88 年），頁 115。

義爲狂亂，此段簡文說欺詐生於欲望，詭譌生於欺詐，狂亂生於詭譌。〔註235〕

　　李零《郭店楚簡校讀記》認爲「吘」「吁」皆從于得聲，疑「吁」讀爲「吘」。〔註236〕因此綜合諸家說法，「」與「」應爲同字，字形從「口」從「于」，應釋爲「吁」。

2. 丙9.2.2／且

　　《丙9.2.2》字作「」，學者均列爲存疑字，然細審帛書字形，與楚簡「且」字形近，如「且」字作（望山簡2.10）；或字體上下分離，上爲「目」形作（郭店簡‧唐虞之道‧簡5）；於偏旁或下方飾筆簡省爲一橫筆作（包山簡2.259組字所從），〔註237〕與《丙9.2.2》字極爲相似，故補爲「且」字。而〈丙篇〉「可」字後多接「以」字，並敘述忌宜之事，然《丙9.2.2》字並非「以」字，據此，更可知「（吁）」字並非「可」字。

3. 丙9.2.4／㞟

　　《楚帛書》「」字，饒宗頤〈楚帛書新證〉釋「㞟」，〔註238〕李零《長沙子彈庫楚帛書研究》原釋從「角」，後〈《長沙子彈庫戰國楚帛書研究》補正〉贊成饒宗頤先生之說謂爲「徙」之古文。〔註239〕

　　嘉凌案：《楚帛書》「」字從「尾」從「辶」，釋爲「㞟」，於楚簡習見，可讀爲「徙」，如（包山簡2.250），或從「邑」，讀作「沙」，如（包山簡2.78），〔註240〕故帛書「」字釋「㞟」可從。

4. 丙9.2.6／咎

〔註235〕劉釗：《郭店楚簡校釋》，（福州：福建人民出版社，2003年），頁204。

〔註236〕李零：《郭店楚簡校讀記》，（北京：北京大學出版社，2002年），頁171。

〔註237〕張光裕、袁師國華：《望山楚簡校錄》，（台北：藝文印書館，民國93年），頁4；張光裕主編，袁師國華合編：《郭店楚簡研究‧第一卷‧文字編》，（台北：藝文印書館，民國88年），頁14；張光裕主編，袁師國華合編：《包山楚簡文字編》，（台北：藝文印書館，民國81年），頁293。

〔註238〕饒宗頤：〈楚帛書新證〉《楚地出土文獻三種研究》，（北京：中華書局，1993年），頁275。

〔註239〕李零：《長沙子彈庫楚帛書研究》，（北京：中華書局，1985年），頁79；李零：〈《長沙子彈庫戰國楚帛書研究》補正〉《古文字研究》第二十輯，（北京：中華書局，2000年3月），頁175。

〔註240〕張光裕主編，袁師國華合編：《包山楚簡文字編》，（台北：藝文印書館，民國81年），頁379、404。

　　《楚帛書》「」字，曹錦炎〈楚帛書《月令》考釋〉釋「咎」，〔註241〕
陳茂仁《楚帛書研究》認爲似爲「咎」之倒文，疑爲裝裱時不察所致，是以
今據補入。〔註242〕

　　嘉凌案：楚簡「咎」字作 （包山簡 2.210），〔註243〕其倒形作「 」，
與《楚帛書》「 」字全同，故字形釋「咎」無疑。而《睡虎地秦簡》中有關
於至各方位「遷徙」的記載，〔註244〕因此「吁□□遅（徙）乃咎」，疑指若遷
徙或爲某事時，則會有凶咎發生。

【4】

出　處	丙 9.3.1／玄	丙 9.3.2／司	丙 9.3.3／秋
帛書字形			
復原字形			

　　嘉凌案：「玄司秋」爲本月章題，即本月爲玄月，其職司爲主掌秋天。

第四節　《楚帛書》丙篇之四（冬）

壹、釋　文

曰易（陽）。不可燬事。可以折，敘（除）故（去）不
義于四□⋯⋯

易（陽）□□

〔註241〕曹錦炎：〈楚帛書《月令》考釋〉，《江漢考古》第一期，1985 年 1 月，頁 65。
〔註242〕陳茂仁：《楚帛書研究》中正大學國文研究所碩士論文 1996 年，頁 294。
〔註243〕滕壬生：《楚系簡帛文字編》，（武漢：湖北教育出版社，1995 年），頁 667。
〔註244〕睡虎地秦墓竹簡小組編：《睡虎地秦墓竹簡》，（北京：文物出版社，1990 年），
　　　　簡 59 正～63 正。

曰姑（辜）。利祓（侵）伐，可以攻城，可以聚眾，會者（諸）侯，型（刑）嘗（滋）事，飂（戮）不義□。

姑（辜）分長（倀）

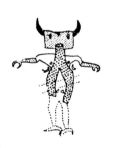

曰荼（荼）。……敆不可以戉（攻）伇□……

荼（荼）司冬

貳、校 注

曰易（陽）【1】。不可煅事【2】。可以折【3】，敆（敘）故（去）不義于四□【4】……

易（陽）□□【5】

【1】

出　　處	丙 10.1.1／曰	丙 10.1.2／易
帛書字形		
復原字形		

第一字，嚴一萍〈楚繒書新考〉據辭例補「曰」字，釋《楚帛書》「易」字爲「易」，謂：

《爾雅・釋天》：「十月爲陽」，與繒書相當。〔註245〕

嘉凌案：據帛書〈丙篇〉辭例可補「曰易」，「易」與「陽」偏旁相同，兩字

〔註245〕嚴一萍：〈楚繒書新考〉（中），《中國文字》27 冊，1968 年，頁 32。

可相通，「曰易」即本月稱爲易（陽）月。

【2】

出　　處	丙 10.1.3／不	丙 10.1.4／可	丙 10.1.5／燬	丙 10.1.6／事
帛書字形				
復原字形				

　　嚴一萍〈楚繪書新考〉釋「不可燬事」；〔註246〕饒宗頤〈楚帛書新證〉「可」字缺釋，釋「燬事」，謂

> 益火旁，爲燬字無疑，燬事即毀事。《周禮・牧人》云：「凡外祭毀事，用尨可也」，鄭註引杜子春：「毀謂副辜侯禳，毀除殃咎之屬」，秦簡日書有毀事與作事爲對，可爲證。〔註247〕

嘉凌案：《丙 10.1.4》字據文例及殘存筆畫，釋「可」可從。《楚帛書》「」字，釋「燬」，讀「毀」無疑。睡虎地秦簡《日書》：

> 八月、九月、十月毀棄南方，爨月、獻馬、中夕毀棄西方，屈夕、援〔夕〕、刑示毀棄北方，夏尸、紡月、毀棄東方，皆吉。

> 援夕、刑尸作事南方，紡月、夏夕、八月作事西方，九月、十月、爨月作事北方，獻馬、中夕、屈夕作事東方，皆吉。〔註248〕

　　劉樂賢《睡虎地秦簡日書研究》討論出認爲「毀棄」與「作事」在詞義上相對立，是反義詞。據此，帛書「毀事」或與《睡虎地簡》「毀棄」同義，與「作事」相對。故「不可毀事」即不可作毀壞之事。

〔註246〕嚴一萍：〈楚繪書新考〉（中），《中國文字》27 冊，1968 年，頁 32。

〔註247〕饒宗頤：〈楚帛書新證〉《楚地出土文獻三種研究》，（北京：中華書局，1993 年），頁 275。

〔註248〕睡虎地秦墓竹簡小組編：《睡虎地秦墓竹簡》，（北京：文物出版社，1990 年），簡 111 正一、簡 112 正一。

【4】

出　處	丙 10.1.7／可	丙 10.1.8／以	丙 10.2.1／折
帛書字形			
復原字形			

　　《楚帛書》「」字，饒宗頤〈楚帛書新證〉釋「折」，讀「誓」，訓「告」謂：

> 《周書・世俘解》：「用小牲羊犬豕于百神水土于誓社」，誓，告也。
>
> 〔註249〕

　　劉信芳《子彈庫楚墓出土文獻研究》釋「折」，讀「製」，謂：

> 秦簡《日書》742：「秀日利以起大事，大祭吉，冠，斲車、折衣常、服帶，吉」，「折衣常」即「製衣裳」，帛書「毀」、「折」相對爲文，知「折」爲「製」之借。〔註250〕

嘉凌案：「不可燬事，可以折」，兩句應爲相對之義，而下段文句爲「除不義」，故「折」字或可解釋爲「折獄」，指斷獄、判案之事，如《尚書・呂刑》：「非佞折獄，惟良折獄」，《論語・顏淵》：「片言可以折獄，其由也與？」，〔註251〕故「可以折」或指可以行斷獄之事，除去不義之人。

【5】

出處	丙10.2.2／斂	丙10.2.3／故	丙10.2.4／不	丙10.2.5／義	丙10.2.6／于	丙10.2.7／四	丙10.2.8／□
帛書字形							

〔註249〕饒宗頤：〈楚帛書新證〉《楚地出土文獻三種研究》，（北京：中華書局，1993年），頁 275。

〔註250〕劉信芳：《子彈庫楚墓出土文獻研究》，（台北：藝文印書館，民國 91 年），頁 119。

〔註251〕王力：《王力古漢語字典》，（北京：中華書局，2000 年），頁 354。

復原字形	釛	敍	不	爻	굿	田	

《楚帛書》「釛」字，嚴一萍〈楚繪書新考〉釋「敍」，疑「捈」字，謂：

> 說文古文从攴之字，皆可从手，此字疑即捈字。《說文》捈，臥引也：
> 从手余聲，讀同都切。〔註252〕

饒宗頤〈楚帛書新證〉釋「敍」，讀「除」，謂：

> 敍即敍之繁形，卜辭有敍字（《前》六・十・三），敍敍為譠詞，猶
> 言除去。去與毆通，《左傳・僖公十五年》：「千乘三去」，《文選・東
> 京賦》：「成禮三毆」，即《易・比卦》之三驅，故「敍敍」，即毆除、
> 驅除之倒言。〔註253〕

嘉凌案：《楚帛書》「釛敍」二字，依字形應釋為「敍敍」，從饒宗頤先生
讀「除去」，而「不義」指不義之人，由於「四」字後未見段落符號，因此後
方應尚有字形，疑可補「方」、「海」、「極」等字，「敍（除）敍（去）不義於
四□」即除去四方不義之人。

【6】

出　　處	丙 10.3.1／易	丙 10.3.2／□	丙 10.3.3／□
帛書字形			
復原字形	易		

嘉凌案：據帛書〈丙篇〉文例及「日易」一句，《丙 10.3.1》字可補為「易」
字。

〔註252〕嚴一萍：〈楚繪書新考〉（中），《中國文字》27 冊，1968 年，頁 32。
〔註253〕饒宗頤：〈楚帛書新證〉《楚地出土文獻三種研究》，（北京：中華書局，1993
　　　　年），頁 275。

　　《丙10.3.2》字極爲殘泐，無法辨識，諸家學者均缺釋；《丙10.3.3》字，嚴一萍〈楚繒書新考〉疑是「義」字；〔註254〕饒宗頤〈楚帛書新證〉釋「羕」，李零《長沙子彈庫楚帛書研究》經目驗帛書後，亦從饒先生釋「羕」。〔註255〕

　　嘉凌案：《楚帛書》「▨」字上部爲「羊」形無疑，其下部筆畫之左半有明顯三斜筆，右半則殘泐不明，楚簡「羕」字作▨（包山簡2.75），〔註256〕兩字相較，上部「羊」形相同，下部若第一「人」形殘泐，字形則相當類似，然檢閱楚簡中其他同樣上部爲「羊」形之字計有六字▨（包山簡2.121 筆字）、▨（包山簡2.249 義字）、▨（包山簡2.49 義字）、▨（信陽簡1.045 善字）、▨（曾侯簡212 羔字）、▨（包山簡2.184 羡字）、▨（包山簡2.221 脁字），〔註257〕而同具左下部三斜筆者，有「義」及「羔」二字之可能，故由殘筆推測，除釋「羕」字外，仍有其他字形之可能，故將字形存疑待考。「易□□」爲本月之章題，字形待考。

曰姑（辜）【1】。利戠（侵）伐【2】，可以攻城【3】，可以聚眾【4】，會者（諸）侯【5】，型（刑）嘗（滋）事【6】，殘（戮）不義□【7】

姑（辜）分長【8】

【1】

出　　處	丙11.1.1／曰	丙11.1.2／姑
帛書字形		
復原字形		

〔註254〕嚴一萍：〈楚繒書新考〉（中），《中國文字》27冊，1968年，頁31。

〔註255〕李零：《長沙子彈庫楚帛書研究》，（北京：中華書局，1985年），頁79。

〔註256〕張光裕主編，袁師國華合編：《包山楚簡文字編》，（台北：藝文印書館，民國81年），頁308。

〔註257〕張光裕主編，袁師國華合編：《包山楚簡文字編》，（台北：藝文印書館，民國81年），頁246、308、309、214；河南省文物研究所：《信陽楚墓》，（北京：文物出版社，1986年），圖版116；張光裕、滕壬生、黃錫全主編：《曾侯乙墓文字編》，（台北：藝文印書館，民國86年），頁113。

《楚帛書》「□□」字，嚴一萍〈楚繒書新考〉釋「姑」，謂：

> 《爾雅‧釋天》：「十一月爲辜」，郝氏《義疏》曰：「辜者故也，十
> 一月陽生欲革故取新也，十月建亥，亥者根荄也，至建子之月而孳
> 孳然生矣。」〔註258〕

嘉凌案：嚴先生釋讀可從，「曰姑」，即本月稱爲姑（辜）月。

【3】

出　　處	丙 11.1.3／利	丙 11.1.4／戠	丙 11.1.5／伐
帛書字形			
復原字形			

　　嚴一萍〈楚繒書新考〉釋此句爲「利侵伐」；〔註259〕饒宗頤〈楚帛書新證〉近一步說明「侵」字，謂：

> 《說文》：「侵，漸進也，從人又持帚，若帚之進，又手也」，此字從
> 戈，侵伐之意甚明。《易‧謙卦》：「利用侵伐，征不服也」，《左‧莊
> 二十九年傳》：「凡師無鐘鼓曰侵」。〔註260〕

嘉凌案：〈丙篇〉此章文字完整，內容清楚，均與征伐之事相關。帛書「□□」
字，從「帚」從「戈」，「侵伐」之意甚明，「利戠（侵）伐」，即本月利於出
兵攻伐。

【4】

出　　處	丙 11.1.6／可	丙 11.1.7／以	丙 11.1.8／攻	丙 11.1.8／城
帛書字形				

〔註258〕嚴一萍：〈楚繒書新考〉（中），《中國文字》27 冊，1968 年，頁 33。
〔註259〕嚴一萍：〈楚繒書新考〉（中），《中國文字》27 冊，1968 年，頁 33。
〔註260〕饒宗頤：〈楚帛書新證〉《楚地出土文獻三種研究》，（北京：中華書局，1993
　　　　年），頁 276。

復原字形	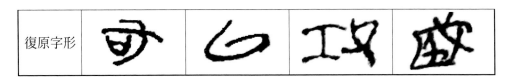		

嘉凌案：《淮南子‧兵略》：「攻城掠地，莫不降下」，〔註261〕故「可以攻城」，即可以出兵攻城掠地。

【5】

出　　處	丙11.2.1／可	丙11.2.2／以	丙11.2.3／聚	丙11.2.4／眾
帛書字形				
復原字形				

嘉凌案：《楚帛書》「可」字，嚴一萍〈楚繒書新考〉謂「可字倒寫」，〔註262〕然細審字形並無倒寫，故於此校正。《莊子‧盜跖》：「聚眾率兵，此下德也」；《孫子‧軍爭》：「合軍聚眾，交和而舍，莫難於軍爭」，〔註263〕故知「可以聚眾」，即可以聚集眾人，為率兵攻伐之準備。

【6】

出　　處	丙11.2.5／會	丙11.2.6／者	丙11.2.7／侯
帛書字形			
復原字形			

〔註261〕〔漢〕劉安：《淮南子》，（台北：臺灣中華書局，1965年），頁112。

〔註262〕嚴一萍：〈楚繒書新考〉（中），《中國文字》27冊，1968年，頁34。

〔註263〕〔周〕莊周：《南華真經》，（台北：臺灣中華書局，1965年），頁209；〔周〕孫子：《孫子》，（台北：臺灣中華書局，1965年），卷七，頁1。

　　嘉凌案：「者侯」，即「諸侯」，爲君主封建時代，由天子分封之各國國君，爲古五等爵之第二等。《易經・比・象》：「先王以建國，親諸侯」；〔註264〕《呂氏春秋・季夏紀》：「不可以合諸侯」，高誘注：「合諸侯，造盟會也」，〔註265〕故「會者侯」，即會合諸侯，締結盟會之意。

【7】

出　　處	丙 11.2.8／型	丙 11.2.9／嘗	丙 11.3.1／事
帛書字形			
復原字形			

　　《楚帛書》「型」字，商承祚〈戰國楚帛書述略〉謂信陽竹簡竹書以「型」爲「刑」；釋《楚帛書》「首」字爲「首」，謂：

　　　刑首事，即刑其首難之人。〔註266〕

　　饒宗頤〈楚帛書新證〉釋「百」，謂：

　　　勘以秦簡（乙二十八）宮屢言「百事吉」、「百事凶」，以釋「百」爲妥。〔註267〕

　　李零《長沙子彈庫楚帛書研究》從商先生之說釋「首」，謂：

　　　《吳越春秋》卷五：「子胥曰：今年七月辛亥平旦，大王以首事」，首事即舉事。古人說春夏行德，秋冬行刑，此月看來是宜于行兵刑之事最主要的一個月。〔註268〕

　　劉信芳《子彈庫楚墓出土文獻研究》釋「首」曰：

　　　《史記・項羽本紀》：「今陳勝首事，不立楚後而自立，其勢不長」，

〔註264〕〔清〕阮元校勘：《周易》，十三經注疏本，（台北：藝文印書館，民國78年），頁37。

〔註265〕〔秦〕呂不韋：《呂氏春秋》，（台北：廣文書局，1978年），頁135～136。

〔註266〕商承祚：〈戰國楚帛書述略〉，《文物》第九期，1964年9月，頁18。

〔註267〕饒宗頤：〈楚帛書新證〉《楚地出土文獻三種研究》，（北京：中華書局，1993年），頁276。

〔註268〕李零：《長沙子彈庫楚帛書研究》，（北京：中華書局，1985年），頁80。

又《陳涉世家》：「其所置遣侯王將相竟亡秦，由涉首事也」，知「首事」，謂領頭舉大事者。〔註269〕

　　嘉凌案：綜合上述學者意見，共有「百」、「首」兩種意見，然證於古文字字形，均不可從。

　　「百」字甲文字作 ▨（《乙》6863 反）、▨（《拾》14.14）；金文作 ▨（史頌簋）；楚簡文字「百」字作 ▨（信陽簡 2.029），字形承甲、金文，或於上方加橫筆爲飾作 ▨（包山簡 2.138），〔註270〕然細觀帛書「▨」字上端，並非橫筆，字形與「百」字明顯有別，故知饒宗頤先生釋「百」不可從。

　　「首」字甲文作 ▨（《乙》3401）、▨（《柏》23）；金文作 ▨（沈子它簋）、▨（頌鼎），或目部簡化作 ▨（頌壺），亦簡省毛髮狀作 ▨（帀伯簋）；楚簡文字作 ▨（包山簡 2.269），或於上端加橫筆爲飾作 ▨（信陽簡 2.029），與楚簡「百」字同形，於偏旁或作 ▨（天星觀卜筮簡憂字所從），首形部分橫筆變化爲「大」形；或首形上端橫筆簡省作 ▨（包山簡牘 1 項字所從），〔註271〕然所舉諸形與《楚帛書》「▨」字均明顯有別，故知商承祚、李零、劉信芳等先生釋「首」非是。而《楚帛書》此字又見於其他楚簡：

　　《包山簡 2.269》：▨ 皐
　　《包山簡 2.270》：▨ 皐
　　《包山簡 2.276》：四馬 ▨

　　滕壬生《楚系簡帛文字編》、湯餘惠《戰國文字編》、李守奎《楚文字編》均將「▨」、「▨」、「▨」均列於「首」字頭下。〔註272〕上海博物館藏戰國

〔註269〕劉信芳：《子彈庫楚墓出土文獻研究》，（台北：藝文印書館，民國91年），頁122。

〔註270〕中國社會科學院考古研究所：《甲骨文編》，（北京：中華書局，1965年），頁165；容庚編：《金文編》，（北京：中華書局，1985年），頁249；河南省文物研究所：《信陽楚墓》（北京：文物出版社，1986年），圖版128；張光裕主編，袁師國華合編：《包山楚簡文字編》，（台北：藝文印書館，民國81年），頁267。

〔註271〕中國社會科學院考古研究所：《甲骨文編》，（北京：中華書局，1965年），頁371；容庚編：《金文編》，（北京：中華書局，1985年），頁630；張光裕主編，袁師國華合編：《包山楚簡文字編》，（台北：藝文印書館，民國81年），頁448、449；河南省文物研究所：《信陽楚墓》，（北京：文物出版社，1986年），圖版128；滕壬生：《楚系簡帛文字編》，（武漢：湖北教育出版社，1995年），頁713、423、711。

〔註272〕滕壬生：《楚系簡帛文字編》，（武漢：湖北教育出版社，1995年），頁713；

楚簡出版之後，此字亦見於《上博五》、《上博六》（見下文引），上博原考釋者或釋爲「首」、或釋爲「之首」。〔註273〕劉洪濤〈上博竹書〈愼子曰恭儉〉校讀〉〔註274〕首先根據劉建民先生的未刊稿把《上博六》的「首△茅芺（蒲）」讀爲「首戴茅芺（蒲）」，其後沈培先生接受這個隸定，對此字進行了字形分析，他根據《上博五》、《上博六》的文字資料，對此字進行分析與校訂，指出此字應從「首」、「之」聲。沈文所列相關字形九例如下：〔註275〕

(1) ![字] 鞲　《古璽彙編》3376

(2) ![字] □　《古璽彙編》3487

(3) ![字] 童頁　《古璽彙編》3645

(4) 御，良烏 ![字] 翠造。《信陽》2.4

(5) 一柸 ![字] 因（絪）。《信陽》2.21

(6) 一和贏甲， ![字] 冑，綠組之縢；御右二貞犍甲，皆 ![字] 冑，紫縢。《包山》簡 269～270、《包山》牘 1

(7) 此以桀折於鬲山，而受 ![字] 於只社，身不沒，爲天下笑。《上博（五）·鬼神之明》簡 2 背和簡 2 正

(8) 禦於杸述，陳公子皇 ![字] 皇子。王子回敓（奪）之，陳公爭之。《上博（六）申公臣靈王》簡 4～5

(9) 首 ![字] 芺（蒲），樸筊（蓧）執櫨（鉏）。
《上博（六）愼子曰恭儉》簡 5

李守奎：《楚文字編》，（上海：華東師範大學出版社，2003 年），頁 537；湯餘惠：《戰國文字編》，（福州：福建人民出版社，2001 年），頁 612。

〔註273〕曹錦炎先生釋「首」，馬承源主編：《上海博物館藏戰國楚竹書》（五），（上海：古籍出版社，2005 年），頁 316；陳佩芬先生釋「首」，馬承源主編：《上海博物館藏戰國楚竹書》（六），（上海：古籍出版社，2007 年），頁 247；李朝遠先生釋「之首」合文，馬承源主編：《上海博物館藏戰國楚竹書》（六），（上海：古籍出版社，2007 年），頁 281。

〔註274〕劉洪濤〈上博竹書〈愼子曰恭儉〉校讀〉，簡帛網站 2007 年 07 月 06 日。

〔註275〕沈培：〈釋戰國時代從"之"從"首（或從'頁'）"之字〉，簡帛網站 2007 年 07月 17 日。

　　或許由於帛書「」字形太過模糊，因此滕壬生《楚系簡帛文字編》、湯餘惠《戰國文字編》、李守奎《楚文字編》均未將字形列入「首」字下，因此沈培先生並未將帛書「」字列入探討。

　　沈文認爲此形應从「首」「之」聲，讀「戴」，因此（1）～（3）爲姓氏之「戴」；（4）爲「戴翠造」；（5）爲「戴絪」；（6）爲「戴胄」，又據《郭店・老子甲》簡36，將（7）、（8）讀爲「得」，謂：

> 《郭簡・老子甲》簡36 "得與亡孰病" 的 "得" 即作 形，應當是从貝之聲而讀爲 "得"。此句 "亡" 字下面也加 "貝" 形，與 "得" 取義相同，都是指財貨的得與亡。可見，戰國文字中 "得" 字並非只有一種固定的寫法。因此，我們把例（8）的 讀爲 "得"，並非沒有一點字形上的根據。准此，再看例（7）中的 ，可知也當讀爲 "得"。

沈培先生的字形分析正確可從，案之文例也都文從句順，應該是可以成立的。根據這個分析，我們認爲《楚帛書》的「」字也應該分析爲从「首」、「之」聲。「之」字甲文作 （乙570）、（鐵16.1）；金文作 、（善克夫鼎）；楚簡文字作 （包山簡2.16）、（包山簡2.2）、（上博二・民之父母・簡1），於偏旁或作 （包山簡2.140 先字所从）、（包山簡2.140 反先字所从）。〔註276〕「止」字甲文作 （甲600），或填實作 （甲2744）；金文作 （召伯簋二）；楚簡文字作 （天星觀卜筮簡），〔註277〕季師旭昇謂：

> 之、止兩字形音義俱近，或以爲偏旁可以互作，其實在古文字中，除秦文字中偶見互作外，二者區別極嚴，……「止」字都是三筆，和「屮（之）」字作四筆者，區別非常嚴格。直到熹平石經（止）才訛爲四筆，和「之」就很容易相混了。〔註278〕

〔註276〕中國社會科學院考古研究所：《甲骨文編》，（北京：中華書局，1965年），頁270；容庚編：《金文編》，（北京：中華書局，1985年），頁414；張光裕主編，袁師國華合編：《包山楚簡文字編》（台北：藝文印書館，民國81年），頁10、54；馬承源主編：《上海博物館藏戰國楚竹書》（二），（上海：古籍出版社，2002年），頁154。

〔註277〕中國社會科學院考古研究所：《甲骨文編》，（北京：中華書局，1965年），頁55；容庚編：《金文編》，（北京：中華書局，1985年），頁84；滕壬生：《楚系簡帛文字編》，（武漢：湖北教育出版社，1995年），頁119。

〔註278〕季師旭昇：《說文新證》（上），（台北：藝文印書館，91年），頁498、97。

　　《楚帛書》「」字上部乍看有點像「止」形，不過仔細分辨，此字上部實爲四筆作「」，因此仍應釋爲从「之」聲，隸定當作「嘗」。故帛書「型事」一句可讀爲「刑滋事」，楚簡「型」可讀「刑」，如《信陽簡》1.01：「戔（賤）人格上則（刑）戮至」，《上博二‧容成氏‧簡4》：「不（刑）不殺」；〔註279〕「之」古音照母之部，「滋」古音精母之部，〔註280〕照母爲正齒音，精母爲齒頭音，〔註281〕兩字發音部位相近，韻母同爲之部，故「嘗」可讀爲「滋」。

　　「滋」，《說文‧水部》：「滋，益也」，《玉篇‧水部》：「滋，長也」，《廣韻‧之部》：「滋，繁也」，〔註282〕因此「滋事」即生事，因此「刑滋事」，即刑殺滋生事端之人，而下文「戮不義」，爲殺戮不義之人，「刑」與「戮」同義，由信陽簡1-01文句可知，故「刑滋事，戮不義」爲同義之對句，或爲互文見義。

【8】

出　　處	丙 11.3.2／戮	丙 11.3.3／不	丙 11.3.4／義	分段符號
帛書字形				
復原字形				

　　《楚帛書》「」字，饒宗頤〈楚帛書新證〉釋「戮」之俗字，謂：

　　从「歹」「翏」聲，爲戮之俗字，然戰國已見之。《說文》：「戮，殺也」，《晉語》：「戮其死者」，韋註：「陳尸爲戮」，《淮南‧時則訓》：「以征不義」，語同。〔註283〕

〔註279〕河南省文物研究所：《信陽楚墓》（北京：文物出版社，1986年），頁125，圖版113；馬承源主編：《上海博物館藏戰國楚竹書》（二），（上海：古籍出版社，2002年），頁253。

〔註280〕郭錫良：《漢字古音手冊》，（北京：北京大學出版社，1986年），頁50、58。

〔註281〕陳師新雄：《古音研究》，（台北：五南書局，民國88年），頁634。

〔註282〕宗福邦、陳世鐃、蕭海波：《故訓匯纂》，（北京：商務印書館，2003年），頁1294。

〔註283〕饒宗頤：〈楚帛書新證〉《楚地出土文獻三種研究》，（北京：中華書局，1993

　　嘉凌案：饒先生之說可從。「殘（戮）不義」，即戮殺不義之人，與上文「刑脅（滋）事」爲同義對句。

【9】

出　　處	丙 11.4.1／姑	丙 11.4.2／分	丙 11.4.3／長
帛書字形			
復原字形			

　　嘉凌案：「姑分長」爲本月章題，故「分長」應與戰爭殺戮等事相關，疑可讀爲「分倀」，指本月適合除不義之人事。

曰莁（荼）【1】。……銮【2】不可以戕（攻）哎□【3】……

莁（荼）司冬【4】

【1】

出　　處	丙 12.1.1／曰	丙 12.1.2／莁
帛書字形		
復原字形		

　　嚴一萍〈楚繒書新考〉據辭例補第一字爲「曰」，嘉凌案：可從。第二字，嚴一萍〈楚繒書新考〉據章題名「莁司多」補字，並釋爲「莁」，謂：

> 《説文》：「黃莁也，从艸金聲」，……《爾雅・釋天》：十二月爲涂，郝氏《義疏》曰：「涂者古本作荼」，今以繒書證之，則古本《爾雅》之「荼」，當爲「莁」之譌。……本節僅存一行，當缺去一行。

年），頁 276。

且認爲「荃」字下有「不可以」三字，將此句讀爲「日荃不可以□□□□鈙」。
〔註284〕

　　商承祚〈戰國楚帛書述略〉釋「堇」，〔註285〕饒宗頤〈楚帛書新證〉不認爲「日」下有缺字，逕自連下字讀「日鈙：不可以攻……」，認爲「鈙」乃「荃司夕」之「荃」字增攴旁之異寫。〔註286〕

　　嘉凌案：楚簡「金」字作 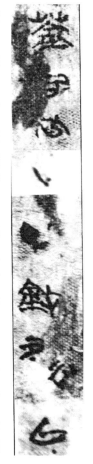（包山簡 2.110），或於上下均加飾筆作 （包山簡 2.116）。〔註287〕細審《楚帛書》「荃」字，下部明顯从「土」，與「金」字有別，釋从「金」非是。楚簡「里」字作 （包山簡 2.22），〔註288〕與帛書「荃」字所从完全不同，故釋「里」不可從。

　　楚簡「余」字作 （包山簡 2.149），與《楚帛書》「荃」字所从完全相同，「余」字或下端加斜筆作 （郭店簡・成之聞之・簡33）、 （郭店簡・成之聞之・簡36），於偏旁或簡省中間豎筆作 （包山簡 2.154 舍字所从），〔註289〕據此，帛書「荃」字應釋爲「荃」。

　　帛書此處拼接紊亂，「荃司夕」下「日」字，明顯爲拼接，參見右圖，因此中間是否尚有其他殘字亦無法得知。由於〈丙篇〉中未見章題名與日下「某」字形不同者，因此「日」字下應可補「荃」字，故不取饒宗頤先生之說讀「日鈙」；且亦因未見任何字形於「日」字下，故不從嚴一萍先生補「不可以」等字，僅於「鈙」前列缺字。「日荃」即本月稱爲荃月。

〔註284〕嚴一萍：〈楚繒書新考〉（中），《中國文字》27 冊，1968 年，頁 35。

〔註285〕商承祚：〈戰國楚帛書述略〉，《文物》第九期，1964 年 9 月，頁 18。

〔註286〕饒宗頤：〈楚帛書新證〉《楚地出土文獻三種研究》，（北京：中華書局，1993年），頁 277。

〔註287〕張光裕主編，袁師國華合編：《包山楚簡文字編》，（台北：藝文印書館，民國81 年），頁 415。

〔註288〕張光裕主編，袁師國華合編：《包山楚簡文字編》，（台北：藝文印書館，民國81 年），頁 413。

〔註289〕張光裕主編，袁師國華合編：《包山楚簡文字編》，（台北：藝文印書館，民國81 年），頁 45、325；張光裕主編，袁師國華合編：《郭店楚簡研究・第一卷・文字編》，（台北：藝文印書館，民國 88 年），頁 59。

【3】

出　　處	丙 12.1.3／□	丙 12.1.4／叙
帛書字形		
復原字形		

　　《楚帛書》「叙」字，嚴一萍先楚繒書新考〉釋「鈙」，認爲是「捈」字，謂：

　　　　繒書从攴作，蓋古文多如此，此捈字無疑也。〔註290〕

　　饒宗頤〈楚帛書新證〉釋「叙」，認爲「叙」乃「荃司多」之「荃」字增攴旁之異寫。〔註291〕李學勤《簡帛佚籍與學術史》釋「叙」，讀「除」。〔註292〕

　　嘉凌案：楚簡「金」字作（包山簡 2.110），或於上下均加飾筆作（包山簡 2.116），〔註293〕與帛書「叙」字相較，明顯不同，釋从「金」非是。

　　楚簡「余」字作（包山簡 2.149），與帛書「荃」字所从完全相同，「余」字或下端加斜筆作（郭店簡・成之聞之・簡 33）、（郭店簡・成之聞之・簡36），於偏旁或簡省中間豎筆作（包山簡 2.154 舍字所从）。據此，帛書「叙」字釋「叙」無疑，然由於前後文句殘失，故確切文意待考。

【4】

出處	丙 12.1.5／不	丙 12.1.6／可	丙 12.1.7／以	丙 11.1.8／戏	丙 11.1.9／㕧	丙 11.1.10／□
帛書字形						

〔註290〕嚴一萍：〈楚繒書新考〉（中），《中國文字》27 冊，1968 年，頁 36。

〔註291〕饒宗頤：〈楚帛書新證〉《楚地出土文獻三種研究》，（北京：中華書局，1993 年），頁 277。

〔註292〕李學勤：《簡帛佚籍與學術史》，（南昌：江西教育出版社，2001 年），頁 58。

〔註293〕張光裕主編，袁師國華合編：《包山楚簡文字編》，（台北：藝文印書館，民國 81 年），頁 415。

| 復原字形 | 宰 | 筍 | 己 | 戉 | | |

《楚帛書》「戉」字，字體稍有變形，諸家學者僅釋「攻」，於字形並無說明。

嘉凌案：〈丙篇〉「姑月」中「攻」字作「工攴」，從「工」從「攴」，右半「攴」形明顯與帛書「戉」字不同，字形應從「工」從「戈」，「戈」形右上斜筆疑因淡失，同樣從「戈」字形亦見於《郭店・成之聞之・簡10》作「戈」，〔註294〕文例爲「戈（攻）諸侯」，故帛書「戉」字應釋「戉」讀「攻」。

李零〈《長沙子彈庫戰國楚帛書研究》補正〉於「攻」下補「城」字。〔註295〕

嘉凌案：依右圖，「攻」字下方有明顯拼接痕跡，因此「攻」字是否與下字連讀，或中間有缺字，無法確知，而「攻」字下一字作「」，右部明顯從「殳」，其「殳」形亦見於同篇之「殺」字「」（丙1.2.2），然由於左半無法辨識，故釋字形右半部從「殳」，左半部待考。據此，李零先生補「城」字則有待商榷。由於本月爲冬天，本不適合戰爭，故「不可以戈（攻）□□」即不可以攻打某處。

【4】

出　處	丙12.2.1／荃	丙12.2.2／司	丙12.2.3／冬
帛書字形			
復原字形	荃	司	冬

嘉凌案：「荃司冬」爲本月章題，即荃月之職司爲掌理冬天。

〔註294〕張光裕主編，袁師國華合編：《郭店楚簡研究・第一卷・文字編》，（台北：藝文印書館，民國88年），頁213。

〔註295〕李零：〈《長沙子彈庫戰國楚帛書研究》補正〉《古文字研究》第二十輯，（北京：中華書局，2000年3月），頁176。

第五章　結　論

第一節　《楚帛書》字數、字量、字頻

現將過去幾種《楚帛書》主要摹本字數比較，圖示如下：[註1]

	蔡修渙摹本字數				商承祚摹本字數				林巳奈夫摹本字數			
	摹存字	殘字	誤字	正字	摹存字	殘字	誤字	正字	摹存字	殘字	誤字	正字
甲篇	170		23	147	258	33	23	202	260	28	22	210
乙篇	299		61	238	379	36	39	304	389	46	25	318
丙篇	123		49	79	202	36	29	137	222	39	28	155
總計	952		133	459	839	105	91	643	871	103	75	683

	巴納（2）摹本字數				饒宗頤（2）摹本字數				紅外線照片字數			
	摹存字	殘字	誤字	正字	摹存字	殘字	誤字	正字	缺字	殘字	整字	小計
甲篇	262	35		227	263	29	1	233	2	23	242	267
乙篇	402	40	5	357	406	39	1	366	7	29	376	412
丙篇	242	34	4	204	243	28	3	212	21	21	231	273
總計	906	109	9	788	912	96	5	811	30	73	849	952

　　在《楚帛書》字數部分，據圖表可知，目前摹存最多字者爲饒宗頤先生本，共計摹存 912 字，正字 811 字，而本論文共計摹存 967 字，正字提高至

〔註 1〕　參見曾憲通：〈楚帛書研究四十年〉，《楚帛書》，（香港：中華書局香港分局，1985 年），頁 177～178。

886 字，這些都是因近年來楚簡資料的陸續公布及電腦設備的與日進步，及眾多學者的致力研究下，使得近年文字考釋成果可觀而豐碩，故本論文才能對《楚帛書》歷來的未釋或誤釋文字有更進一步的突破。

字量，是指在一定歷史階段或某一作品中實施使用的單字總數。在《楚帛書》部分，本論文統計《楚帛書》單字字量有 319 字，加上重文及合文部分，並扣除重覆字形，計有字量 323 字。

字頻，指文字在某一範圍、書面作品上的反覆出現率。在《楚帛書》字頻部分，頻率最高者為「以、不、又、日」四字，今將字數及字頻、字量統計表羅列如下：

編號	字數	字頭	編號	字數	字頭	編號	字數	字頭
1	28	以	22	8	歲	43	5	悳
2	26	不	23	8	亂	44	4	大
3	22	又	24	7	亡	45	4	土
4	21	日	25	7	木	46	4	五
5	16	四	26	7	行	47	4	事
6	15	亓	27	6	山	48	4	帝
7	16	可	28	6	川	49	4	胃
8	15	之	29	6	三	50	4	敬
9	15	是	30	6	出	51	4	遊
10	14	乃	31	5	子	52	3	二
11	13	則	32	5	凶	53	3	下
12	12	天	33	5	司	54	3	勿
13	11	神	34	5	母	55	3	帀
14	10	女	35	5	寺	56	3	生
15	10	月	36	5	宎	57	3	未
16	10	乍	37	5	邦	58	3	至
17	10	民	38	5	雨	59	3	亙
18	10	隹	39	5	尋	60	3	攻
19	9	于	40	5	尚	61	3	咎
20	9	為	41	5	陵	62	3	坓
21	8	取	42	5	匿	63	3	風

編號	字數	字頭	編號	字數	字頭	編號	字數	字頭
64	3	相	95	2	見	126	2	荃
65	3	思	96	2	余	127	2	墨
66	3	言	97	2	命	128	2	鹹
67	3	降	98	2	青	129	2	臧
68	3	倉	99	2	奉	130	2	潢
69	3	黃	100	2	武	131	2	嫪
70	3	虞	101	2	妾	132	2	橪
71	3	遝	102	2	秉	133	2	喦
72	3	鼠	103	2	姑	134	2	衛
73	3	臺	104	2	春	135	2	繇
74	3	籤	105	2	秋	136	2	壤
75	2	九	106	2	星	137	2	蕳
76	2	人	107	2	丳	138	1	十
77	2	弋	108	2	既	139	1	千
78	2	幺	109	2	欿	140	1	夕
79	2	少	110	2	室	141	1	凡
80	2	分	111	2	易	142	1	上
81	2	冬	112	2	峽	143	1	才
82	2	正	113	2	夏	144	1	允
83	2	弗	114	2	湦	145	1	水
84	2	自	115	2	紲	146	1	日
85	2	㐬	116	2	弢	147	1	方
86	2	而	117	2	備	148	1	內
87	2	各	118	2	奠	149	1	王
88	2	百	119	2	閏	150	1	云
89	2	卉	120	2	厤	151	1	壬
90	2	成	121	2	智	152	1	火
91	2	脣	122	2	熙	153	1	尻
92	2	臣	123	2	緷	154	1	白
93	2	吝	124	2	發	155	1	用
94	2	祀	125	2	義	156	1	丙

編號	字數	字頭	編號	字數	字頭	編號	字數	字頭
157	1	北	188	1	非	219	1	宵
158	1	朏	189	1	東	220	1	素
159	1	回	190	1	所	221	1	退
160	1	凼	191	1	季	222	1	恭
161	1	州	192	1	明	223	1	浴
162	1	共	193	1	或	224	1	家
163	1	刉	194	1	征	225	1	畜
164	1	厇	195	1	妻	226	1	笑
165	1	西	196	1	者	227	1	訓
166	1	安	197	1	長	228	1	腜
167	1	亥	198	1	故	229	1	章
168	1	同	199	1	枲	230	1	堎
169	1	羊	200	1	晦	231	1	虜
170	1	吁	201	1	祝	232	1	恩
171	1	伐	202	1	亟	233	1	堵
172	1	每	203	1	墬	234	1	敇
173	1	汨	204	1	汩	235	1	晝
174	1	攻	205	1	紀	236	1	羕
175	1	赤	206	1	建	237	1	桓
176	1	炎	207	1	哉	238	1	牺
177	1	癹	208	1	前	239	1	雩
178	1	步	209	1	故	240	1	終
179	1	兵	210	1	城	241	1	淺
180	1	身	211	1	侯	242	1	婁
181	1	記	212	1	型	243	1	脂
182	1	邑	213	1	逃	244	1	祭
183	1	旱	214	1	朕	245	1	從
184	1	折	215	1	涉	246	1	殺
185	1	利	216	1	俍	247	1	梟
186	1	於	217	1	旁	248	1	莫
187	1	坪	218	1	逆	249	1	敍

編號	字數	字頭
250	1	眾
251	1	逞
252	1	單
253	1	楠
254	1	敢
255	1	朝
256	1	羿
257	1	萬
258	1	進
259	1	童
260	1	堯
261	1	惠
262	1	惻
263	1	欽
264	1	無
265	1	毅
266	1	散
267	1	暑
268	1	哉
269	1	寵
270	1	虜
271	1	填
272	1	萬
273	1	達
274	1	雾
275	1	福
276	1	緜
277	1	會
278	1	嘗
279	1	寬
280	1	褘

編號	字數	字頭
281	1	逥
282	1	像
283	1	鳶
284	1	聚
285	1	鋆
286	1	霆
287	1	敓
288	1	虘
289	1	殢
290	1	逪
291	1	融
292	1	叡
293	1	嫛
294	1	興
295	1	霝
296	1	襡
297	1	龍
298	1	熭
299	1	瀘
300	1	職
301	1	臺
302	1	鐋
303	1	難
304	1	霝
305	1	瀧
306	1	饌
307	1	彊
308	1	華
309	1	澤
310	1	翏
311	1	入

編號	字數	字頭
312	1	弋
313	1	百
314	1	吪
315	1	工
316	1	遷
317	1	坣
318	1	且
319	1	李
可　釋　字		835

編號	字數	合文
1	8	日月
2	2	上下
3	1	一月
4	1	七日
5	1	至于
總　　計		26

編號	字數	重文
1	1	李=
2	1	喜=
3	1	夢=
4	1	弼=
5	1	墨=
總　　計		5
可釋總計		886
缺字數	17	甲篇
	35	乙篇
	28	丙篇
總　　計		81
帛書總字數		967

第二節　《楚帛書》文字考釋成果總結

　　歷來學者未提及之字形成果及校訂，本論文統計共十九字，簡述如下：

一、甲　篇

1. 甲 2.25／恩

　　細觀「字」字形下部从心，但「心」字最後一筆墨色已淡，故剩餘筆畫看起來有點像「十」字形。上部「○」形中應爲「人」形加橫畫飾筆而形成之「千」形，與《郭店簡・語叢二》簡 30「字」應爲同字，隸定作「恩」，从「心」、「囟」聲，即「慍」字異體。

2. 甲 3.4／徵

　　雖然「字」字因墨跡擴散略有不明，然其筆畫仍清晰可辨，若將帛書模糊處去除，則帛書字形與《包山簡 2.128 反》「字」字同形，應分析爲从「辵」从「㞢」，隸定爲「遑」，讀「升」。

3. 甲 7.7／剠

　　「字」字左部明顯有「刀」形殘筆，故並非爲污點，左旁應从「刀」；而右旁字形，有「夸」及「冢」二種說法，然均無法說明典籍中共工惡神形象及相關文意。而最近陳劍先生將這類字形釋爲「亢」（待刊），若說法可以成立，本句可釋爲「共工剠（抗）步」，〔註2〕即共工倒施逆行，與天帝作對，如此文通義順。

二、乙　篇

4. 乙 1.20／尚

　　由於字形下方有兩橫筆淡跡，故學者均釋爲重文「尚尚」。然細審字下之

〔註 2〕據季師旭昇意見。

兩淡筆，應爲豎畫之殘跡，非重文或合文符號。據《楚帛書》重文或合文符號均於右下側加兩明顯橫筆，如《乙篇》「日月」合文作「」、「李」之重文作「」、「七日」合文作「」，均非位於字形之正下方，故可恢復作「」。

5. 乙 2.29／歲

　　學者或言「歲」字有重文符號。然據放大字形，「歲」字下並無重文符號，而是有一殘字「」，似從「宀」，但下方不明，確切字形待考，因此本句應釋爲「李歲□月」。

6. 乙 6.13／㞢

　　學者認爲《乙 6.13》是「之」字分裂。然統計《楚帛書》中殘字共有兩類：一爲字體逕自上下分離，如「惪」字作 （乙 5.12）；二爲字體分離時，因折疊或其他原因，造成字體上下重覆，如「隹」字作「」（乙 6.32）。然細審《乙 6.13》中間有一模糊橫筆，與下方橫筆之書寫方式有別，顯然是有另一筆畫，故此種字體分離情形應屬於第一類，因此據殘筆筆畫，字體應可復原作「」，釋爲「㞢」。

7. 乙 9.17／百

　　由於《乙 9.17》下方字形殘泐，因此學者據文意釋「羣」，或據殘形釋爲「亓」。然若本句釋爲「亓神是享」，則與「眾神」文意不符，故疑此字應爲「百」字之殘筆，據同篇「百」字作「」（乙 11.12），上部二橫筆與《乙 9.17》殘筆完全相同，且「百神是享」與上下文意較爲相符，故補字形爲「」。

8. 乙 10.32／工

　　細審「下」字上方明顯有一短橫筆，學者均未討論。故此次應有一字，依殘存筆畫，疑可補爲「工」字，楚簡「工」字作「（曾侯簡 31 左字所從），或爲作「」（曾侯簡 16

左字所从），疑《乙 10.32》中間豎筆淡失。

9. 乙 11.2／

《乙 11.2》之左部偏旁，學者均認爲从「示」。然考諸楚簡「示」字形下端均爲三豎筆，且帛書中「神」字殘文作「」，其「示」旁仍舊爲明顯之「三豎筆」。而左旁「兩豎筆」字形亦見於同篇「」（乙 12.26），學者均釋此字爲「祀」，然帛書「祀」字作「」（乙 11.23），不僅左部豎筆數不同，右部筆法亦有別，故「」是否爲「祀」字，仍有待商榷。爲審愼處理，故將「」之左部偏旁缺釋。

10. 乙 11.20／前

學者將此字釋爲「之」，然字形下方明顯有一左起筆痕跡，而楚簡「前」字作「」（包山簡 2.122），兩字上方均同，下方起筆處方向亦相同，故缺字可補爲「」。

11. 乙 12.28／遝

《乙 12.28》字之「又」形下方明顯有一橫筆，故字形从「寸」从「彳」从「止」。然由於「又」形上方橫筆殘漓不明，故字形可能爲「返」或「遝」字，「遝」字作（《郭店・五行・簡 45》），《上博二・容成氏・簡 3》有此字讀「役」。據帛書前後文意，字形讀「役」較符合文句意理，故釋「遝」較佳。

三、丙　篇

12. 丙 2.2.8／妾

學者認爲《丙 2.2.8》爲「女」字之殘，據上方「臣」字，而釋殘字爲「妾」。然細審殘形與「女」字筆法不類，「立」形之上橫筆明顯，且帛書「妾」字作（丙 5.3.8），可見《丙 2.2.8》應爲「立」形殘存，但經擠壓而稍有變形。

13. 丙 5.3.1／祀

字形釋「祀」無疑，曾憲通《長沙楚帛書文字編》摹此字作「」，右旁「巳」形為中間填實之形；滕壬生《楚系簡帛文字編》摹字作「祀」。然細審放大字形，「巳」旁筆畫雖相近，但中間並未填實，且筆法亦與滕壬生先生字形有別，故於此對兩文字編字形予以校訂。

14. 丙 6.1.10／𥄗

學者疑此字為「遝」，然與中間字形稍有不類，故疑此字可隸作「𥄗」，〔註3〕與金文「𨟻（襲）」字左旁所從相同。據此，本句讀為「水師不襲」，即水師不能侵襲。

15. 丙 6.1.12／𥄗

學者疑此字為「敗」、或從「昏」，然據古文字均不可從。字形與《丙6.1.10》相似，疑兩字為同字。〔註4〕

16. 丙 6.2.5／□

學者釋此字為「下」，然楚簡「下」字作 下（包山簡2.220）；或於上部加橫畫飾筆作 亐（包山簡2.182），可知「下」字筆法與《丙6.2.5》不同，其筆法與「大」、「而」、「天」等字較相似，然由於左上方字體墨跡模糊，故確切字體待考。

17. 丙 7.2.6／実

此字上部從「宀」無疑，然「宀」形內字體，學者有「火」及「入」兩種意見，然以古文字字形證之，均不可從。細審字形上方橫筆「右端」為上揚之形，「大」形左旁有一向內勾筆，據此，字形應從「宀」從「夭」，釋「実」，字形可恢復作「」。故本句讀為「又（有）梟実（妖）于上下」。

〔註3〕據季師旭昇意見。
〔註4〕據季師旭昇意見。

18. 丙 9.2.2／且

　　學者均列《丙 9.2.2》爲存疑字，然細審帛書字形，與楚簡「且」字形近，如「且」字作 ⾂（望山簡 2.10）；或字體上下分離，上爲「目」形作 ⾂（郭店簡・唐虞之道・簡5）；於偏旁或下方飾筆簡省爲一橫筆作 ⾂（包山簡2.259 組字所從），字形與《丙 9.2.2》字極爲相似，故疑可補「且」字。

19. 丙 11.2.9／嘗

　　學者共有「百」、「首」兩種意見，然證於古文字字形，均不可從。而此字上部乍看像「止」形，不過仔細分辨，上部實爲四筆作「⺊」，因此字形從「之」，應恢復作「⾂」，隸「嘗」。

第三節　《楚帛書》文字書寫習慣分析

　　《楚帛書》是迄今所見最早一幅圖文並茂的墨書眞跡。其行款十分講究，設計別出心裁，雖沒有馬王堆帛書的朱絲欄，卻行列整齊，字與字之間的間隔十分勻稱，堪稱絕妙，具有極高的藝術價值。

　　馬國權〈戰國楚竹簡文字略說〉曾就長沙、信陽、望山三地出土竹簡文字詳加論列，並指出信陽簡均修長，筆畫均細工整；望山簡一略呈長形，一略帶扁平，結構均基本勻稱；長沙簡字形平扁，筆道寬厚，用筆均較草率，他還指出，竹簡文字與《楚帛書》的結構風格均相符合。〔註5〕

　　其後，饒宗頤〈楚帛書之書法藝術〉分析帛書字形認爲：

　　　　帛書結體，在篆、隸之間，形體爲古文，而行筆則開隸勢，所有橫筆，微帶波挑，收筆往往稍下垂，信陽竹簡亦然。……帛書橫畫起筆，多先作一縱點，然後接寫橫筆，……帛書通篇以此取態，起筆重而往垂縮，橫筆故意不平不直，而挺勁秀峻。……楚帛書用筆渾圓，無所謂懸針，而起迄重輕，藏鋒抽穎，風力危峭，於此可悟隸

〔註 5〕馬國權：〈戰國楚竹簡文字略說〉《古文字研究》第三輯，北京：中華書局，1981 年。

勢寫法之所祖。〔註6〕

而曾憲通〈戰國楚地簡帛文字書法淺析〉將楚地這一時期書寫風格分為五點：

（一）起筆重而收筆輕，筆道富有彈性。

（二）用筆方圓兼備，靈活多變。

（三）結體不平不直，內圓外方。

（四）波勢挑法已見端倪。

（五）長文宏篇講究行款布局。〔註7〕

據兩位先生分析可知，《楚帛書》與其他地區楚簡之書寫筆法與方式大體相同，而本論文則就《楚帛書》所見字形，分析書手的書寫習慣特色。

（一）增加飾筆

1. 於上方增加「一」形飾筆

（1）帀 ![字形]（丙 2.1.6）　　（2）丙 ![字形]（丙 1.2.5）

（3）雨 ![字形]（甲 1.32）　　（4）霝 ![字形]（乙 3.5）

（5）雲 ![字形]（乙 3.6）　　（6）霝 ![字形]（甲 1.5）

（7）霆 ![字形]（甲 1.10）　　（8）需 ![字形]（甲 6.32）

（9）童 ![字形]（乙 8.20）　　（10）達 ![字形]（甲 5.21）

（11）福 ![字形]（乙 10.8）　　（12）奠 ![字形]（甲 6.11）

（13）𥄗 ![字形]（乙 11.25）　　（14）牗 ![字形]（乙 2.11）

（15）職 ![字形]（乙 3.13）　　（16）尻 ![字形]（甲 1.11）

（17）平 ![字形]（甲 5.6）　　（18）旁 ![字形]（甲 5.20）

（19）遅 ![字形]（甲 5.18）　　（20）章 ![字形]（甲 1.25）

（21）瀧 ![字形]（甲 3.27）　　（22）龍 ![字形]（丙 4.2.3）

（23）婁 ![字形]（乙 6.27）　　（24）唇 ![字形]（乙 1.23）

（25）天 ![字形]（甲 5.19）　　（26）而 ![字形]（甲 2.17）

（27）正 ![字形]（乙 9.4）　　（28）征 ![字形]（丙 1.3.3）

（29）百 ![字形]（甲 4.34）　　（30）帝 ![字形]（甲 6.2）

（31）疾 ![字形]（丙 11.2.7）　　（32）弼 ![字形]（甲 1.26）

〔註6〕 饒宗頤〈楚帛書之書法藝術〉：《楚地出土文獻三種研究》，（北京：中華書局，1993 年），頁 341～342。

〔註7〕 曾憲通〈戰國楚地簡帛文字書法淺析〉《古文字與出土文獻叢考》，（廣東：中山大學出版社，2005 年），頁 64～65。

（33）下 　　（34）兀

（35）可 　　（36）事

2. 於下方增加「一」形飾筆

（1）至 　　（2）室

（3）爲

3. 於上下增加「一」飾筆

（1）不 　 　

　　細審帛書下方飾筆時，共有三型，演變順序應爲（甲 5.5）→（乙 1.9）→（甲 3.7），（甲 3.7）應是下方橫筆書寫結束時，習慣略有彎曲而致的特殊形體。

4. 於旁增加飾筆

（1）凡 　　（2）風

（3）春

5.書手習慣於「人」旁加飾點

（1）人 　　（2）像

（二）增加飾符

1. 增加「口」形

（1）桓 　　（2）丙

（3）青 　　（4）楕

（5）單 　　（6）紀

（7）婁 　　（8）綸

2. 增加「爪」形

（1）家

　　楚簡中常見於「宀」形上加「爪」形，然帛書中僅見「家」字加「爪」形。而楚簡中亦常見「胃」字旁加「刀」形，然帛書「胃」字作 ，可看出帛書書手多習慣加「口」形飾符，其他形飾符則較少出現。

（三）簡省字體

　　帛書同一字形，有繁簡兩種寫法，如：

（1）川 　　訓

或因合文書寫時爲共用部件而簡省筆畫，如：

勢寫法之所祖。〔註6〕

而曾憲通〈戰國楚地簡帛文字書法淺析〉將楚地這一時期書寫風格分為五點：

（一）起筆重而收筆輕，筆道富有彈性。

（二）用筆方圓兼備，靈活多變。

（三）結體不平不直，內圓外方。

（四）波勢挑法已見端倪。

（五）長文宏篇講究行款布局。〔註7〕

據兩位先生分析可知，《楚帛書》與其他地區楚簡之書寫筆法與方式大體相同，而本論文則就《楚帛書》所見字形，分析書手的書寫習慣特色。

（一）增加飾筆

1. 於上方增加「一」形飾筆

（1）帀 **𠂔**（丙 2.1.6）　（2）丙 **𠂤**（丙 1.2.5）

（3）雨 **𨏵**（甲 1.32）　（4）霃 **霏**（乙 3.5）

（5）雴 **𩃬**（乙 3.6）　（6）靁 **𩁹**（甲 1.5）

（7）霆 **靁**（甲 1.10）　（8）𩅹 **𩅹**（甲 6.32）

（9）童 **𩆜**（乙 8.20）　（10）遑 **𨖮**（甲 5.21）

（11）福 **𥜽**（乙 10.8）　（12）奠 **奠**（甲 6.11）

（13）𣅋 **𣅋**（乙 11.25）　（14）牲 **𤚟**（乙 2.11）

（15）職 **𦕯**（乙 3.13）　（16）㞑 **𠁷**（甲 1.11）

（17）平 **𤯵**（甲 5.6）　（18）旁 **𣃟**（甲 5.20）

（19）遑 **𨖮**（甲 5.18）　（20）章 **𩇨**（甲 1.25）

（21）瀧 **𤀁**（甲 3.27）　（22）龍 **𩔖**（丙 4.2.3）

（23）婁 **𡝤**（乙 6.27）　（24）唇 **𦦥**（乙 1.23）

（25）天 **𠀡**（甲 5.19）　（26）而 **𠕁**（甲 2.17）

（27）正 **𠌗**（乙 9.4）　（28）征 **𢓊**（丙 1.3.3）

（29）百 **𤽃**（甲 4.34）　（30）帝 **𢁪**（甲 6.2）

（31）疾 **𤶠**（丙 11.2.7）　（32）弼 **𢐹**（甲 1.26）

〔註6〕饒宗頤〈楚帛書之書法藝術〉：《楚地出土文獻三種研究》，（北京：中華書局，1993 年），頁 341～342。

〔註7〕曾憲通〈戰國楚地簡帛文字書法淺析〉《古文字與出土文獻叢考》，（廣東：中山大學出版社，2005 年），頁 64～65。

（33）下 （乙 7.21）　　　　（34）亓 （甲 3.21）

（35）可 （丙 8.1.4）　　　（36）事 （丙 10.1.6）

2. 於下方增加「一」形飾筆

（1）至 （甲 5.16）　　　　（2）室 （丙 8.1.7）

（3）爲 （甲 2.27）

3. 於上下增加「一」飾筆

（1）不 （甲 5.5）　　（乙 1.9）　　（甲 3.7）

　　細審帛書下方飾筆時，共有三型，演變順序應爲（甲 5.5）→（乙 1.9）→（甲 3.7），（甲 3.7）應是下方橫筆書寫結束時，習慣略有彎曲而致的特殊形體。

4. 於旁增加飾筆

（1）凡 （乙 5.10）　　　　（2）風 （甲 1.31）

（3）春 （乙 1.13）

5. 書手習慣於「人」旁加飾點

（1）人 （乙 5.27）　　　　（2）像 （乙 10.26）

（二）增加飾符

1. 增加「口」形

（1）桓 （乙 2.10）　　　　（2）丙 （丙 1.2.5）

（3）青 （甲 4.14）　　　　（4）楠 （甲 5.36）

（5）單 （甲 4.21）　　　　（6）紀 （乙 4.13）

（7）婁 （乙 6.27）　　　　（8）繇 （乙 9.31）

2. 增加「爪」形

（1）家 （丙 2.2.4）

　　楚簡中常見於「宀」形上加「爪」形，然帛書中僅見「家」字加「爪」形。而楚簡中亦常見「胃」字旁加「刀」形，然帛書「胃」字作 （乙 2.27），可看出帛書書手多習慣加「口」形飾符，其他形飾符則較少出現。

（三）簡省字體

　　帛書同一字形，有繁簡兩種寫法，如：

（1）川 （甲 3.12）　　訓 （丙 7.2.1）

　　或因合文書寫時爲共用部件而簡省筆畫，如：

（1）上下＝　（丙 7.2.8）

（四）同文異體

1. 因「飾筆」增減而造成不同形體
   （1）青　（甲 4.14）　　　楮　（甲 5.36）
   （2）成　（乙 10.29）　　城　（丙 11.1.9）
   （3）才　（丙 5.2.3）　　北　（丙 2.4.2）
   （4）下　（乙 7.21）　　　（乙 10.33）
   （5）亓　（甲 3.21）　　　（丙 4.2.4）
   （6）可　（丙 8.1.4）　　　（丙 9.1.4）
   （7）事　（丙 10.1.6）　　（丙 11.3.1）
   （8）四　（甲 2.13）　　　（甲 3.13）

2. 因「飾筆」增減部位不同而造成不同形體
   （1）者　（丙 11.2.6）　　堵　（甲 2.31）　　暑　（丙 5.4.3）

3. 因「飾符」增減而造成不同形體
   （1）繠　（乙 9.31）　　　（乙 11.28）

4. 因「筆法」不同而造成不同形體
   （1）于　連筆　（甲 5.17）　　　分筆　（乙 5.7）
   （2）日　直筆　（甲 1.1）　　　曲筆　（乙 5.15）
   （3）民　圓筆　（乙 5.26）　　　折筆　（乙 10.34）
   （4）倉　筆法變異　（甲 3.17）　　　（丙 7.1.2）

5. 合文方式不固定
   （1）一月　（乙 3.24）→未有合文符號
   （2）至于　（丙 6.2.3）→合文書寫
   　　　　（甲 5.16）　（甲 5.17）→分開書寫

（五）《楚帛書》特有現象、字形

1. 倒　書
   咎　（丙 9.2.6）

2. 从「殳」之「殺」，目前僅見《楚帛書》
   殺　（丙 1.2.2）

　　據上述分析可知，帛書字形常上下加飾筆，相當具有戰國楚簡文字之特色，但少有增加飾符之情形出現，可見書手筆法頗為嚴謹，然或為使書體富有變化，故時有一字具有異體或筆法稍異之情形產生，或偶見書手個人習慣之筆畫，是相當有特點之書法作品。

徵引論文及書目

一、古　籍（依時代順序）

1. 〔周〕左丘明：《國語》，台北：臺灣商務書局，民國 57 年。
2. 〔齊〕管仲《管子》，台北：臺灣中華書局，1965 年。
3. 〔戰國〕荀況：《荀子》，台北：臺灣商務書局，1973 年。
4. 〔戰國〕墨翟：《墨子》，台北:中國子學名著集成編印基金會印行，1978 年。
5. 〔秦〕呂不韋：《呂氏春秋》，台北：藝文印書館，民國 53 年。
6. 〔漢〕王符：《潛夫論》，台北：臺灣中華書局，1965 年。
7. 〔漢〕王充：《論衡》，台北：臺灣中華書局，1965 年。
8. 〔漢〕伏勝：《尚書大傳》，台北：藝文印書館，民國 59。
9. 〔漢〕列禦寇：《列子》，台北：臺灣中華書局，1965 年。
10. 〔漢〕范曄：《後漢書》，台北：鼎文書局，民國 85 年。
11. 〔漢〕桑欽撰，〔後魏〕酈道元注：《水經注疏》，南京：江蘇古籍出版社，1989 年。
12. 〔漢〕班固：《白虎通》，台北：臺灣商務書局，1966 年。
13. 〔漢〕班固：《漢書》，台北：鼎文書局，1981 年。
14. 〔漢〕許慎撰，〔清〕段玉裁注：《說文解字注》，台北：黎明文化事業股份有限公司，民國 53 年。
15. 〔漢〕揚雄：《太玄經》，台北：中國子學名著集成編印基金會印行，1978 年。
16. 〔漢〕董仲舒：《春秋繁露》，台北：臺灣商務書局，1968 年。

17. 〔漢〕賈誼：《新書》，上海：上海商務書局，1936 年。

18. 〔漢〕趙爽注：《周髀算經》，台北：臺灣中華書局，1965 年。

19. 〔漢〕劉安：《淮南子》，台北：臺灣中華書局，1965 年。

20. 〔漢〕鄭玄：《易緯乾鑿度》，台北：藝文印書館，民國 58 年。

21. 〔漢〕應邵：《風俗通義》，台北：台灣商務書局，民國 57 年。

22. 〔晉〕孔晁注：《逸周書》，台北，臺灣中華書局，1965 年。

23. 〔晉〕皇甫謐著：《帝王世紀》，北京：中華書局叢書集成初編本，1985 年。

24. 〔晉〕崔豹：《古今注》，上海：商務印書館，1956 年。

25. 〔晉〕郭璞注：《穆天子傳》，台北：臺灣商務書局，1965 年。

26. 〔梁〕沈約注：《竹書紀年》，台北：臺灣商務書局，1956 年。

27. 〔梁〕蕭統：《文選》，台北：臺灣中華書局，1965 年。

28. 〔北齊〕魏收：《魏書》，台北：鼎文書局，民國 85 年。

29. 〔唐〕元稹：《元氏長慶集》，台北：臺灣中華書局，1965 年。

30. 〔唐〕王冰註：《黃帝內經》，台北：臺灣商務書局，民國 57 年。

31. 〔唐〕司馬貞：《史記·補三皇本紀》，戴逸主編《二十六史》吉林：人民出版社，1993 年。

32. 〔唐〕李冗：《獨異志》，北京：中華書局，1985 年。

33. 〔唐〕李吉甫撰，〔清〕孫星衍校：《元和郡縣志》，北京：中華書局，1985 年。

34. 〔唐〕李淳風：《乙巳占》歸安：陸氏，清光緒己卯年。

35. 〔唐〕唐太宗：《晉書》，台北：臺灣中華書局，1965 年。

36. 〔唐〕盧仝：《玉川子詩集》，台北:臺灣商務書局，1979 年。

37. 〔唐〕薛居正：《舊五代史》，台北：鼎文書局，民國 85 年。

38. 〔唐〕魏徵：《隋書》，台北：臺灣中華書局，1965 年。

39. 〔宋〕李昉：《太平御覽》，台北：大化書局，1977 年。

40. 〔宋〕洪興祖：《楚辭補注》，北京：廣文書局，民國 51 年。

41. 〔宋〕程顥、程頤《二程集》，台北：漢京出版社，1983 年。

42. 〔清〕朱駿聲：《說文通訓定聲》，北京：中華書局，1984 年。

43. 〔清〕阮元校勘：《左傳》，十三經注疏本，台北：藝文印書館，民國 78 年。

44. 〔清〕阮元校勘：《周易》，十三經注疏本，台北：藝文印書館，民國 78 年。

45. 〔清〕阮元校勘：《周禮》，十三經注疏本，台北：藝文印書館，民國 78 年。

46. 〔清〕阮元校勘：《尚書》，十三經注疏本，台北：藝文印書館，民國 78 年。

47. 〔清〕阮元校勘：《詩經》，十三經注疏本，台北：藝文印書館，民國 78 年。

48. 〔清〕阮元校勘：《爾雅》，十三經注疏本，台北：藝文印書館，民國 78 年。

49. 〔清〕阮元校勘：《禮記》，十三經注疏本，台北：藝文印書館，民國 78 年。

50. 〔清〕昭槤著，汲修主人輯：《嘯亭雜錄》，北京：商務書局，1941 年。

51. 〔清〕梁玉繩：《漢書人表考》，北京：中華書局，1985 年。

52. 〔清〕黃奭：《禮含文嘉》，台北：藝文印書館，民國 51。

二、專　著

四　劃

1. 中國社會科學院考古研究所：《甲骨文編》，北京：中華書局，1965 年。

2. 中國社會科學院考古研究所編：《殷周金文集成》，北京：中華書局，1986 年。

3. 中國科學院考古研究所：《長沙發掘報告》，北京：科學出版社，1957 年。

4. 王力：《王力古漢語字典》，北京：中華書局，2000 年。

五　劃

1. 史樹青：《長沙仰天湖出土楚簡研究》，群經出版社，1955 年。

2. 甘肅省文物考古研究所、甘肅博物館、中國文物研究所、中國社會科學院歷史研究所：《居延新簡（上）甲渠候官》，北京：中華書局，1994 年。

六　劃

1. 朱德熙：《朱德熙古文字論集》，北京：中華書局，1995 年。

2. 江林昌：《楚辭與上古歷史文化研究——中國古代太陽循環文化揭秘》，山東：齊魯書社出版社，1998 年。

七　劃

1. 何丙郁、何冠彪合著：《敦煌殘卷占雲氣書研究》，台北：藝文印書館，民國 74 年。

2. 何琳儀：《戰國古文字典》，北京：中華書局，1998 年。

3. 何新：《宇宙的起源》，北京：時事出版社，2002 年 1 月。

4. 李守奎：《楚文字編》，上海：華東師範大學出版社，2003 年。

5. 李零：《中國方術考（修訂本）》，北京：東方出版社，2001 年。

6. 李零：《李零自選集》，廣西：廣西師範大學出版社，1998 年。

7. 李零：《長沙子彈庫戰國楚帛書研究》，北京：中華書局，1985 年。

8. 李零：《郭店楚簡校讀記（增訂本）》，北京：北京大學出版社，2002 年。

9. 李學勤：《文物中的古文明》北京：商務印書館，2008 年。

10. 李學勤：《簡帛佚籍與學術史》，南昌：江西教育出版社，2004 年。

八　劃

1. 季師旭昇：《說文新證》（上），台北：藝文印書館，民國 91 年。

2. 季師旭昇：《說文新證》（下），台北：藝文印書館，民國 93 年。

3. 季師旭昇主編，陳霖慶、鄭玉姍、鄔濬智合撰：《上海博物館藏戰國楚竹書（一）》讀本，台北：萬卷樓出版社，2004 年。

4. 季師旭昇主編、陳美蘭、蘇建洲、陳嘉凌合撰：《上海博物館藏戰國楚竹書（二）》讀本，台北：萬卷樓，民國 92 年。

5. 季師旭昇主編、陳惠玲、連德榮、李綉玲合撰：《上海博物館藏戰國楚竹書（三）》讀本，台北：萬卷樓，2005 年。

6. 宗福邦、陳世鐃、蕭海波：《故訓匯纂》，北京：商務印書館，2003 年。

7. 河南省文物考古研究所編著：《新蔡葛陵楚墓》，鄭州：大象出版社，2003 年。

8. 河南省文物研究所：《信陽楚墓》，北京：文物出版社，1986 年。

十　劃

1. 容庚編：《金文編》，北京：中華書局，1985 年。

2. 徐旭生：《中國古史的傳說時代》，台北：里仁書局，民國 88 年。

3. 荊州地區博物館：《江陵藤店一號墓發掘簡報》，北京：文物出版社，1973。

4. 荊門市博物館編著：《郭店楚墓竹簡》，北京：文物出版社，1998 年。

5. 袁珂：《山海經校注》，台北：里仁書局，民國 84 年。

6. 袁珂：《中國神話選》，北京：人民文學出版社，2005 年。

7. 袁珂：《中國神話史》，台北：時報文化出版社，民國 85 年。

8. 袁師國華：《包山楚簡研究》香港中文大學中國語言及文學部博士論文，1994 年。

9. 馬王堆漢墓整理小組編：《馬王堆漢墓帛書》，北京：文物出版社，1985年。

10. 馬承源主編：《上海博物館藏戰國楚竹書》（一），上海：古籍出版社，2000年。

11. 馬承源主編：《上海博物館藏戰國楚竹書》（二），上海：古籍出版社，2002年。

12. 馬承源主編：《上海博物館藏戰國楚竹書》（三），上海：古籍出版社，2003年。

13. 馬承源主編：《上海博物館藏戰國楚竹書》（四），上海：古籍出版社，2004年。

14. 馬承源主編：《上海博物館藏戰國楚竹書》（五），上海：古籍出版社，2005年。

15. 馬承源主編：《上海博物館藏戰國楚竹書》（六），上海：古籍出版社，2007年。

16. 馬承源主編：《上海博物館藏戰國楚竹書》（七），上海：古籍出版社，2008年。

十一劃

1. 國家文物考古文獻研究室編：《馬王堆漢墓帛書》，北京：文物出版社，1980年。

2. 張光直：《考古學專題六講》，北京：文物出版社，1986年。

3. 張光裕、袁師國華：《望山楚簡校錄》，台北：藝文印書館，民國93年。

4. 張光裕、滕壬生、黃錫全主編：《曾侯乙墓文字編》，台北：藝文印書館，民國86年。

5. 張光裕主編，袁師國華合編：《包山楚簡文字編》，台北：藝文印書館，民國81年。

6. 張光裕主編，袁師國華合編：《郭店楚簡研究‧第一卷‧文字編》，台北：藝文印書館，民國88年。

7. 張富海：《郭店楚簡〈緇衣〉篇研究》，北京大學碩士論文，2002年。

8. 張頷：《中山王醫器文字編》北京：中華書局，1981年。

9. 郭錫良：《漢字古音手冊》北京：北京大學出版社，1986年。

10. 陳久金：《帛書及古典天文史料注析與研究》，台北：萬卷樓出版社，民國90年。

11. 陳忠信：《先秦兩漢水思維研究——神話、思想與宗教三種視野之綜合分析》，彰化師範大學國文學系博士論文，民國94年4月。

12. 陳松長編著：《馬王堆簡帛文字編》，北京：文物出版社，2001 年。

13. 陳偉：《包山楚簡初探》，武昌：武漢大學出版社，1996 年。

14. 陳嘉凌：《楚系簡帛字根研究》，臺灣師範大學國文學系碩士論文，民國 91 年。

15. 陳夢家：《殷墟卜辭綜述》，北京：中華書局，1988 年。

16. 陳遵嬀：《中國天文學史》，上海：上海人民出版社，1978 年。

17. 陸思賢：《天文考古通論》，北京：紫禁城出版社，2005 年。

十二劃

1. 傅師錫壬：《中國神話與類神話研究》，台北：文津出版社，2005 年。

2. 傅舉有、陳松長：《馬王堆漢墓文物》，湖南：湖南出版社，1992 年。

3. 曾憲通：《長沙楚帛書文字編》，北京：中華書局，1993 年。

4. 游國恩主編：《天問纂義》北京：中華書局，1982 年。

5. 湖北省文物考古研究所，北京大學中文系編：《九店楚簡》，北京：中華書局，1999 年。

6. 湖北省文物考古研究所、北京大學中文系編：《望山楚簡》，北京：中華書局，1995 年。

7. 湖北省荊沙鐵路考古隊整理小組：《包山竹簡》，北京：文物出版社，1991 年。

8. 湖北省荊門市博物館：《荊門郭店一號楚墓》，北京：文物出版社，1997 年 7 月。

9. 湖北博物館：《曾侯乙墓上‧下》，北京：文物出版社，1989 年。

10. 湯餘惠：《戰國文字編》，福州：福建人民出版社，2001 年。

11. 馮時：《出土古代天文學文獻研究》，台北：臺灣古籍出版社，2001 年。

十三劃

1. 楊利慧：《女媧溯源》，北京：北京師範大學出版社，1999 年。

2. 裘錫圭、李家浩：《曾侯乙墓‧附錄 2 曾侯乙墓鐘、磬銘文釋文考釋》，北京：文物出版社，1989 年。

十四劃

1. 熊公哲註譯：《荀子今註今譯》，台北：臺灣商務書局，1975 年。

2. 睡虎地秦墓竹簡小組編：《睡虎地秦墓竹簡》，北京：文物出版社，1990 年。

3. 聞一多：《聞一多全集》，台北：里仁書局，民國 89 年。

十五劃

1. 蔡季襄：《晚周繒書考證》，台北：藝文印書館，61 年。
2. 劉信芳：《子彈庫楚墓出土文獻研究》，（台北：藝文印書館，民國 91 年），頁 166。
3. 劉信芳：《包山竹簡解詁》，台北：藝文印書館，民國 92 年。
4. 劉釗：《郭店楚簡校釋》，福建：人民出版社，2003 年。
5. 劉樂賢：《睡虎地秦簡日書研究》，台北：文津書局，83 年。
6. 滕壬生：《楚系簡帛文字編》，武漢：湖北教育出版社，1995 年。
7. 鄭德坤：《中國考古》，英國劍橋大學出版社，1963 年。

十六劃

1. 盧元駿註譯：《說苑今註今譯》，台北：商務書局，民國 56 年。

十九劃

1. 羅振玉：《增訂殷虛書契考釋》，台北：藝文印書館，民國 47。

二十劃

1. 饒宗頤、曾憲通：《楚地出土文獻三種研究》北京：中華書局，1993 年。
2. 饒宗頤、曾憲通：《楚帛書》，香港：中華書局香港分局，1985 年。

三、期刊論文

五　劃

1. 白于藍：〈釋𢾷〉《古文字研究》24 輯，北京：中華書局，2002 年。

六　劃

1. 安志敏、陳公柔：〈長沙戰國繒書及其有關問題〉，《文物》第九期，1963 年 9 月。
2. 江林昌：〈子彈庫楚帛書《四時》篇宇宙觀新探——兼論古代太陽循環觀念〉，《長江文化論集》武漢：湖北教育出版社，1995 年。
3. 江林昌：〈子彈庫楚帛書『推步規天』與古代宇宙觀〉，《簡帛研究》第三輯，廣西：教育出版社，1998 年。

七　劃

1. 何琳儀：〈包山楚簡選釋〉，《江漢考古》第四期，1993 年 4 月。
2. 何琳儀：〈長沙帛書通釋〉，《江漢考古》，第二期，1986 年 2 月。
3. 何琳儀：〈長沙帛書通釋校補〉，《江漢考古》第四期，1989 年 4 月

4. 何琳儀：〈郭店竹簡選釋〉，《簡帛研究 2001》，廣西：廣西師範大學出版社，2001 年。
5. 何雙全：〈天水放馬灘秦簡綜述〉，《文物》第二期，1989 年 2 月。
6. 吳九龍：〈簡牘帛書中的「夭」字〉，《出土文獻研究》第六期，北京：文物出版社，1985 年 6 月。
7. 吳振武：〈楚帛書「冢步」解〉，《簡帛研究》第二輯，北京：法律出版社，1996 年。
8. 吳鬱芳：〈包山楚簡卜禱簡牘釋讀〉，《考古與文物》第二期，1996 年 2 月。
9. 呂威：〈楚地帛書敦煌殘卷與佛經僞經中的伏羲女媧故事〉，《文學遺產》第四期，1996 年 4 月。
10. 李家浩：〈戰國邙布考〉，《著名中年語言學家自選集‧李家浩卷》，合肥：安徽教育出版社，2002 年。
11. 李家浩：〈讀《郭店楚簡竹簡》瑣議〉，《中國哲學》第 20 輯，審陽：遼寧教育出版社，1999 年。
12. 李家浩：〈包山竹簡所見楚先祖名及相關的問題〉，《文史》第 42 輯，1997 年。
13. 李零：〈土城讀書記（五則）〉，《紀念容庚先生百年誕辰暨中國古文字學國際學術研討會論文》，1994 年。
14. 李零：〈長沙子彈庫戰國楚帛書研究補正〉，《古文字研究》第 20 輯，北京：中華書局，2000 年。
15. 李零：〈楚帛書與式圖〉，《江漢考古》第一期，1991 年 1 月。
16. 李零：〈讀《楚系簡帛文字編》〉《出土文獻研究》第 5 輯，北京：科學出版社，1999 年。
17. 李零：〈讀幾種出土發現的選擇類占書〉，《簡帛研究》第三輯，1998 年 12 月。
18. 李學勤：〈「桓」字與眞山楚官璽〉，北京大學中國傳統文化研究中心編《國學研究》第八卷，北京：北京大學出版社，2001 年。
19. 李學勤：〈長沙子彈庫第二帛書探要〉，《文物》第十一期，1992 年 11 月。
20. 李學勤：〈長沙楚帛書通論〉，《楚文化研究論集》第一集，荊楚書社，1987 年。
21. 李學勤：〈補論戰國題銘的一些問題〉，《文物》第七期，1960 年 7 月。
22. 李學勤：〈試論長沙子彈庫楚帛書殘片〉，《文物》第十一期，1992 年 11 月。

23. 李學勤：〈論祝融八姓〉，《江漢論壇》第二期，1980 年 2 月。

24. 李學勤：〈戰國題銘概述（下）〉，《文物》第九期，1959 年 9 月。

八　劃

1. 周世榮：〈湖南楚墓出土古文字叢考〉，《湖南考古輯刊》第一集，1982 年 11 月。

2. 周鳳五：〈子彈庫帛書「熱氣倉氣」說〉，《中國文字》新 23 期，台北：藝文印書館，民國 86 年。

3. 季師旭昇：〈古璽雜識二題　壹、釋「坒」、「徙」、「逃」；貳、姜枼〉，《中國學術年刊》22 期，95 年。

4. 金祥恆：〈楚繒書蚩虐解〉，《中國文字》28 冊，1968 年。

5. 林師清源：〈說參〉《古文字研究》第 24 輯，北京：中華書局，2002 年。

九　劃

1. 侯乃峰：〈楚帛書"女媧"問題補議──兼論楚文字中的"眞"字〉，稿本。

2. 俞偉超：〈關於楚文化發展的新探索〉，《江漢考古》第一期，1980 年 1 月。

3. 姜亮夫：〈離騷首八句解〉，《社會科學戰線》第三期，1979 年 3 月。

十　劃

1. 馬國權：〈戰國楚竹簡文字略說〉《古文字研究》第三輯，北京：中華書局，1981 年。

2. 晏昌貴：〈天星觀卜筮祭禱簡釋文輯校〉，《楚地簡帛思想研究（二）》武漢：湖北教育出版社，2004 年。

3. 荊州地區博物館：〈江陵天星觀一號楚墓〉，《考古學報》第二期，1982 年 2 月。

4. 荊州鐵路考古隊：〈江陵秦家嘴楚墓發掘簡報〉，《考古學報》第二期，1976 年 2 月。

5. 袁師國華：〈《新蔡葛陵楚墓竹簡》文字考釋〉，《康樂集──曾憲通教授七十壽慶論文集》廣州：中山大學出版社，2006 年。

6. 院文清：〈楚帛書中的神話傳說與楚先祖譜系略證〉，《文物考古文集》第九期，武漢大學出版社 1997 年。

7. 院文清：〈楚帛書與中國創世紀神話〉，《楚文化研究論集》第四輯，鄭州：河南人民出版社，1994 年。

8. 高明：〈楚繒書研究〉《古文字研究》12 輯，北京：中華書局，1985 年。

9. 高莉芬：〈神聖的秩序——《楚帛書·甲篇》中的創世神話及其宇宙觀〉，《中國文哲研究集刊》第 30 期，2007 年 3 月。

十一劃

1. 商承祚：〈戰國楚帛書述略〉，《文物》第九期，1964 年。

2. 商志醰：〈記商承祚教授藏長沙子彈庫楚國殘帛書〉，《文物》第十一期，1992 年 11 月。

3. 商志醰：〈商承祚教授藏長沙子彈庫帛書殘片〉，《文物天地》第六期，1992 年 6 月。

4. 曹錦炎：〈楚帛書月令篇考釋〉，《江漢考古》第一期，1985 年 1 月。

5. 連劭名：〈長沙楚帛書與中國古代的宇宙論〉，《文物》第二期，1991 年 2 月。

6. 郭沫若：〈釋支干〉，《甲骨文字研究》，台北：大東書局，1931 年。

7. 郭鋒：〈敦煌寫本《天地開闢以來帝王紀》成書年代諸問題〉，《敦煌學輯刊》第一期，1988 年 1 月、第二期 1988 年 2 月。

8. 陳邦懷：〈戰國楚帛書文字考證〉，《古文字研究》第 5 輯，北京：中華書局，1989 年。

9. 陳秉新：〈長沙楚帛書文字考釋之辨正〉，《文物研究》第四期，1988 年 4 月。

10. 陳高志：〈郭店楚墓竹簡緇衣篇部分文字隸定檢討〉，《張以仁先生七秩壽慶論文集》台北：學生書局，1999 年。

11. 陳斯鵬：〈楚帛書甲篇的神話構成、性質及其神話意義〉，《文史哲》第六期，2006 年 6 月。

12. 陳夢家：〈戰國楚帛書考〉，《考古學報》第二期，1984 年 2 月。

13. 陳槃：〈先秦兩漢帛書考〉，《中央研究院歷史語言研究所集刊》第二十四本，1953 年 6 月。

14. 陳劍：〈上博竹書異文選釋（六則)〉，《文史》第四輯，2006 年 4 月。

15. 陳劍：〈上博竹書異文選釋（六則)〉，《出土簡帛文獻與古代學術國際研討會論文集》，臺灣政治大學中文系，2005 年 12 月 2〜3 日。

16. 陳劍：〈試說戰國文字中寫法特殊的"宂"和從"宂"諸字〉，復旦大學出土文獻與古文字研究中心編：《出土文獻與古文字研究》第三輯，待刊。

17. 陳偉：〈湖北荊門包山卜筮楚簡所見神祇系統與享祭制度〉，《考古》第四期，1999 年 4 月。

十二劃

1. 曾憲通：〈楚文字雜識〉《中國古文字研究會第九屆學術研討會論文》，南

京：南京大學，1992 年。

2. 曾憲通：〈楚帛書文字新訂〉，《古文字與出土文獻叢考》廣州：中山大學出版社，2005 年。

3. 曾憲通：〈楚帛書神話系統試說〉，《新古典新義》台北：學生書局，2001年。

4. 曾憲通〈戰國楚地簡帛文字書法淺析〉《古文字與出土文獻叢考》，廣東：中山大學出版社，2005 年。

5. 湖南省博物館：〈長沙子彈庫戰國木槨墓〉，《文物》第二期，1974 年 2月。

6. 湖南博物館：〈長沙五里牌古墓清理簡報〉，《文物》第三期，1973 年 3月。

十三劃

1. 楊寬：〈楚帛書的四季神像及其創世神話〉，《文學遺產》，第四期，1997年。

2. 董作賓：〈論長沙出土之繒書〉，《大陸雜誌》第十卷第六期，1955 年 3月。

3. 董楚平：〈中國上古創世神話鈎沉──楚帛書甲篇解讀兼談中國神話的若干問題〉，《中國社會科學》第五期，2002 年。

4. 董楚平：〈楚帛書"創世篇"釋文釋義〉，《古文字研究》第 24 輯，北京：中華書局，2002 年。

5. 裘錫圭、李家浩：〈談曾侯乙墓鐘磬銘文中的幾個字〉，《文物》第七期，1979 年 7 月。

十四劃

1. 趙平安：〈戰國文字的「遊」與甲骨文「羍」為一字說〉《古文字研究》第 22 輯，北京：中華書局，2000 年。

2. 趙誠：〈曾憲通《長沙楚帛書文字編》讀後〉，《曾憲通教授七十壽慶論文集‧康樂集》，中山大學出版社，2006 年。

十五劃

1. 劉信芳：〈天水放馬灘秦簡綜述質疑〉，《文物》第九期，1990 年 9 月。

2. 劉信芳：〈郭店簡《緇衣》解詁〉《郭店楚簡國際學術研討會論文集》，湖北：人民出版社，2000 年。

3. 劉信芳：〈郭店簡《語叢》文字試解（七則）〉《簡帛研究2001》，廣西：廣西師範大學出版社，2001 年。

4. 劉信芳：〈楚帛書解詁〉，《中國文字》新廿一期，台北：藝文印書館，1996

年。

5. 劉信芳：〈包山楚簡神名與〈九歌〉神祇〉《文學遺產》，第五期，1993
年5月。

6. 劉釗：〈釋𡈼〉《古文字研究》第15輯，北京：中華書局，1988年。

7. 劉曉東：〈郭店楚簡緇衣初探〉，《蘭州大學學報》第四期，2000年4月。

8. 蔣玄佁：〈長沙（楚民族及其藝術）〉第二卷，美術考古學社專刊，上海
今古出版社，1950年。

9. 蔡成鼎：〈帛書四時篇讀後〉，《江漢考古》第一期，1988年1月。

10. 鄭剛：〈戰國文字中的陵和李〉，《中國古文字研究會成立十週年學術研討
會論文》，1988年。

11. 鄭剛：〈楚帛書中的星歲紀年和歲星占〉，《簡帛研究》第二輯，北京：法
律出版社，1996年。

十八劃

1. 顏世鉉：〈郭店楚簡散論（一）〉，《郭店楚簡國際學術研討會論文集》，武
漢：武漢大學出版社，2000年。

2. 嚴一萍：〈楚繒書新考〉（上），《中國文字》第二十六期，1967年12月。

3. 嚴一萍：〈楚繒書新考〉（中），《中國文字》第二十七期，1968年3月。

4. 嚴一萍：〈楚繒書新考〉（下），《中國文字》第二十八期，1968年6月。

二十劃

1. 饒宗頤：〈長沙子彈庫殘帛文字小記〉，《文物》第十一期，1992年11月。

2. 饒宗頤：〈長沙楚墓時占神物圖卷考釋〉，香港《東方文化》第一卷第一
期，香港大學，1954年1月。

3. 饒宗頤：〈楚繒書疏證〉，《中央研究院歷史語言研究所集刊》第四十冊
（上）。

二十一劃

1. 顧鐵符：〈馬王堆帛書《天文氣象雜占》內容簡述〉，文物，第二期，1978
年2月。

四、網路論文（依筆劃順序）

1. 王寧：〈釋𡌶〉，簡帛研究網站，2002年8月15日。

2. 牛新房：〈讀上博（五）札記〉，武漢大學簡帛網，2006年9月17日。

3. 何有祖：〈讀上博六札記〉，武漢大學簡帛網，2007年7月11日。

4. 何琳儀、程燕：〈滬簡《周易》選釋〉，簡帛研究網站，2004年5月16

日。

5. 沈培：〈釋戰國時代从"之"从"首（或从'頁'）"之字〉，簡帛研究網站，2007 年 07 月 17 日。

6. 李銳：〈《凡物流形》釋讀札記〉，清華大學簡帛研究網，2008 年 12 月 31 日。

7. 季師旭昇：〈《上博四・逸詩・交交鳴鳥》補釋〉，簡帛研究網站，2005 年 2 月 15 日。

8. 季師旭昇：〈上博五芻議（下）〉，武漢大學簡帛網，2006 年 2 月 18 日。

9. 范常喜：〈讀簡帛文字箚記六則〉，武漢大學簡帛網，2006 年 11 月 13 日。

10. 徐在國：〈上博三《周易》補正〉，簡帛研究網站，2004 年 4 月 24 日。

11. 徐在國：〈上博三《周易》釋文補正〉，簡帛研究網站，2004 年 4 月 24 日。

12. 秦樺林：〈釋奯、㘴〉，簡帛研究網站，2004 年 9 月 10 日。

13. 張新俊：〈釋新蔡竹簡中的"奈"（祟）〉，武漢大學簡帛網，2006 年 5 月 3 日。

14. 許師學仁輯錄：〈長沙子彈庫戰國楚帛書研究文獻要目〉，簡帛研究網站，2004 年 11 月 28 日。

15. 陳劍：〈上博竹書《昭王與龔之脽》和《柬大王泊旱》讀後記〉簡帛研究網站，2005 年 2 月 15 日。

16. 黃錫全：〈讀上博《戰國竹書（三)》札記數則〉，簡帛研究網站，2004 年 6 月 22 日。

17. 廖名春：〈楚簡《周易・大畜》卦再釋〉，簡帛研究網站，2004 年 4 月 24 日。

18. 劉洪濤：〈上博竹書〈慎子曰恭儉〉校讀〉，簡帛研究網站，2007 年 07 月 06 日。

19. 劉釗：〈上博五・君子爲禮釋字一則〉，武漢大學簡帛網，2007 年 7 月 23 日。

20. 蘇建洲：〈上博（五)》柬釋（二)〉，武漢大學簡帛網，2006 年 2 月 28 日。

21. 蘇建洲：〈上博楚簡（五）考釋二則〉，武漢大學簡帛網，2006 年 12 月 1 日。

五、域外專著與期刊（依國名筆畫順序）

1. 〔日〕安居香山、中村璋八輯：《緯書集成》，石家庄：河北人民出版社，

1994 年。

2. 〔日〕池澤優：〈子彈庫楚帛書は見る宇宙構造認識：「絕地天通」神話
の意味〉，《宗教研究》第 72 卷第 4 輯，東京：日本宗教學會，1999 年。

3. 〔日〕池澤優：〈中國古代の創世神話はおける水のシソボリズム──「大
一生水」〉，《宗教研究》第 75 卷第 4 輯，東京：日本宗教學會，2002
年。

4. 〔日〕林巳奈夫：〈長沙出土戰國帛書考〉，《東方學報》第 36 冊，1964
年 10 月。

5. 〔日〕林巳奈夫：〈長沙出土楚帛書の十二神の由來〉，《東方學報》第
42 冊，京都：京都大學人文科學研究所，1967 年。

6. 〔日〕梅原末治：《近時出現的文字資料·長沙的帛書與竹簡》，《書道全
集》第一卷，日本平凡社，1954 年 9 月。

7. 〔日〕瀧川龜太郎：《史記會注考證》，台北：萬卷樓，1993 年。

8. 〔澳〕巴納：〈一項中國古文書的科學考察：楚帛書釋讀導論〉，坎培拉，
1971 年。

9. 〔澳〕巴納主編：《古代中國藝術及其在太平洋地區之影響》，哥倫比亞
大學學術討論研討會論文集，1972 年。

10. 〔澳〕巴納：《楚帛書翻譯和箋注》，澳洲：堪培拉，1973 年。

附錄一　《楚帛書》譯文

一、〈甲篇〉

　　遠古之時，有熊伏羲氏，由華胥所生，居處在雷澤。（兲（厥）□傀＝，□□□女），〔註1〕當時的世界是瞢昧昏亂，廣大混沌的不明景象，（□每水□），大風大雨的狀態。伏羲於是娶虞湿□子爲妻，虞湿□子的女兒名叫女填，於是生了四個孩子，（□＝是壤），踐土回歸正位。在這個過程當中，各種的禍害顯現，呈現慍怒暴屬的災禍景況。於是伏羲（或四子）治理禍患，規整土地，使天地各種運作順暢通。而伏羲（或四子）爲規整天地，於是上天下地，爲回復宇宙秩序而努力。

　　但是在伏羲（或四子）規整天地的過程中，山陵無法保衛伏羲（或四子），於是命令山川、四海、熱氣、滄氣，作爲伏羲（或四子）的保衛、蔽扞，當伏羲（或四子）跨越過山陵後，看到的都是大水橫流的景象。由於當時尚未有太陽與月亮，於是四神輪流行使日月應盡之職責，在這個過程當中形成一年，產生四時（四季）。

　　四時中，第一個稱爲青榦，代表春天；第二個稱爲朱四單，代表夏天；第三稱爲翏黃難，代表秋天；第四個稱爲□墨榦，代表冬天。之後又經過千百年的時間，太陽與月亮於是誠然產生。但大地四方不平定，有動盪混亂發生，山陵全是傾倒不正的景象。四神於是興起，將天地回覆，於是天地、星體開始轉動。以青木、赤木、黃木、白木、墨木作爲扞蔽天蓋、支撐天地的支柱。

　　炎帝於是命令祝融與四神一同降於人間，將三重天回復次序，使四方之極保持正位，如果違背九天，則會產生巨大災禍，因此不敢讓天帝知道違背

〔註1〕若帛書因殘泐或字形未釋，則將原文以標楷體列出，不作譯文。

九天之事，帝俊於是建立日月應行進的規律。

　　共工違背天帝行進，與天帝作對，於是干支十日與日夜四時，產生紊亂多餘的現象。（四□母（毋）思），產生有風有雨的大自然亂象，天體星辰的秩序混亂，帝俊於是迎接日月運行，使日月重新輪流照臨下土，使一日分為「朝、宵、晝、夕」四個時段。

二、〈乙篇〉

　　（隹（惟）□□□），月之運行與相對的時日不相同，因此產生時日忽多忽少的狀況，由於曆法時日無法運行正常，於是春夏秋冬，有時失序，有時正常。日月星辰未依其應行之規律運行。時日失序，草木生長未依時令，（□□□突（妖）），天地發生大水橫流的災害，天樞星有動搖異象，產生災禍降臨四方，山陵傾倒廢亂，又有水淵為患，如此的災亂現象，稱為天李星出現。

　　天李星在某月初七之日，有霧霜雨土等咎徵災異產生，是由於天李星未依照其職份行進所造成。由於天李星運行失序，於是上天降雨綿延不斷。（是遊（失）□月），閏月之時，應諸事不行。一月二月三月有某種擾亂之事，會影響到國家；四月、五月時有某種擾亂之事，會影響到年歲收成。西方有憂咎之事產生，如果日月失序混亂，於是會有憂患災禍產生；東方有憂咎之事產生，於是產生兵禍戰爭，傷害到君王。

　　凡是歲星在德匿之時，在人間有對應的邦所。在這個邦所，有五妖星運行，為害草木與人民，影響四方的常態運作。（□□上突（妖）），僅春夏秋三季節運行。德匿執掌太歲之時，（三寺（時）□□，縣（繫）之以素降），這個月舉行祭祀，（曆（擬）為之□，隹（惟）十又（有）二□）（在某時日），天李星位居德匿，由黃泉所出，樣子像一個土黃色的沒有翅翼的妖怪，（出内（入）□同）（天李星運行情形），對下方土地及人民產生凶咎，日月均失序混亂，因此星辰產生暗淡無光的異象，日月既已失序混亂，年歲產生差誤。雨水未依時節規律而雲雨，因而產生應雨時不雨，應不雨而雨的混亂無常情形。由於害怕擔憂人民不知，故建立人民能依其行事之法則，法則建立後，就不會擾亂人民。以天體三恆為準則，發命四神將災患遷徙，使天常安定順利，群神各司其序，使天地回復正位，四時回復至祥和。將建立恆常秩序之事委託於人民，群神各司其職，於是使五正職司彰明，人民即以物祭享眾神明，群神於是值班匿藏於此，由於群神受到享祀，因此施德於人民。

帝俊說啊！人民要對神明崇敬，不可以有不誠敬之心、不誠敬之事。上天施福於人民，神於是將福降至，上天施禍於人民，神仍會嘉惠施仁於人民。人民對百神的崇敬應完備，學習效法天所顯示的像。成功都是上天的功勞偉蹟，因此上天是下方人民的榜樣楷模，所以人民敬神須謹慎，不可產生差忒。

（民勿用迡（起）□百〔神〕），於是產生山川漫谷的災禍，人民先前對天不誠敬的行為，與對祭祀的不莊敬慎重，帝俊將會使災禍降至，擾亂某種事物的常態運行。若人民有好的作為，就不會有擾民的事情發生，（不見陵□）。但憂禍仍是降至，乃由於人民不知依歲時曆法行事，即因未行「𧩙祭」之事，上天於是勞役人民，（少又（有）□），不可興工動土，否則會有凶咎產生。

三、〈丙篇〉

一月稱為「陬」。本月若有某種云象降至，則不可進行作戰殺伐之事。壬子、丙子之日，會有凶咎產生。（乍（作）□），進行北征，率領軍隊出征殺伐，會有凶咎產生，（武于□其敔）。

「陬于下」：一月時應持守下位，蓄養根本，才能持盈保泰。

二月稱為「如」。本月可以出兵打仗，亦可以築城建邑。不可以嫁女。如果沒有火速取得奴隸，那麼取得奴隸之事就無法完成。

「如必武」：二月可以進行與武力征伐相關之事，

三月稱為「寎」。（……妻畜生分女□……）

「寎司春」：三月職司為主掌春天。

四月稱為「舒」。不可以進行關於國家的重要大事。略有缺雨的現象，（其□，□龍其□），娶女則會被國家中的貴族邦人所譏笑。

「舒娶女」：四月可進行嫁娶之事。

五月稱為「皐」。鳶鳥全部藏匿不見，（月才（在）□□）（月亮在某位置時），不可以祭祀神明，否則會有凶咎產生。（取□□為臣妾。）（取得某某當奴隸）

「皐徂暑」：五月開始盛暑。

六月稱為「且」。不可以帶領軍隊打仗，水師也不能侵襲，如果侵襲敵國，

則會覆敗而回。（至于＝丌（其）□□），不可以進行祭祀。

「且司夏」：六月職司為掌管夏天。

七月稱為「相」。不可以前往河川。國家有不順和之事產生，乃由於妖梟作亂於天上地下。

「相莫得」：七月為多事之秋，國家社會無法得到祥和安定。

八月稱為「壯」。□可以進行修築房屋之事，不可以作事。（□脒不還（覆）），國家有大亂發生，嫁娶會有凶咎產生。

「壯□□」：八月……。

九月稱為「玄」。□可以進行修築房屋之事。（吁□□遲（徙）乃咎）（若遷徙則會有凶咎發生）……。

「玄司秋」：九月職司為主掌秋天。

十月稱為「陽」。不可以作毀壞之事，可以作斷獄之事。除去四方不義之事。

「易□□」：十月……。

十一月稱為「辜」。利於出兵攻伐，可以出兵攻城掠地，可以聚集眾人，為率兵攻伐之準備。會合諸侯，締結盟會。刑殺滋生事端之人，戮殺不義之人。

「姑分悵」，十一月適合去除不義之人事。

十二月稱為「荼」。……，（毄不可以戉（攻）□殳□）（不可以攻打某處）。

「荼司冬」：十二月職司為掌理冬天。

附錄二　《楚帛書》新摹本及釋文

一、《楚帛書》甲篇摹本及釋文

【摹本】

	8	7	6	5	4	3	2	1
1								
2								
3							□	
4								
5								
6								
7								
8								

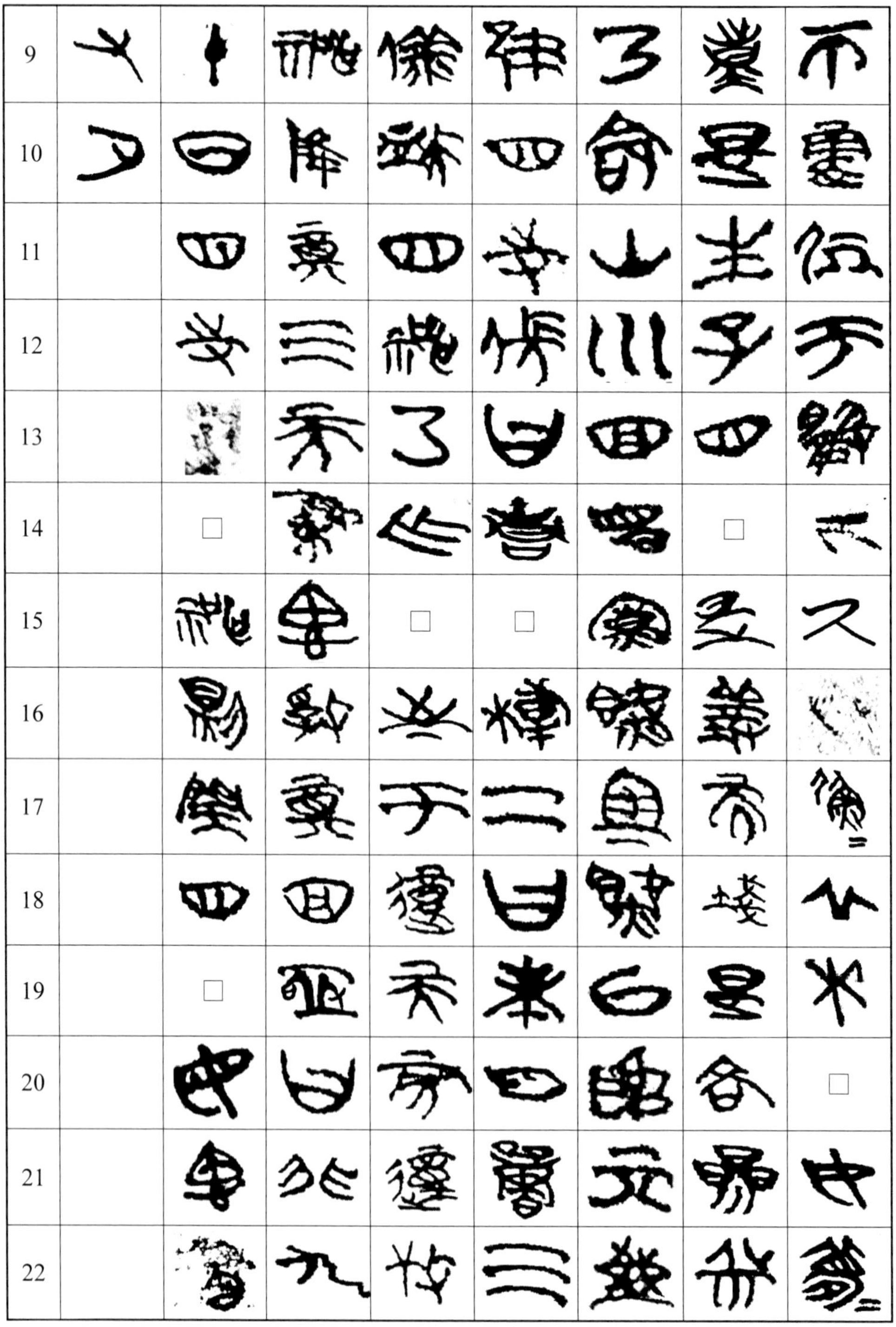

23							
24							
25							
26							
27							
28							
29							□
30							□
31							
32							
33							
34							
35							
36							

【釋文】

	8	7	6	5	4	3	2	1
1	土	爲	炎	允	相	乃	虘	日
2	思（使）	日月=	帝	生	弋（代）	上下=	遝	故（古）
3	又（有）	之	乃	九	乃	朕（騰）	□	又（有）
4	宵	行	命	州	坒（持）	逘（升）	子	䍏（熊）
5	又（有）	共	祝	不	以	山	之	雷（電）
6	朝	攻（工）	融	坪（平）	爲	陵	子	虘（戲）
7	又（有）	刅（抗）	以	山	歲	不	日	出
8	晝	步	四	陵	是	惢（衛）	女	自
9	又（有）	十	神	備	隹（惟）	乃	塡（媧）	華
10	夕	日	降	峽	四	命	是	霏（胃）
11		四	奠	四	寺（時）	山	生	尻（處）
12		寺（時）	三	神	倀（長）	川	子	于（於）
13		□	天	乃	日	四	四	䕫（雷）
14		□	乍（作）	青	晦（海）	□=		澤
15		神	思（使）	□	□	寠（熱）	是	辠（厥）
16		則	敓（保）	至	榦（榦）	熙（氣）	壞	□
17		閏	奠	于	二	倉（滄）	而	漁=
18		四	四	逻（復）	日	熙（氣）	烖（踐）	□
19		□	亟（極）	天	朱	以	是	□
20		母（毋）	日	旁	四	爲	各（格）	□
21		思	非	遑（動）	單	其	㡭（三）	女
22		□	九	扜（扞）	三	惢（衛）	祟（禍）	夢=
23		神	天	毀（蔽）	日	以	虐（乎）	墨=
24		風	則	之	翏	涉	逃（兆）	亡
25		雨	大	青	黃	山	爲	章
26		晨（辰）	峽	木	難	陵	恩（慍）	弼=
27		禕（緯）	則	赤	四	瀧	爲	□
28		亂	母（毋）	木	日	汩	萬（屬）	每
29		乍（作）	敢	黃	□	凶	以	水
30		乃	叡（睿）	木	墨	漸	司	□

31		逆	天	白	槵（榦）	未	堵	風
32		日月=	靁（靈）	木	千	又（有）	壞	雨
33		以	帝	墨	又（有）	日月=	咎（晷）	是
34		測（轉）	夋（俊）	木	百	四	而	於（謁）
35		相	乃	之	歲	神	峀（持）	乃
36				楮（楨）	日月=		達	取（娶）

二、《楚帛書》乙篇摹本及釋文

【摹本】

	13	12	11	10	9	8	7	6	5	4	3	2	1
1													
2							□	□	□	□	□	□	□
3								□	□	□	□	□	□
4													
5													
6													
7													
8													
9													
10													
11													
12													
13													
14													
15													

16										
17						□				
18						□				□
19										
20										
21										
22										
23										
24										
25										
26										
27										
28										
29										
30										
31		□				□				□
32	□			□						□
33	□					□				
34										
35										

【釋文】

	13	12	11	10	9	8	7	6	5	4	3	2	1
1	事	民	之	母(母)	群	乃	二	尚(常)	各	奉	七日=	尚(常)	隹(惟)
2	勿	則	伐(式)	弗	神	代(式)	□	□	□	□	□	□	□
3	從	又(有)	敬	或	五	寺(時)	隹(惟)	□	□	□	□	□	□
4	凶	穀(穀)	之	敬	正	雨	李	上	乃	亓(其)	又(有)	宎(妖)	□
5		亡(無)	母(母)	隹(惟)	四	進	悳(德)	宎(妖)	兵	邦	雺(霧)	天	月
6		又(有)	弋(式)	天	昬(辰)	退	匿	三	萬(害)	四	雲(霜)	陞(地)	則
7		相	民	乍(作)	堯	亡(無)	出	寺(時)	于	月	雨	乍(作)	經(贏)
8		蠹(擾)	勿	福	羊(祥)	又(有)	自	是	亓(其)	五	土	粦(殃)	絀(縮)
9		不	用	神	建	尚(常)	黃	行	王	月	不	天	不
10		見	記(起)	則	恆	互(恆)	朏(泉)	(惟)	凡	是	寻(得)	桓	寻(得)
11	陵			□	各(格)	襡(屬)	恭(恐)	土	悳(德)	歲	胃(謂)	牺(將)	亓(其)
12	□			百	之	民	民	身	匿	悳(德)	亂	乍(作)	咢(常)
13	是		神	隹(惟)	五	未	亡	屮持	匿	紀	職	瀉(傷)	春
14	則			山	天	正	智(知)	驥(翼)	歲	安(焉)	天	降	夏
15	鼠(癙)		川	乍(作)	乃	曆(擬)	出	三	日	尿	雨	于	秋
16	至		瀆(漫)	宎(妖)	明	以	內(入)	寺(時)	亥(垓)	□	喜=	亓(其)	冬
17	民			浴(谷)	神	百	爲	□	□	隹(惟)	是	方	有
18	人		不	則	神	則	同	□	邦	□	遊(失)	山	□

19	弗	欽	惠	是	母(母)	乍(作)	繼(繼)	所	歲	月	陵	又(有)
20	智(知)	前	之	亯(享)	童(動)	亓(其)	之	五	西	閏	亓(其)	尙(常)
21	歲	行	□	是	群	下	以	宊(妖)	鹹(域)	之	發(廢)	日月=
22	則	民	敬	胃(謂)	民	凶	素	之	又(有)	勿	又(有)	星
23	無	祀	佳(惟)	悳(德)	以	日月=	降	行	吝	行	肰(淵)	辰
24	緐	不	備	匿	則	廬(皆)	是	卉	女(如)	一月=	氒(厥)	亂
25	祭	牆(莊)	天	群	三	亂	月	木	日月=	二	洍(障)	遊(失)
26	□	帝	像	神	亙(恆)	星	以	民	既	月	是	其
27	則	牁(將)	是	乃	發	唇(辰)	婁	人	亂	三	胃(謂)	行
28	遳(役)	緐(咎)	惻(則)	悳(德)	四	不	曆(擬)	以	乃	月	李=	程(贏)
29	民	以	成	帝	興(遷)	回(炯)	爲	風	又(有)	是	歲	絀(縮)
30	少	亂	佳(惟)	日	鼠(癙)	日月=	之	四	鼠(癙)	胃(謂)	□	遊(失)
31	又(有)	□	天	緐(緐)	以	既	□	淺(踐)	□	遊(失)	月	□
32	□	之	工(功)	敬	□	亂	佳(惟)	之	東	終	內(入)	□
33	□	行	下	之	天	歲	□	鹹(域)	亡(無)	月		卉
34	土		民	哉	尙(常)	季	又(有)		又(有)	奉		木
35												亡(無)

三、《楚帛書》丙篇摹本

一 月

	5	釋文	4	釋文	3	釋文	2	釋文	1	釋文
1		取（陬）		□		□		□		日
2		于		其		北		殺		取（陬）
3		下		散		征		壬		云
4						衛（率）		子		則
5						有		丙		至
6						咎		子		不
7						武		凶		可
8						于		乍（作）		以

二月

	4	釋文	3	釋文	2	釋文	1	釋文
1		女（如）		不		不		日
2		北（必）		火		可		女（如）
3		武		尋（得）		以		可
4				不		家（嫁）		以
5				成		女		出
6						取		帀（師）

					釋文		釋文
7					臣		簸（築）
8					妾		邑

三月

	3	釋文	2	釋文	1	釋文
1		秉（窝）		妻		曰
2		司		畜		秉（窝）
3		春		生		
4				分		
5				女		
6				□		□

四月

	3	釋文	2	釋文	1	釋文
1		余（舒）		□		曰
2		取（娶）		□		余（舒）
3		女		龍		不
4				其		可
5				□		以
6				取（娶）		乍（作）
7				女		大

8				爲		事
9				邦		少
10				笑 （笑）		旱
11						其

五月

	4	釋文	3	釋文	2	釋文	1	釋文
1		皋 （皋）		祀		見		日
2		出 （祖）		凶		月		皋 （皋）
3		暑		取		才 （在）		鳶
4				□		□		衛 （率）
5				□		□		□		□
6				爲		不		导 （得）
7				臣		可		以
8				妾		以		匿
9						言 （享）		不

六月

	3	釋文	2	釋文	1	釋文
1		慮 （且）		亓 （其）		日

2	［司字圖］	司	［遑字圖］	遑（覆）	［慶字圖］	慶（且）
3	［夏字圖］	夏	［至字圖］	至于=	［不字圖］	不
4			［丌字圖］	丌（其）	［可字圖］	可
5			［□字圖］	□	［出字圖］	出
6			［□字圖］	□	［帀字圖］	帀（師）
7			［不字圖］	不	［水字圖］	水
8			［可字圖］	可	［帀字圖］	帀（師）
9			［以字圖］	以	［不字圖］	不
10			［享字圖］	言（享）	［襲字圖］	襲（襲）
11					［丌字圖］	丌（其）
12					［襲字圖］	襲（襲）

七月

	3	釋文	2	釋文	1	釋文
1	［倉字圖］	倉（相）	［訓字圖］	訓（順）	［日字圖］	日
2	［莫字圖］	莫	［于字圖］	于	［倉字圖］	倉（相）
3	［導字圖］	導（得）	［邦字圖］	邦	［不字圖］	不
4			［又字圖］	又（有）	［可字圖］	可
5			［梟字圖］	梟	［以字圖］	以

6				实（妖）		川
7				于		耑（往）
8				上下＝		大
9						不

八月

	4	釋文	3	釋文	2	釋文	1	釋文
1		臧（壯）		邦		可		日
2		□		又（有）		㠯（以）		臧（壯）
3		□		大		乍（作）		□
4				亂		□		可
5				取（娶）		腜		㠯（以）
6				女		不		腜（築）
7				凶		遆（覆）		室
8						其		不

九月

	3	釋文	2	釋文	1	釋文
1		幺（玄）		吁		日
2		司		囯		幺（玄）

3				秋		□		□		□		□
4								浞 (徙)				可
5								乃				以
6								咎				簽 (築)
7												室

十月

	3	釋文	2	釋文	1	釋文
1		易 (陽)		折		日
2	□	□		敘 (除)		易 (陽)
3		□		故 (去)		不
4				不		可
5				義		熾
6				于		事
7				四		可
8			□	□		以

十一月

	4	釋文	3	釋文	2	釋文	1	釋文
1		姑 (辜)		事		可		日
2		分		殘 (戮)		以		姑 (辜)

3		長（倀）		不		聚	利
4				義		眾	戠（侵）
5						會	伐
6						者（諸）	可
7						侯	以
8						型（刑）	攻
9						嘗（滋）	城

十二月

	2	釋文	1	釋文
1		荼（荼）		日
2		司		荼（荼）
3		冬	□	□
4				敓
5				不
6				可
7				以
8				戉（攻）
9				殹
10				□

附錄三 《楚帛書》字形索引

未釋字		
《甲篇》		
（字形）	甲 1.16	51
（字形）	甲 1.18	53
（字形）	甲 1.19	53
□	甲 1.20	53
（字形）	甲 1.27	58
□	甲 1.29	58
□	甲 1.30	58
□	甲 2.3	62
□=	甲 2.14	81
□	甲 4.15	133
（字形）	甲 4.29	141
□	甲 5.15	151
（字形）	甲 6.14	160
（字形）	甲 7.13	178
□	甲 7.14	178
（字形）	甲 7.19	180
（字形）	甲 7.22	180
《乙篇》		
□	乙 1.2	190
□	乙 1.3	190
（字形）	乙 1.4	190
□	乙 1.18	194
□	乙 1.31	198
（字形）	乙 2.1	199
□	乙 2.2	199
（字形）	乙 2.29	212
（字形）	乙 3.2	215
□	乙 3.3	215
□	乙 3.18	220

（字形）	乙 4.2	223
（字形）	乙 4.3	223
□	乙 4.16	225
（字形）	乙 4.17	225
（字形）	乙 4.18	225
（字形）	乙 4.31	228
□	乙 5.2	232
□	乙 5.3	232
（字形）	乙 6.2	243
（字形）	乙 6.3	243
（字形）	乙 6.17	245
（字形）	乙 6.18	245
（字形）	乙 7.2	252
（字形）	乙 6.31	250
（字形）	乙 6.33	252
□	乙 7.17	256
（字形）	乙 8.32	269
（字形）	乙 10.21	285
（字形）	乙 11.11	291
（字形）	乙 11.31	295
（字形）	乙 12.12	297
（字形）	乙 12.26	301
（字形）	乙 12.32	304
（字形）	乙 12.33	304
《丙篇》		
（字形）	丙 1.2.1	316
（字形）	丙 1.3.1	317
（字形）	丙 1.4.1	319
（字形）	丙 3.2.6	330
（字形）	丙 4.2.1	335
（字形）	丙 4.2.2	336
（字形）	丙 4.2.5	336

（字形）	丙 5.1.5	341
（字形）	丙 5.2.4	344
（字形）	丙 5.2.5	344
（字形）	丙 5.3.4	346
□	丙 5.3.5	346
（字形）	丙 6.2.4	351
（字形）	丙 6.2.5	351
（字形）	丙 6.2.6	351
（字形）	丙 8.1.3	363
（字形）	丙 8.2.4	364
（字形）	丙 8.4.2	367
（字形）	丙 8.4.3	367
□	丙 9.1.3	369
（字形）	丙 9.2.3	370
□	丙 10.2.8	375
（字形）	丙 10.3.2	376
（字形）	丙 10.3.3	376
□	丙 12.1.3	387
（字形）	丙 12.1.9	387
（字形）	丙 12.1.10	387
□	丙 12.1.3	385

補釋字		
華		
（字形）	甲 1.9	45
澤		
（字形）	甲 1.14	48
翏		
（字形）	甲 4.24	256
内		
（字形）	乙 7.16	256

弋		
[字形]	乙 8.2	262
百		
[字形]	乙 9.17	277
㕜		
[字形]	乙 11.2	288
則		
[字形]	乙 8.24	266
工		
[字形]	乙 10.32	287
遝		
□	乙 12.28	301
笝		
[字形]	丙 6.1.10	349
[字形]	丙 6.1.12	350
坓		
[字形]	丙 7.1.7	354
且		
[字形]	丙 9.2.2	370
二　劃		
又		
[字形]	甲 1.3	38
[字形]	甲 3.32	127
[字形]	甲 4.33	142
[字形]	甲 8.3	185
[字形]	甲 8.5	185
[字形]	甲 8.7	185
[字形]	甲 8.9	185
[字形]	乙 1.17	194
[字形]	乙 1.19	194
[字形]	乙 2.22	207

[字形]	乙 3.4	215
[字形]	乙 4.22	226
[字形]	乙 4.29	228
[字形]	乙 4.34	232
[字形]	乙 6.34	252
[字形]	乙 8.8	264
[字形]	乙 12.3	296
[字形]	乙 12.6	297
[字形]	乙 12.31	304
[字形]	丙 1.3.5	319
[字形]	丙 7.2.4	356
[字形]	丙 8.3.2	
九		
[字形]	甲 5.3	145
[字形]	甲 6.22	164
十		
[字形]	甲 7.9	176
二		
[字形]	甲 4.17	136
[字形]	乙 3.26	221
[字形]	乙 7.1	252
人		
[字形]	乙 5.27	240
[字形]	乙 12.18	299

三　劃		
于		
[字形]	甲 1.12	48
[字形]	甲 5.17	151
[字形]	乙 2.14	204
[字形]	乙 5.7	233
[字形]	丙 1.3.8	319

[字形]	丙 1.5.2	322
[字形]	丙 7.2.2	355
[字形]	丙 7.2.7	356
[字形]	丙 10.2.6	375
女		
[字形]	甲 1.21	53
[字形]	甲 2.8	64
[字形]	乙 4.24	227
[字形]	丙 2.1.2	323
[字形]	丙 2.2.5	324
[字形]	丙 2.4.1	328
[字形]	丙 3.2.5	330
[字形]	丙 4.2.7	338
[字形]	丙 4.3.3	339
[字形]	丙 8.3.6	366
亡		
[字形]	甲 1.24	56
[字形]	乙 1.34	198
[字形]	乙 3.34	222
[字形]	乙 4.14	223
[字形]	乙 7.13	253
[字形]	乙 8.7	264
[字形]	乙 12.5	297
乃		
[字形]	甲 1.35	62
[字形]	甲 3.1	104
[字形]	甲 3.9	115
[字形]	甲 4.3	131
[字形]	甲 5.13	150
[字形]	甲 6.3	158
[字形]	甲 6.35	169

弓

字形	出處	頁碼
弓	甲 7.30	182
弓	乙 4.28	228
弓	乙 5.4	232
弓	乙 8.1	262
弓	乙 9.15	277
弓	乙 9.27	279
弓	丙 9.2.5	370

子

字形	出處	頁碼
子	甲 2.4	62
子	甲 2.6	64
子	甲 2.12	80
子	丙 1.2.4	317
子	丙 1.2.6	317

之

字形	出處	頁碼
之	甲 2.5	64
之	甲 5.24	153
之	甲 5.35	154
之	甲 7.3	169
之	乙 3.22	220
之	乙 5.22	239
之	乙 5.32	241
之	乙 6.20	247
之	乙 6.30	250
之	乙 9.33	281
之	乙 10.12	283
之	乙 10.20	284
之	乙 11.1	288
之	乙 11.4	290
之	乙 11.32	295

山

字形	出處	頁碼
山	甲 3.5	109
山	甲 3.11	115
山	甲 3.25	123
山	甲 5.7	147
山	乙 2.17	205
山	乙 11.14	292

川

字形	出處	頁碼
川	甲 3.12	115
川	乙 11.15	292
川	丙 7.1.6	354

弋

字形	出處	頁碼
弋	甲 4.2	128
弋	乙 11.6	290

三

字形	出處	頁碼
三	甲 4.22	140
三	甲 6.12	160
三	乙 3.28	221
三	乙 6.6	243
三	乙 6.15	245
三	乙 8.25	266

千

字形	出處	頁碼
千	甲 4.32	142

大

字形	出處	頁碼
大	甲 6.25	164
大	丙 4.1.7	334
大	丙 7.1.8	355
大	丙 8.3.3	366

土

字形	出處	頁碼
土	甲 8.1	183
土	乙 3.8	215
土	乙 7.11	253
土	乙 12.34	301

夕

字形	出處	頁碼
夕	甲 8.10	185

凡

字形	出處	頁碼
凡	乙 5.10	234

上

字形	出處	頁碼
上	乙 6.4	243

下

字形	出處	頁碼
下	乙 7.21	257
下	乙 10.33	288
下	丙 1.5.3	322

才

字形	出處	頁碼
才	丙 5.2.3	344

四 劃

日

字形	出處	頁碼
日	甲 1.1	38
日	甲 2.7	64
日	甲 4.13	133
日	甲 4.18	136
日	甲 4.23	140
日	甲 4.28	141
日	甲 6.20	164
日	乙 5.15	237
日	乙 9.30	239
日	丙 1.1.1	310
日	丙 2.1.1	323
日	丙 3.1.1	330
日	丙 4.1.1	334
日	丙 5.1.1	340
日	丙 6.1.1	348
日	丙 7.1.1	354
日	丙 8.1.1	362

⊟	丙 9.1.1	368
⊟	丙 10.1.1	373
⊟	丙 11.1.1	377
⊟	丙 12.1.1	385

允		
䍐	甲 5.1	143

不		
帀	甲 3.7	109
帀	甲 5.5	146
帀	乙 1.9	192
帀	乙 3.9	218
帀	乙 7.28	259
帀	乙 11.18	293
帀	乙 11.24	294
帀	乙 12.9	297
帀	丙 1.1.6	316
帀	丙 2.2.1	324
帀	丙 2.3.1	324
帀	丙 2.3.4	327
帀	丙 4.1.3	334
帀	丙 5.1.9	344
帀	丙 5.2.6	345
帀	丙 6.1.3	348
帀	丙 6.1.9	349
帀	丙 6.2.7	352
帀	丙 7.1.3	354
帀	丙 7.1.9	355
帀	丙 8.1.8	363
帀	丙 8.2.6	364
帀	丙 10.1.3	374
帀	丙 10.2.4	375
帀	丙 11.3.3	384

	丙 12.1.5	387

天		
天	甲 5.19	151
天	甲 6.13	160
天	甲 6.23	164
天	甲 6.31	166
天	乙 2.4	201
天	乙 2.8	202
天	乙 3.14	219
天	乙 8.33	269
天	乙 10.6	282
天	乙 10.14	283
天	乙 10.25	286
天	乙 10.31	287

水		
水	丙 6.1.7	349

亓		
亓	甲 3.21	123
亓	乙 1.11	192
亓	乙 1.26	196
亓	乙 2.15	204
亓	乙 2.19	205
亓	乙 3.11	218
亓	乙 4.4	223
亓	乙 5.8	233
亓	乙 7.20	257
亓	丙 1.4.2	319
亓	丙 4.1.11	335
亓	丙 4.2.4	336
亓	丙 6.1.11	350
亓	丙 6.2.1	350
亓	丙 8.2.8	366

木		
木	甲 5.26	154
木	甲 5.28	154
木	甲 5.30	154
木	甲 5.32	154
木	甲 5.34	154
木	乙 1.33	198
木	乙 5.25	240

日		
日	甲 7.10	176

月		
月	乙 1.5	191
月	乙 2.32	212
月	乙 2.32	213
月	乙 3.20	220
月	乙 3.27	221
月	乙 3.29	221
月	乙 4.7	223
月	乙 4.9	223
月	乙 6.25	249
月	丙 5.2.2	344

方		
方	乙 2.16	204

內		
內	乙 2.31	213

勿		
勿	乙 3.23	220
勿	乙 11.8	291
勿	乙 13.2	304

五		
五	乙 4.8	223

五	乙 5.20	239		乙 11.5	290	生		
五	乙 9.3	270				生	甲 2.11	80
五	乙 9.13	277				生	甲 5.2	145
王			**五 劃**			生	丙 3.2.3	330
王	乙 5.9	233	玄			以		
凶			玄	丙 9.1.2	368	以	甲 2.29	98
凶	乙 7.22	257	玄	丙 9.3.1	372	以	甲 3.19	123
凶	乙 13.4	304	四			以	甲 3.23	123
凶	丙 1.2.7	317	四	甲 2.13	80	以	甲 4.5	131
凶	丙 5.3.2	345	四	甲 3.13	115	以	甲 6.7	159
凶	丙 8.3.7	366	四	甲 3.34	128	以	甲 7.33	183
少			四	甲 4.10	132	以	乙 5.28	241
少	乙 12.30	304	四	甲 4.20	136	以	乙 6.21	247
少	丙 4.1.9	335	四	甲 4.27	141	以	乙 6.26	249
云			四	甲 5.11	150	以	乙 8.16	265
云	丙 1.1.3	313	四	甲 6.8	159	以	乙 8.23	266
壬			四	甲 6.18	162	以	乙 8.31	269
壬	丙 1.2.3	317	四	甲 7.11	176	以	乙 11.29	294
市			四	甲 7.18	180	以	丙 1.1.8	316
市	丙 2.1.6	323	四	乙 4.6	223	以	丙 2.1.4	323
市	丙 6.1.6	348	四	乙 5.30	241	以	丙 2.2.3	324
市	丙 6.1.8	349	四	乙 8.28	268	以	丙 4.1.5	334
火			四	乙 9.5	272	以	丙 5.1.7	344
火	丙 2.3.2	324	四	丙 10.2.7	375	以	丙 5.2.8	345
分			出			以	丙 6.2.9	352
分	丙 3.2.4	330	出	甲 1.7	45	以	丙 7.1.5	354
分	丙 11.4.2	385	出	乙 7.7	253	以	丙 8.1.5	363
毋			出	乙 7.15	256	以	丙 8.2.2	363
毋	甲 6.28	166	出	丙 2.1.5	323	以	丙 9.1.5	369
毋	甲 7.20	180	出	丙 5.4.2	346	以	丙 10.1.8	375
毋	乙 8.19	266	出	丙 6.1.5	348	以	丙 11.1.7	378
毋	乙 10.1	281	尸			以	丙 11.2.2	379
			尸	甲 1.11	48			

ᄂ	丙12.1.7	387	乎	乙10.34	288	北		
司			乎	乙11.7	291	北	丙1.3.2	317
司	甲2.30	98	乎	乙11.22	294	北		
司	丙3.3.2	332	乎	乙12.1	296	北	丙2.4.2	328
司	丙6.3.2	353	乎	乙12.17	299	回		
司	丙9.3.2	372	乎	乙12.29	301	回	乙7.29	259
司	丙12.2.2	388	正					
未			正	乙9.4	270			
未	甲3.31	127	正	乙9.14	277	六　劃		
未	甲4.19	136	弗			自		
未	乙8.13	265	弗	乙10.2	281	自	甲1.8	45
乍			弗	乙12.19	299	自	乙7.8	256
乍	甲5.14	150	用			乑		
乍	甲7.29	180	用	乙11.9	291	乑	甲1.15	51
乍	乙2.6	201	可			乑	乙2.23	207
乍	乙2.11	202	可	丙1.1.7	316	而		
乍	乙7.19	257	可	丙2.1.3	323	而	甲2.17	82
乍	乙10.7	282	可	丙2.2.2	324	而	甲2.34	99
乍	乙10.15	283	可	丙4.1.4	334	各		
乍	丙1.2.8	317	可	丙5.2.7	345	各	甲2.20	82
乍	丙4.1.6	334	可	丙6.1.4	348	各	乙10.11	283
乍	丙8.2.3	363	可	丙6.2.8	352	凶		
白			可	丙7.1.4	354	凶	甲3.29	124
白	甲5.31	154	可	丙8.1.4	363	寺		
冬			可	丙8.2.1	363	寺	甲4.11	132
冬	乙1.16	193	可	丙9.1.4	369	寺	甲7.12	176
冬	丙12.2.3	388	可	丙10.1.4	374	寺	乙6.7	243
民			可	丙10.1.7	375	寺	乙6.16	245
民	乙5.26	240	可	丙11.1.6	378	寺	乙8.3	263
民	乙8.12	265	可	丙11.2.1	379	百		
民	乙8.22	266	可	丙12.1.6	387	百	甲4.34	142
民	乙9.12	275	丙					
			丙	丙1.2.5	317			

盲	乙 11.12	291		互			臣		
州			巫	乙 8.10	264		臣	丙 2.2.7	324
川	甲 5.4	145	亞	乙 8.26	266		臣	丙 5.3.7	346
至			亞	乙 9.10	275		实		
至	甲 5.16	151	羊				灾	乙 2.3	199
至	乙 12.16	299	羊	乙 9.8	272		灾	乙 5.21	239
至	丙 1.1.5	313	成				灾	乙 6.5	243
行			成	乙 10.29	287		灾	乙 10.16	283
行	甲 7.4	169	成	丙 2.3.5	327		灾	丙 7.2.6	356
行	乙 1.27	196	吁				邦		
行	乙 3.24	220	吁	丙 9.2.1	370		邦	乙 4.5	223
行	乙 5.23	239	伐				邦	乙 5.18	237
行	乙 6.9	243	伐	丙 11.1.5	378		邦	丙 4.2.9	338
行	乙 11.21	293					邦	丙 7.2.3	355
行	乙 11.33	295	**七 劃**				邦	丙 8.3.1	366
共			每				吝		
共	甲 7.5	172	每	甲 1.28	58		吝	乙 4.23	226
剆			汩				吝	乙 5.1	232
剆	甲 7.7	172	汩	甲 3.28	124		兵		
卉			攻				兵	乙 5.5	232
卉	乙 1.32	198	攻	甲 5.22	153		身		
卉	乙 5.24	240	赤				身	乙 7.12	253
尿			赤	甲 5.27	154		李		
尿	乙 4.15	223	爰				李	乙 7.4	252
西			爰	甲 6.34	169		記		
西	乙 4.20	226	攻				記	乙 11.10	291
安			攻	甲 7.6	172		祀		
安	乙 5.14	234	攻	丙 11.1.8	378		祀	乙 11.23	294
亥			戉				祀	丙 5.3.1	345
亥	乙 5.16	237	戉	丙 12.1.8	387		見		
同			步				見	乙 12.10	297
同	乙 7.18	256	步	甲 7.8	172		見	丙 5.2.1	344

邑		
𢓱	丙 2.1.8	323
余		
𣥯	丙 4.1.2	334
𣥯	丙 4.3.1	339
旱		
𦊆	丙 4.1.10	335
折		
𣂚	丙 10.2.1	375
利		
𥝤	丙 11.1.3	378

八　劃		
炎		
𤑱	甲 6.1	158
雨		
雨	甲 1.32	60
雨	甲 7.25	180
雨	乙 3.7	215
雨	乙 3.15	218
雨	乙 8.4	263
於		
𣃟	甲 1.34	60
取		
取	甲 1.36	62
取	丙 1.1.2	310
取	丙 1.5.1	322
取	丙 2.2.6	324
取	丙 4.2.6	338
取	丙 4.3.2	339
取	丙 5.3.3	346
取	丙 8.3.5	366

咎		
咎	甲 2.33	99
咎	丙 1.3.6	319
咎	丙 9.2.6	370
㞷		
㞷	甲 2.35	99
㞷	甲 4.4	131
㞷	乙 6.13	244
命		
命	甲 3.10	115
命	甲 6.4	158
隹		
隹	甲 4.9	132
隹	乙 1.1	190
隹	乙 5.17	237
隹	乙 6.10	244
隹	乙 6.32	252
隹	乙 7.3	252
隹	乙 10.5	282
隹	乙 10.13	283
隹	乙 10.23	285
隹	乙 10.30	287
青		
青	甲 4.14	133
青	甲 5.25	154
坪		
坪	甲 5.6	145
非		
非	甲 6.21	164
導		
導	乙 1.10	192
導	乙 3.10	218
導	丙 2.3.3	324

旱		
旱	丙 5.1.6	341
旱	丙 7.3.3	361
尚		
尚	乙 1.20	194
尚	乙 2.1	198
尚	乙 6.1	241
尚	乙 8.9	264
尚	乙 8.34	269
奉		
奉	乙 4.1	222
奉	乙 4.1	232
東		
東	乙 4.32	232
所		
所	乙 5.19	237
季		
季	乙 7.34	262
明		
明	乙 9.16	277
或		
或	乙 10.3	281
事		
事	乙 13.1	304
事	丙 4.1.8	334
事	丙 10.1.6	374
事	丙 11.3.1	380
征		
征	丙 1.3.3	317
武		
武	丙 1.3.7	319
武	丙 2.4.3	328
姜		
姜	丙 2.2.8	324

🔲	丙 5.3.8	346	🔲	乙 6.24	249	🔲	乙 12.7	297
秉			🔲	乙 9.19	277	**帝**		
🔲	丙 3.1.2	330	🔲	乙 9.21	278	🔲	甲 6.2	158
🔲	丙 3.3.1	330	🔲	乙 10.27	286	🔲	甲 6.33	169
妻			🔲	乙 12.13	299	🔲	乙 9.29	279
🔲	丙 3.2.1	330	**柴**			🔲	乙 11.26	294
姑			🔲	甲 2.22	87	**祝**		
🔲	丙 11.1.2	377	**爲**			🔲	甲 6.5	158
🔲	丙 11.4.1	385	🔲	甲 2.25	90	**思**		
者			🔲	甲 2.27	90	🔲	甲 6.15	162
🔲	丙 11.2.6	379	🔲	甲 3.20	123	🔲	甲 7.21	180
長			🔲	甲 4.6	131	🔲	甲 8.2	185
🔲	丙 11.4.3	385	🔲	甲 7.1	169	**亟**		
			🔲	乙 6.29	250	🔲	甲 6.19	162
九　劃			🔲	乙 8.17	265	**則**		
故			🔲	丙 4.2.8	338	🔲	甲 6.24	164
🔲	甲 1.2	38	🔲	丙 5.3.6	346	🔲	甲 6.27	166
風			**神**			🔲	甲 7.16	178
🔲	甲 1.31	60	🔲	甲 3.35	128	🔲	乙 1.6	191
🔲	甲 7.24	180	🔲	甲 5.12	150	🔲	乙 8.18	265
🔲	乙 5.29	241	🔲	甲 6.9	159	🔲	乙 10.10	283
是			🔲	甲 7.15	178	🔲	乙 10.18	284
🔲	甲 1.33	60	🔲	甲 7.23	180	🔲	乙 12.2	296
🔲	甲 2.10	80	🔲	乙 9.2	270	🔲	乙 12.14	299
🔲	甲 2.15	80	🔲	乙 9.18	277	🔲	乙 12.22	300
🔲	甲 2.19	82	🔲	乙 9.26	279	🔲	乙 12.27	301
🔲	甲 4.8	132	🔲	乙 10.9	283	🔲	丙 1.1.4	313
🔲	乙 2.25	209	🔲	乙 10.17	284	**春**		
🔲	乙 3.17	220	🔲	乙 11.13	291	🔲	乙 1.13	193
🔲	乙 3.30	222	**相**			🔲	丙 3.3.3	332
🔲	乙 4.10	223	🔲	甲 4.1	128	**秋**		
🔲	乙 6.8	243	🔲	甲 7.35	183	🔲	乙 1.15	193

帥	丙 9.3.3	372

星		
星	乙 1.22	196
星	乙 7.26	259

陸		
	乙 2.5	201

朋		
	乙 2.22	207
	乙 7.10	256

洰		
	乙 2.24	207

胃		
	乙 2.26	209
	乙 3.31	222
	乙 4.11	223
	乙 9.22	278

紀		
	乙 4.13	223

既		
	乙 4.26	227
	乙 7.31	262

建		
	乙 9.9	275

言		
	乙 9.20	277
	丙 5.2.9	345
	丙 6.2.10	352

哉		
	乙 9.34	281

前		
	乙 11.20	293

斁		
	丙 5.1.2	340
	丙 5.4.1	346

室		
	丙 8.1.7	363
	丙 9.1.7	369

易		
	丙 10.1.2	373
	丙 10.3.1	376

故		
	丙 10.2.3	375

城		
	丙 11.1.9	378

侯		
	丙 11.2.7	379

型		
	丙 11.2.8	380

十　劃		
逃		
	甲 2.24	87
朕		
	甲 3.3	104
涉		
	甲 3.24	123
倀		
	甲 4.12	133
峽		
	甲 5.10	147
	甲 6.26	164
旁		
	甲 5.20	151

降		
	甲 6.10	159
	乙 2.13	204
	乙 6.23	247

逆		
	甲 7.31	182

宵		
	甲 8.4	185

夏		
	乙 1.14	193
	丙 6.3.3	353

素		
	乙 6.22	247

退		
	乙 8.6	263

恭		
	乙 8.11	265

浴		
	乙 11.17	292

家		
	丙 2.2.4	324

畜		
	丙 3.2.2	330

笑		
	丙 4.2.10	338

倉		
	甲 3.17	117
	丙 7.1.2	354
	丙 7.3.1	361

訓		
	丙 7.2.1	355

脈		
𦝫	丙 8.2.5	364

十一劃		
晦		
𣊫	甲 3.14	115
章		
𡧑	甲 1.25	56
逞		
𢓊	甲 2.2	62
𢓊	丙 9.2.4	370
埱		
埱	甲 2.18	82
虘		
𧊒	甲 2.23	87
悤		
𢠁	甲 2.26	90
堵		
堵	甲 2.31	98
陵		
陸	甲 3.6	109
陸	甲 3.26	123
陸	甲 5.8	147
陸	乙 2.18	205
陸	乙 12.11	297
敓		
敓	甲 6.16	162
晝		
𣈴	甲 8.8	185
紬		
紬	乙 1.8	191
紬	乙 1.29	198

羕		
𢙺	乙 2.7	201
桓		
桓	乙 2.9	202
牺		
牺	乙 2.10	202
牺	乙 11.27	294
雩		
雩	乙 3.6	215
終		
終	乙 3.33	222
匿		
匿	乙 5.13	234
匿	乙 6.12	244
匿	乙 7.6	252
匿	乙 9.24	278
匿	丙 5.1.8	344
淺		
淺	乙 5.31	241
婁		
婁	乙 6.27	249
脣		
脣	乙 1.23	196
脣	乙 7.27	259
脂		
脂	乙 11.25	294
祭		
祭	乙 12.25	300
從		
從	乙 13.3	304

殺		
殺	丙 1.2.2	316
梟		
梟	丙 7.2.5	356
莫		
莫	丙 7.3.2	361
眾		
眾	丙 11.2.4	379

十二劃		
逴		
逴	甲 3.4	104
惢		
惢	甲 3.8	109
惢	甲 3.22	123
單		
單	甲 4.21	136
黃		
黃	甲 4.25	140
黃	甲 5.29	154
黃	乙 7.9	256
備		
備	甲 5.9	147
備	乙 10.24	285
楮		
楮	甲 5.36	154
奠		
奠	甲 6.11	160
奠	甲 6.17	162

敢		
🖼	甲 6.29	166
閈		
🖼	甲 7.17	178
🖼	乙 3.21	220
朝		
🖼	甲 8.6	185
羿		
🖼	乙 1.12	192
萬		
🖼	乙 5.6	233
惪		
🖼	乙 5.12	234
🖼	乙 6.11	244
🖼	乙 7.5	252
🖼	乙 9.23	278
🖼	乙 9.28	279
曆		
🖼	乙 6.28	250
🖼	乙 8.15	265
進		
🖼	乙 8.5	263
智		
🖼	乙 8.14	265
🖼	乙 12.20	299
童		
🖼	乙 8.20	266
堯		
🖼	乙 9.7	272
惠		
🖼	乙 10.19	284

惻		
🖼	乙 10.28	286
欽		
🖼	乙 11.19	293
無		
🖼	乙 12.23	300
穀		
🖼	乙 12.4	296
散		
🖼	丙 1.4.3	319
暑		
🖼	丙 5.4.3	346
戠		
🖼	丙 11.1.4	378
絲		
🖼	乙 12.24	300

十三劃		
寵		
🖼	甲 1.4	38
盧		
🖼	甲 1.6	44
虞		
🖼	甲 2.1	62
🖼	丙 6.1.2	348
🖼	丙 6.3.1	353
塡		
🖼	甲 2.9	64
萬		
🖼	甲 2.28	90
達		
🖼	甲 2.36	99

歄		
🖼	甲 3.16	117
🖼	甲 3.18	117
歲		
🖼	甲 4.7	131
🖼	甲 4.35	142
🖼	乙 2.28	212
🖼	乙 4.19	225
🖼	乙 5.11	234
🖼	乙 6.14	244
🖼	乙 7.33	262
🖼	乙 12.21	299
遾		
🖼	甲 5.18	151
🖼	丙 6.2.2	350
🖼	丙 8.2.7	364
亂		
🖼	甲 7.28	180
🖼	乙 1.24	196
🖼	乙 4.12	223
🖼	乙 4.27	227
🖼	乙 7.25	258
🖼	乙 7.32	262
🖼	乙 11.30	295
🖼	丙 8.3.4	366
經		
🖼	乙 1.7	191
🖼	乙 1.28	198
發		
🖼	乙 2.20	205

字	出處	頁
〔字形〕	乙 8.27	268
雰		
〔字形〕	乙 3.5	215
鼠		
〔字形〕	乙 4.30	228
〔字形〕	乙 8.30	268
〔字形〕	乙 12.15	299
臺		
〔字形〕	乙 8.21	266
〔字形〕	乙 9.1	270
〔字形〕	乙 9.25	279
敬		
〔字形〕	乙 9.32	281
〔字形〕	乙 10.4	281
〔字形〕	乙 10.22	285
〔字形〕	乙 11.3	290
福		
〔字形〕	乙 10.8	282
義		
〔字形〕	丙 10.2.5	375
〔字形〕	丙 11.3.4	384
會		
〔字形〕	丙 11.2.5	379
嘗		
〔字形〕	丙 11.2.9	380

十四劃

字	出處	頁
皷		
〔字形〕	丙 10.2.2	375
寡		
〔字形〕	甲 3.15	117

字	出處	頁
禕		
〔字形〕	甲 7.27	180
遡		
〔字形〕	甲 7.34	183
像		
〔字形〕	乙 10.26	286
鳶		
〔字形〕	丙 5.1.3	341
聚		
〔字形〕	丙 11.2.3	379
荃		
〔字形〕	丙 12.1.2	385
〔字形〕	丙 12.2.1	388
鈙		
〔字形〕	丙 12.1.4	387

十五劃

字	出處	頁
霆		
〔字形〕	甲 1.10	45
墨		
〔字形〕	甲 4.30	141
〔字形〕	甲 5.33	154
皷		
〔字形〕	甲 5.23	153
賊		
〔字形〕	乙 4.21	226
〔字形〕	乙 4.33	232
盧		
〔字形〕	乙 7.24	258
臧		
〔字形〕	丙 8.1.2	362
〔字形〕	丙 8.4.1	367

字	出處	頁
殤		
〔字形〕	丙 11.3.2	384

十六劃

字	出處	頁
瀟		
〔字形〕	甲 3.30	124
〔字形〕	乙 11.16	292
達		
〔字形〕	甲 5.21	151
融		
〔字形〕	甲 6.6	158
遊		
〔字形〕	乙 1.25	196
〔字形〕	乙 1.30	198
〔字形〕	乙 3.19	220
〔字形〕	乙 3.32	222
嬰		
〔字形〕	乙 6.19	247
興		
〔字形〕	乙 8.29	268

十七劃

字	出處	頁
蔘		
〔字形〕	甲 2.21	87
〔字形〕	乙 3.12	218
檅		
〔字形〕	甲 4.16	133
〔字形〕	甲 4.31	141
霝		
〔字形〕	甲 6.32	166
闓		
〔字形〕	甲 7.26	180

字	編號	頁
𧭜	乙 9.6	272

衛

字	編號	頁
	丙 1.3.4	319
	丙 5.1.4	341

龍

字	編號	頁
	丙 4.2.3	336

燬

字	編號	頁
	丙 10.1.5	374

襄

字	編號	頁
	甲 2.16	81
	甲 2.32	98

十八劃

歔

字	編號	頁
	甲 6.30	166

襠

字	編號	頁
	乙 9.11	275

瀘

字	編號	頁
	乙 2.12	202

職

字	編號	頁
	乙 3.13	218

繇

字	編號	頁
	乙 9.31	279
	乙 11.28	294

蠆

字	編號	頁
	乙 12.8	297

十九劃

爵

字	編號	頁
	甲 1.13	48

難

字	編號	頁
	甲 4.26	140

歔

字	編號	頁
	丙 2.1.7	323
	丙 8.1.6	363
	丙 9.1.6	369

二十劃

霝

字	編號	頁
	甲 1.5	44

瀧

字	編號	頁
	甲 3.27	124

二十二劃

䑏

字	編號	頁
	乙 7.14	253

合 文

一月

字	編號	頁
	乙 3.25	221

上下

字	編號	頁
	甲 3.2	104
	丙 7.2.8	356

七日

字	編號	頁
	乙 3.1	223

日月

字	編號	頁
	甲 3.33	127
	甲 4.36	143
	甲 7.2	169
	甲 7.32	182
	乙 1.21	196
	乙 4.25	227
	乙 7.23	258

字	編號	頁
	乙 7.30	262

至于

字	編號	頁
	丙 6.2.3	351

重 文

強

字	編號	頁
	甲 1.17	51

李

字	編號	頁
	乙 2.27	209

喜

字	編號	頁
	乙 3.16	218

夢

字	編號	頁
	甲 1.22	55

弼

字	編號	頁
	甲 1.26	56

墨

字	編號	頁
	甲 1.23	55

後　記

　　非常感謝花木蘭出版社給予嘉凌機會出版，亦感謝編輯人員費心排版、校對，這本小書才能問世。

　　而這本論文能完成，最感謝的就是季旭昇老師，老師不僅給予嘉凌寶貴時間及意見，更在論文遭遇挫折、困難時，給予無限的支持與溫暖，嘉凌才能在研究之路上，不懈的前進。

　　論文寫作時，非常感謝袁國華老師在帛書字形釋讀方面給予珍貴資料及建議；而論文發表及口考時，非常感謝鍾柏生老師、許錟輝老師、許學仁老師、朱岐祥老師、沈寶春老師給予論文內容及形式的寶貴意見，才能使這本論文更加詳實、精確，在此對老師們致上最高的謝意。

　　在艱苦的學習過程中，最欣喜的就是有一群給予幫助、關心的學長姐及學弟妹，其中，非常感謝陳美蘭學姐、董妍希學姐總是溫情相送，並給予嘉凌為學及做人的寶貴意見，能認識學姐們真的是我的福氣；而陳秀玉學姐在碩班時的熱心照顧，嘉凌亦終身難忘；由於帛書內容與神話密切相關，林聖峰學弟每週在遙遠的台中中興大學，幫嘉凌錄陳器文老師「神話學」，再傳送檔案到台北，一學期毫無中斷，讓嘉凌省去奔波之苦，真的非常感謝及感動；亦感謝顏至君學妹在論文口考時的陪伴與幫忙，給予嘉凌安定力量；朱賜麟學長、羅凡晸學長、鄭憲仁學長、蘇建洲學長、李繡玲學姐、連德榮學長、呂佩珊學妹、鄒濬智學弟、鄭玉姍學妹、陳惠玲學妹、金俊秀學弟、高佑仁學弟或提供各項資料，或關心寫作進況，嘉凌在此致上十二萬分感謝---有你們真好。

　　學習之餘，亦感謝好友們的支持與鼓勵：感謝靜惠在論文發表抽空前來幫忙，消除我的緊張；感謝士鈞提供繪圖軟體，才能讓帛書字形如此清晰；感謝電腦當機時的救援部隊：道誠、振興，沒有你們，我的論文大概已經不在了；感謝昱瑄總在我最煩躁時，給我解悶，讓壞心情煙消雲散；感謝筱婷

學姐、偉筑、菊鳳、如文，謝謝你們總是不厭其煩的聽我說東道西，讓我人生的路上不寂寞。最後更要感謝我的家人：爸爸、媽媽、弟弟，你們的支持就是我前進的最大力量，我愛你們。

嘉凌於大溪

98.10.20